Wanderführer Weser-Leine-Bergland

Die schönsten Wanderungen

- Rundwanderungen
- Streckenwanderungen

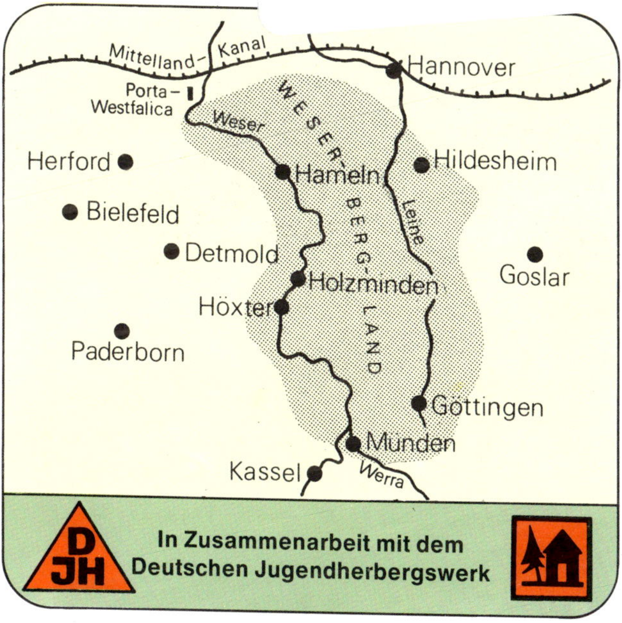

DJH

In Zusammenarbeit mit dem Deutschen Jugendherbergswerk

Kompass-Wanderführer

Wanderführer Weser-Leine-Bergland

Ausgewählt, begangen
und beschrieben
von Richard Goedeke

Deutscher Wanderverlag
Dr. Mair & Schnabel & Co. · Stuttgart

wandern + radwandern

Die große Wanderbuch-Reihe
für grenzenloses Wandern

Gesamte Kartographie:
Ing.-Büro Adolf Benjes

Umschlagbild:
Blick vom Hugenottenturm auf Bad Karlshafen, Weserschleife
(*Foto:* Kurverwaltung Bad Karlshafen, Foto Fritz)
und Bild auf Seite 2:
Süntelturm, Aussichtspunkt im Süntel
(*Foto:* Städtische Kurverwaltung Bad Münder)

ISBN 3-8134-0181-2

2., verbesserte und überarbeitete Auflage, 1989

Satz: Gerda Kaul, D-7317 Wendlingen
Druck: Siegfried Roth, D-7311 Owen/Teck
Printed in Germany.

INHALT

Rundwanderungen

* Wanderungen mit Kürzungsmöglichkeiten bzw. Alternativ-Beschreibungen

Zu Tour 57 **Bovenden** (Foto: Flecken Bovenden, Ortsgeschichtliche Sammlung/H. Scheiter, Göttingen, 1984)

Streckenwanderungen

* Wanderungen mit Kürzungsmöglichkeiten bzw. Alternativ-Beschreibungen

Zu Tour 6, 7 **Jugendherberge Rinteln,** Am Bären 1, 3260 Rinteln 1
Die JH liegt am östlichen Ortsrand, am alten Weserhafen. Vom Bahnhof Rinteln etwa 20 Minuten Fußweg.

Bilder-Verzeichnis

Mit Seiten-Angaben

Orts- und Sachverzeichnis

(Die eingeklammerten Zahlen kennzeichnen Hinweise auf Orte, die nicht direkt von Wanderungen oder den erwähnten Varianten berührt werden)

Zu Tour 4, 5, 33, 34 **Jugendherberge Bodenwerder,** Richard-Schirrmann-Weg, 3452 Bodenwerder
Die JH steht am östlichen Ortsrand direkt am Wald.

Aussichtstürme

(in Klammern: nur Hinweise)

Schlösser

(in Klammern: nur Hinweise)

Burgen

(in Klammern: nur Hinweise)

Besonders sehenswerte Kirchen oder Klöster

(in Klammern: nur Hinweise)

Weser-Leine-Bergland

Hier gibt es bewaldete Höhen und beackerte Mulden in reizvollem Wechsel, elegant geschwungene Flußschlingen und Talmäander, langgestreckte, teils mit Klippen besetzte Bergkämme und Landstufen. Dies ist eine Landschaft voller Relikte einer langen und wechselvollen Geschichte. Eine Landschaft, die weithin beweist, daß es möglich ist, Natur und menschliches Wirtschaften in einer harmonischen Kulturlandschaft in Einklang zu bringen. Allerdings zugleich eine Landschaft, in der sich stellenweise auch die kalte Brutalität von überdimensionierter Großtechnik und Zersiedelung breitmacht. Trotzdem überwiegend immer noch eine Landschaft wie geschaffen zum Wandern.

Neben der angeschlagenen und doch nach wie vor reizvoll anzuschauenden Weser ist die Leine der zweite große Fluß des Gebietes. Die Höhen von Reinhardswald, Solling, Vogler, Süntel, Wesergebirge sind die Weserberge im engeren Sinne. Jedoch sie gehen ohne feste Grenzen über in das Lipper Land und in das Leinebergland, das mit seinen Höhenzügen wie Ith oder Deister ein ähnliches Gepräge hat und an Schönheit nicht hinter den erstgenannten zurücksteht. Schließlich sind auch noch Göttinger Wald und Eichsfeld sowie das Harzvorland mit einigen ihrer lohnendsten Wanderziele berücksichtigt.

Der Autor neigt nicht zur Selbstquälerei und hat dementsprechend die Tourenvorschläge aus reizvollen Gegenden gewählt. Er hält jedoch auch nichts von Scheuklappen. Deshalb wurde nicht versucht, über den Schönheiten des Gebietes die gleichfalls vorhandenen Bedrohungen und Probleme zu verdrängen. Aber davon abgesehen hat auch das Erlebnis einer (noch) intakten Landschaft seine ernüchternde Seite: Es setzt Maßstäbe und macht bewußt, was in den Ballungsräumen nicht in Ordnung ist…

Die Gesichtspunkte bei der Auswahl der Wanderungen waren

- die landschaftliche Eigenart und Vielfalt,
- die Wahl möglichst angenehm zu gehender Wege,
- die Bemühung, die Hauptsteigung möglichst an den Beginn der Tour zu legen.

Außerdem wurde fast überall eine Anbindung an die öffentlichen Verkehrsmittel vorgenommen. Der Führer wird also auch noch gut verwendbar sein, wenn wir eines vielleicht gar nicht fernen Tages nicht mehr den Luxus des privaten Autos als Selbstverständlichkeit zur Verfügung haben.

Wer sich auf den ersten Blick von der Länge eines Wandervorschlags überfordert fühlt, lese unter »Anmerkungen«. Dort finden sich Hinweise auf Kürzungsmöglichkeiten und Alternativen.

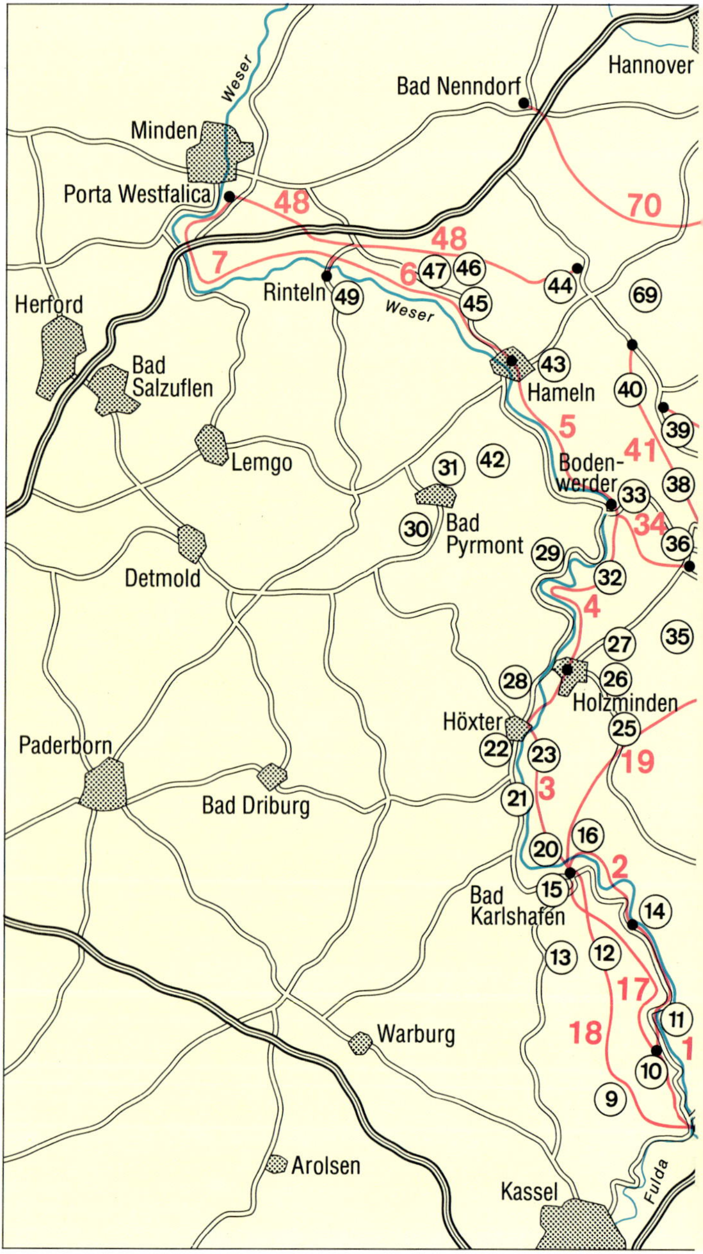

Hannover
Bad Nenndorf
Weser
Minden
Porta Westfalica
48
70
48
7
6
47
46
44
69
Rinteln
49
Weser
45
Herford
Bad
Salzuflen
43
Hameln
40
39
5
41
Lemgo
31
42
Boden-
werder
33
38
34
30
Bad
Pyrmont
36
29
Detmold
32
4
27
35
28
26
Holzminden
Höxter
25
22
23
19
Paderborn
3
Bad Driburg
21
16
20
2
Bad
Karlshafen
15
14
13
12
17
11
18
1
Warburg
10
9
Arolsen
Kassel
Fulda

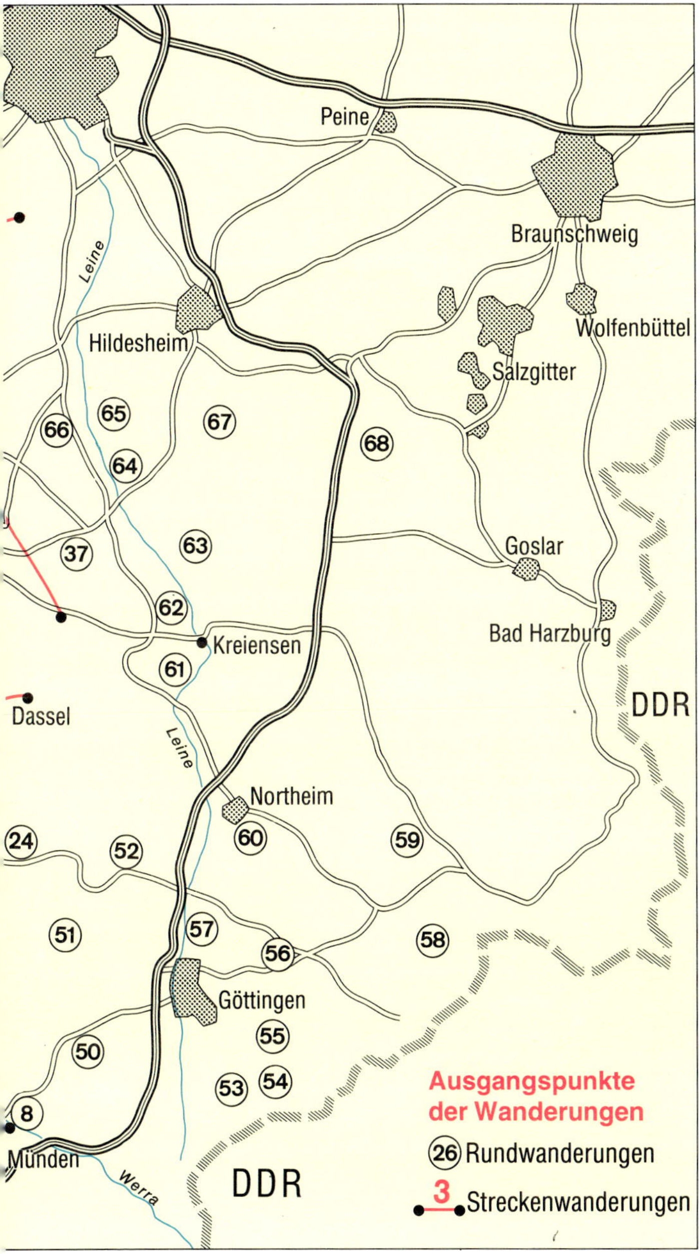

Peine
Braunschweig
Wolfenbüttel
Salzgitter
Hildesheim
Leine
Goslar
Bad Harzburg
Kreiensen
Dassel
DDR
Northeim
Göttingen
Münden
Werra
DDR
66
65
67
64
68
37
63
62
61
24
52
60
59
51
57
56
58
55
50
53
54
8
Ausgangspunkte der Wanderungen
26 Rundwanderungen
3 Streckenwanderungen

Das Gebiet ist weithin nicht durch besonders markierte Wanderwege erschlossen. Und dort, wo Markierungen angebracht wurden, können zumindest die Standardplastiktäfelchen rasch ein Objekt von Andenkensammlern geworden sein. Deshalb wurde besondere Sorgfalt darauf gelegt, daß die Beschreibungen auch ohne die Markierungen voll verständlich sind.

Wenn Orientierungsprobleme durch verschwundene Markierungen oder sonstige Veränderungen in der Landschaft entstehen, hält man sich am besten an die Geländeformen: Bergrücken, Kuppen, Talgründe, Sättel und Hänge sind auf jeden Fall noch da. Ihre Beachtung hilft im Zweifelsfalle am sichersten, den Weiterweg zu finden. Dies gilt besonders, wenn man noch zusätzlich zum Führer die Wanderkarte hinzuzieht, am besten die Karten 1:50000 Wandern und Freizeit »Deister-Süntel-Osterwald«, »Naturpark Solling-Vogler«, »Naturpark Harz«, »Leinebergland« sowie »Göttingen und Umgebung«, »Naturpark Münden und Reinhardswald« und »Hameln und Umgebung«.

Die Wanderzeiten sind reichlich bemessen und können von Joggern natürlich ohne weiteres halbiert werden. Die Abkürzung mH bedeutet: Meter Höhenunterschied.

Ich danke allen, die durch Hinweise und Ratschläge zum Entstehen des Führers beigetragen haben. Sollten sich Fehler oder Ungenauigkeiten eingeschlichen haben oder Veränderungen in der Landschaft Schwierigkeiten schaffen, so bitte ich um Nachricht. Vor allem aber wünsche ich allen Benutzern des Führers ebensoviel Freude, wie ich selbst dabei hatte, ihn zu schaffen. Vielleicht kann das auch dazu beitragen, daß sich mehr Menschen dafür einsetzen, diese landschaftlichen Kostbarkeiten vor weiteren Zerstörungen zu bewahren.

Frühjahr 1980 *Richard Goedeke*

Die nachdenklichen Vorbemerkungen sind seit dem ersten Erscheinen des Buches nicht weniger aktuell geworden: Waldsterben, Tschernobyl, Schnellbahnbau, Tieffliegerlärm ... Trotzdem gilt auch heute, daß dieser Teil Niedersachsens nach wie vor eine Fülle lohnender Wanderungen bietet. Und daß es sich nach wie vor lohnt, für seine Erhaltung zu streiten.

Für die 2. Auflage wurde das Buch etwas gekürzt und mit farbigen Karten und Fotos anschaulicher gemacht. Viel Freude unterwegs wünscht

Frühjahr 1989 *Richard Goedeke*

1 Wesertalwanderung I: Münden – Veckerhagen – Gottstreu – Gieselwerder

Parkmöglichkeit In Münden Innenstadt Dauerparken schwierig.
Wegmarkierung Keine durchgehende Markierung.
Tourenlänge 28 km (aber auch beliebige Teilstrecken lohnend)
Wanderzeit Etwa 8 Stunden.
Höhenunterschiede Insgesamt 350 Meter.
Wanderkarte 1:50000 Naturpark Münden und Reinhartswald.
Anmerkung Diese ersten 7 Wanderungen versuchen, möglichst dem Talgrund zu folgen, und bieten daher den besten Eindruck von der Vielfalt des Flusses, allerdings ebenso von den verschiedenen Eingriffen des Menschen. Wenn auch stellenweise Nähe zu Straßen und dergleichen nicht vermieden werden kann, so ist die Wanderung doch überwiegend genußvoll und angenehm ruhig. Es ist unverständlich, weshalb die Wandervereine sie nicht auch als Fernwanderweg pflegen und betreuen.
Wissenswertes Auf der Strecke von Münden bis zur Porta Westfalica (Wanderungen 1-7) verläuft das Wesertal überwiegend in Gesteinen der Buntsandstein- und Muschelkalkformationen. Es wurde von der Weser unter Bildung schöner Talmäander (Flußschlingen) eingeschnitten, als sich das Gebirge hob. Die Prallhänge an der Außenseite der Bögen werden vom Wasser unterspült und dadurch versteilt und zurückverlegt, während an den flachen Gleithängen in den Innenseiten der Flußschlingen Verlandungsvorgänge ablaufen. Hier haben sich auch die größten Reste der Schotterablagerungen erhalten, die im Frostklima der Eiszeiten durch stärkere Gesteinszerstörung und intensivere Abtragung entstanden. Diese Terrassenschotter werden heute an vielen Stellen in Kiesgruben als Baumaterial gewonnen. Der Fluß selbst ist ein alter Handelsweg. Um die weitere Abtragung der vielfach bebauten Ufer zu verhindern und zugleich die Fahrrinne möglichst tief offen zu halten, sind Buhnen angelegt, die die Wasserbewegung auf die Flußmitte konzentrieren. Als Fischgrund ist die Weser heute weitgehend tot, weil sie durch die Einleitung der Abwässer thüringischer Kaligruben in die Werra stark versalzen ist und die Erwärmung an den Kraftwerken obendrein den Sauerstoffgehalt absenkt.

Ohnehin sind die verbliebenen Fische nicht mehr als Nahrung zu empfehlen, weil sich giftige Chemikalien und die von den Atomkraftwerken ins Wasser eingeleiteten radioaktiven Substanzen (z.B. Caesium-Isotope) in den Körpern der Fische anreichern. Zu Münden siehe Wanderung 8.

Tourenbeschreibung In *Münden* von der Altstadt auf die erste der beiden Fulda-Inseln und rechts zum Zusammenfluß von Fulda und Werra, zugleich dem Beginn der *Weser.* Dann über kleine Brücke zum Westufer und rechts auf Fußweg, teilweise auch entlang der Bundesstraße 80, zur *Jugendherberge Münden.* Entlang der Straße noch 500 Meter weiter. Dann links auf befestigtem Forstweg am Waldrand und in einem Tälchen aufwärts. Nach etwa 600 Metern wendet sich der Weg nach rechts und führt am Waldrand entlang. Nach einem Kilometer das Tal des *Piepengrabens* queren und dann am Hang ansteigend zum schmalen Rücken des *Sonderkopfes.* Hier erreicht man eine Forststraße und folgt ihr bis zum Waldrand. Nun links entlang dem Wildgatter und über den Bach. Danach rechts Wiesenweg am Hang entlang, später auf dem Bergrücken hinab und dann links im Tal der *Nassen Ahle* aufwärts bis zum *Forsthaus Ahletal.* Über die Talstraße hinweg und auf dem gegenüber beginnenden Weg links am Waldrand. Daran entlang mit Blick auf Vaake. Später im Wald etwas ansteigend zur Einmündung in eine von links herabführende Forststraße (Wasserbehälter). Auf dieser rechts weiter nach *Vekkerhagen* (12 km von Münden).

Auf der ersten Straße im Ort nach links zur Hauptstraße. Darauf etwa 400 Meter links (talaufwärts), dann rechts einbiegen. Über Brücke, anschließend vor Obstplantage links und im Wald ein kurzes Stück steil ansteigen. Zuletzt durch Gatter (Tor bitte schließen) auf Querweg. Diesen rechts am Waldrand entlang (Aussicht) in etwa 40 Minuten zum *Forsthaus Ziegelhütte* an der Bundesstraße 80. Nahe der Straße in einer Viertelstunde zum *Olbetal* und danach ansteigend zur *Jugendherberge Veckerhagen* (18 km von Münden).

Zunächst noch am Waldrand, dann allmählich im Wald ansteigend in einer halben Stunde zu Wegekreuz oberhalb vom (eingezäunten) *Naturschutzgebiet Ochsenhof.* Hier verläßt man den Weg x 14 und folgt dem befestigten Forstweg rechts abwärts zum Waldrand (oberhalb vom Forsthaus Weißehütte-Süd). Von dort geradeaus entlang einem asphaltierten Feldweg, später in gleicher Richtung auf Grasweg, zur *Reichsmühle* (Gaststätte, 23 km von Münden, von der JH Veckerhagen etwa 1¼ Std.).

Nun wieder am Waldrand entlang nach etwa 1,5 Kilometern am Rand von *Gottstreu* und weitere 1,5 Kilometer später im Wald oberhalb der Alten Glashütte vorbei. Danach biegt das Wesertal nach Westen. Der Weg erreicht wieder den Waldrand und leitet erst kurz vor *Gieselwerder* noch einmal durch ein Seitental. Anschließend oberhalb des Ortes am Waldrand entlang zur Autostraße nach Gottsbüren (oder gleich hinab in den Ort).

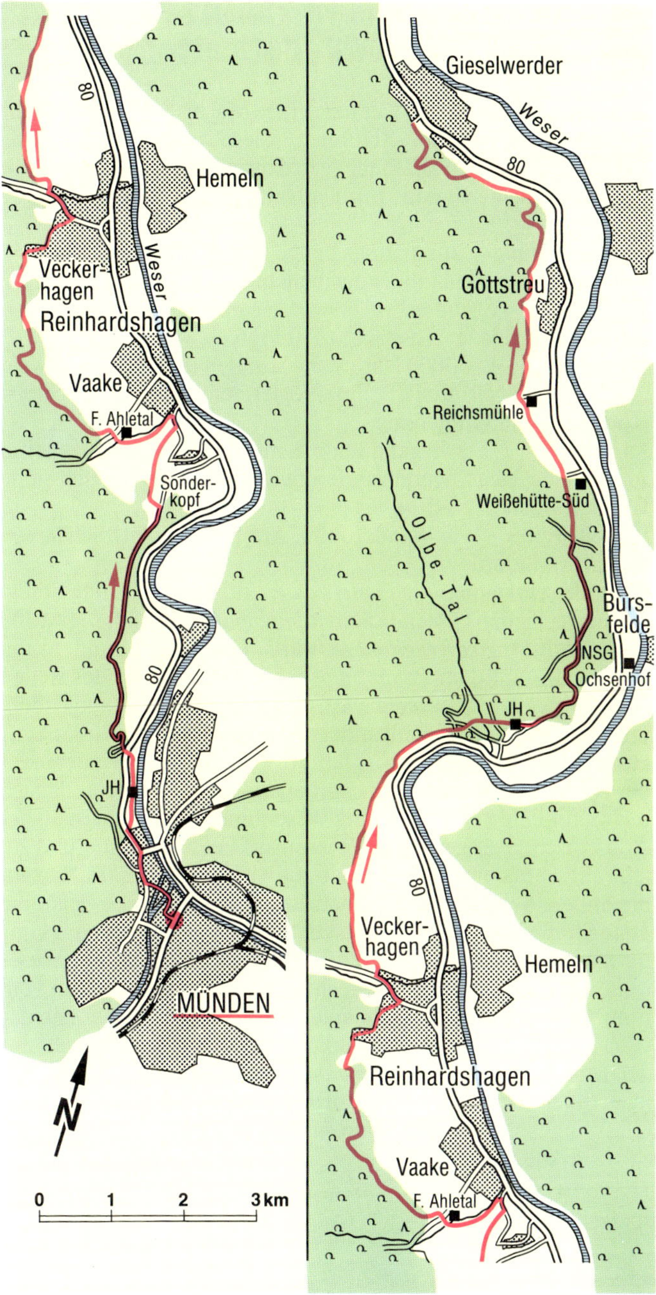

Hemeln
Weser
80
Vecker-
hagen
Reinhardshagen
Vaake
F. Ahletal
Sonder-
kopf
80
JH
MÜNDEN
N
0
1
2
3 km
Gieselwerder
Weser
80
Gottstreu
Reichsmühle
Weißehütte-Süd
Olbe-Tal
Burs-
felde
NSG
Ochsenhof
JH
80
Vecker-
hagen
Hemeln
Reinhardshagen
Vaake
F. Ahletal

2 Wesertalwanderung II: Gieselwerder – Gewissenruh – Wahmbeck – Bad Karlshafen

Verkehrsmöglichkeiten Bus nur selten. Mai bis September Oberweser-Dampfschiffahrt, Stationen Gieselwerder, Wahmbeck, Karlshafen. Fähre Wahmbeck (ganzjährig 8–18 Uhr).
Parkmöglichkeiten Am Mühlenplatz nur begrenzt, an den Fähren.
Wegmarkierung Nur anfangs einige Hinweisschilder.
Tourenlänge 16 km (aber auch beliebige Teilstrecken lohnend).
Wanderzeit 4 Stunden.
Höhenunterschiede Insgesamt 150 Meter.
Wanderkarte 1 : 50000 Naturpark Münden und Reinhardswald und 1 : 50000 Naturpark Solling-Vogler, teilweise auch 1 : 50000 Göttingen und Umgebung.
Anmerkung Überwiegend schöne, meist ruhige und angenehm zu gehende Wege. Rundwanderungen in diesem Bereich siehe Wanderungen 22 und 24.
Wissenswertes Wie Wanderung 1. Am Mühlenplatz Schau von Miniaturmühlen.
Tourenbeschreibung In *Gieselwerder* entlang der Bundesstraße 80 am westlichen Ortsende zum *Mühlenplatz.* Hier links etwa 200 Meter den *St. Georgengrund* aufwärts. Dann den Schildern folgend rechts auf dem *Panoramaweg* auf halber Höhe des steilen Hanges der *Stickelhalbe* weiter. Gegenüber von Lippoldsberg mündet der Weg auf die Bundesstraße 80. An dieser entlang zur Hugenotten-Siedlung *Gewissenruh* (6 km von Gieselwerder). Auf der Dorfstraße an der Kirche vorbei und etwa 300 Meter danach rechts auf Feldweg in Richtung Weser hinab. Dann oberhalb der Aue zwischen eingezäunten Wiesen auf Feldweg weiter und zuletzt auf schmalem Fußweg hinab zur *Wahmbecker Fähre.* Hier auf die andere Seite der *Weser* übersetzen. In *Wahmbeck* gleich die erste Straße links und auf zuerst befestigtem, später auf mit Gras bewachsenem Weg immer entlang den Auewiesen der Weser weiter. Vor einigen Häusern rechts ansteigen und oberhalb vom Tunnelausgang über die Bahnlinie. Dem Weg gleich oberhalb der Gleise folgen. Nach etwa 2 Kilometern erreicht man kurz hinter der Mündung des *Sperriesgrundes* einige Häuser. Hinter ihnen links unter der Bahn durch. Auf Wiesenweg und zuletzt über die Uferpromenade nach *Bad Karlshafen.*

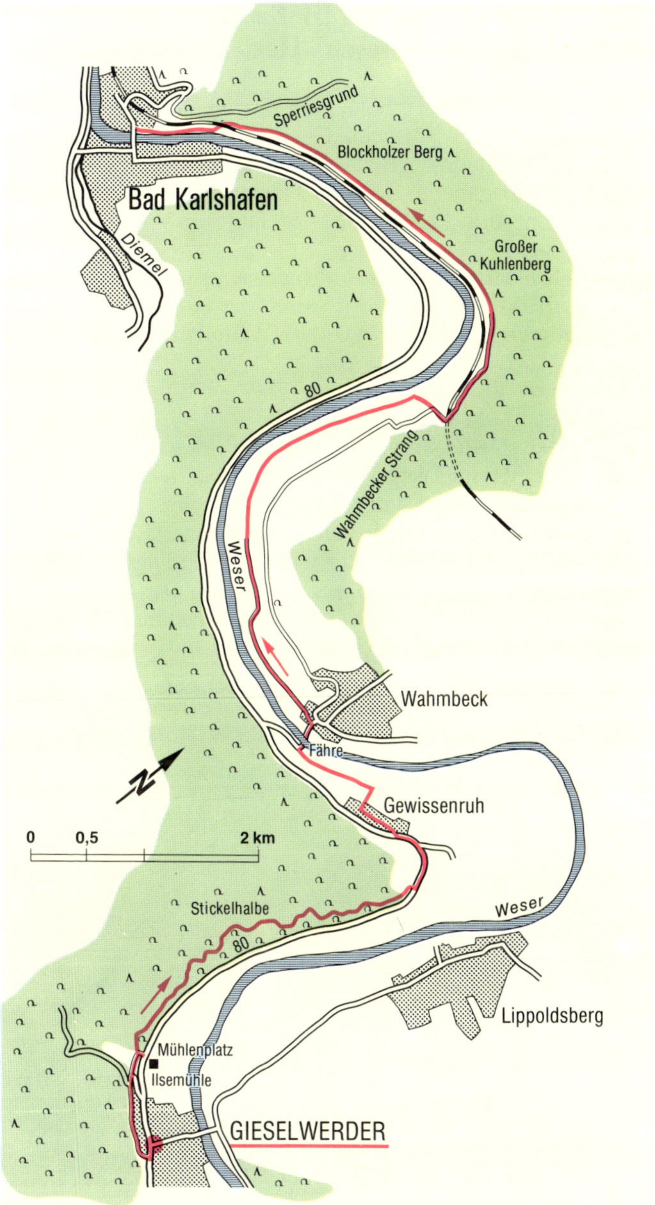
Sperriesgrund
Blockholzer Berg
Bad Karlshafen
Diemel
Großer Kuhlenberg
80
Wahmbecker Strang
Weser
Wahmbeck
Fähre
Gewissenruh
0
0,5
2 km
Stickelhalbe
80
Weser
Lippoldsberg
Mühlenplatz
Ilsemühle
GIESELWERDER

3 Wesertalwanderung III: Bad Karlshafen – Würgassen – Meinbrexen – Höxter – Holzminden

Verkehrsmöglichkeiten Bahn Holzminden – Lauenförde – Bad Karlshafen – Uslar – Northeim. Oberweser-Dampfschiffahrt, Mai bis September, Stationen Bad Karlshafen, Herstelle, Beverungen, Wehrden, Fürstenberg, Boffzen, Höxter, Corvey, Lüchtringen, Holzminden. Bus Lauenförde – Meinbrexen – Fürstenberg – Holzminden.
Parkmöglichkeiten In Bad Karlshafen am Kurzentrum. In Höxter Dauerparken schwierig.
Wegmarkierung Anfangs violett 41. Winterbergsgrund bis Höxter x 3.
Tourenlänge 28,5 km.
Wanderzeit 7–8 Stunden.
Höhenunterschiede Insgesamt etwa 220 Meter. Kurzer steiler Anstieg (20 mH) im Tälchen 2 km hinter Meinbrexen.
Wanderkarte 1:50000 Naturpark Solling-Vogler.
Anmerkung Weitgehend schöne, nicht markierte, überwiegend angenehm zu gehende Strecke. Teilweise allerdings entlang der Autostraße. Von der Lüchtringer Brücke kann man auch auf dem westlichen Weserufer dem Radweg R 99 folgen bis Holzminden (mehrere Kilometer zusätzlich!).

Zu Tour 2, 15 Abstecher auf der Radwandertour zur **Gierseilfähre Wahmbeck**
(Foto: Flecken Bodenfelde)

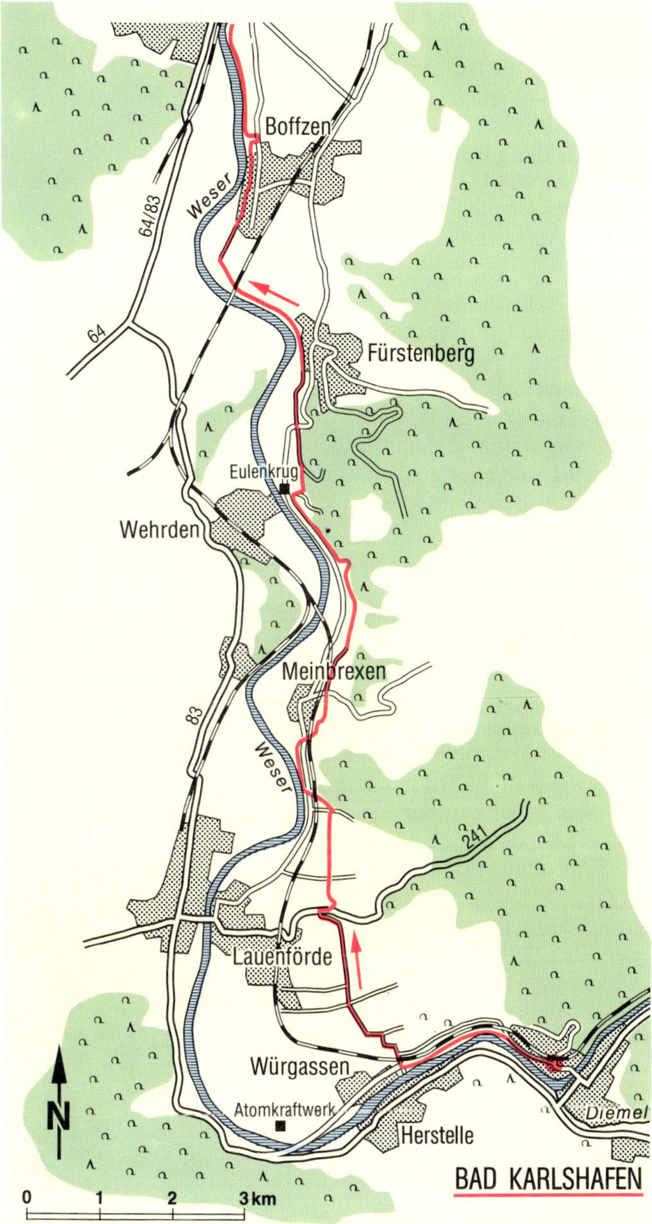

Boffzen
Weser
64/83
64
Fürstenberg
Eulenkrug
Wehrden
Meinbrexen
83
Weser
241
Lauenförde
Würgassen
Atomkraftwerk
Herstelle
Diemel
N
0
1
2
3 km
BAD KARLSHAFEN

Wissenswertes Das Atomkraftwerk Würgassen hatte 1973 alle Aussicht, eine ähnlich traurige Popularität zu erlangen wie 1986 der Reaktor in Tschernobyl. Zum Glück wurden die Risse der Hauptkühlleitung rechtzeitig entdeckt. Siehe auch Wanderung 20. Zu Bad Karlshafen siehe Wanderung 15, zu Höxter Wanderung 22, zu Fürstenberg Wanderung 23, zu Holzminden siehe Wanderung 26. Das Kloster Corvey gilt mit seinem ab 873 gebauten Westwerk als ältestes Baudenkmal des frühen Mittelalters in Westfalen. Im Kloster eine wertvolle alte Bibliothek.

Tourenbeschreibung In *Bad Karlshafen* auf dem nördlichen Weserufer an Fabrikanlagen und Bahnhof vorbei. Etwa 500 Meter danach direkt vor Bahnübergang links hinab (violett 41) und auf dem alten Treidelpfad am Ufer entlang in etwa 20 Minuten zu den ersten Häusern von *Würgassen.* Hier rechts über die Bahnlinie, gleich hinter dem Bahnhofsgebäude nach links und dann schräg rechts auf asphaltiertem Feldweg ansteigen. Nach etwa 5 Minuten auf Querweg links, 200 Meter danach wieder schräg rechts und nun immer in dieser Richtung zwischen Äckern nach etwa 1,5 Kilometern zur Autostraße Lauenförde – Uslar. Auf dieser etwa 400 Meter nach links abwärts.

Nun rechts auf asphaltiertem Feldweg ein schmales, steiles Wiesentälchen queren (Rarität: noch unregulierter Bach!). Auf der anderen Seite wieder immer geradeaus auf anfangs asphaltiertem, später grasbewachsenem Feldweg bis kurz vor Wald. Hier auf gepflasterter Straße nach rechts. Am Waldrand nach links ab und im Wald auf altem Hohlweg zum Grunde eines Tälchens. Unter der Bahnlinie durch zur Autostraße. Nun etwa 600 Meter an dieser entlang zu den ersten Häusern von *Meinbrexen.*

Hier über die Bahnlinie und danach links an ihr entlang in 5 Minuten zu alter Mühle. Geradeaus, an Unterführung vorbei, und hinter den Häusern auf unbefestigtem Weg nach rechts.Nach 100 Metern auf Grasweg nach links. Dieser Weg leitet über einen flachen Rücken (Blick auf das alte Gut Meinbrexen) zur Autostraße in Richtung Derental.

Über diese hinweg und auf befestigtem Feldweg zunächst 5 Minuten entlang der Bahn und über Bach, später an Hecke entlang schräg aufwärts. Auf dem ersten links etwa eben weiterführenden Weg an Hecken und schönen Einzelbäumen idyllisch und mit schönem Blick auf die Weser weiter. Nach etwa 10 Minuten leitet der Weg abwärts in den Grund eines Seitentälchens. Direkt am Waldrand den gegenüberliegenden Hang im Wald weglos etwa 20 Meter steil hinauf zu Hangweg (hierher auch weniger mühsam, indem man im Tälchen etwa 150 Meter ansteigt und sich dann

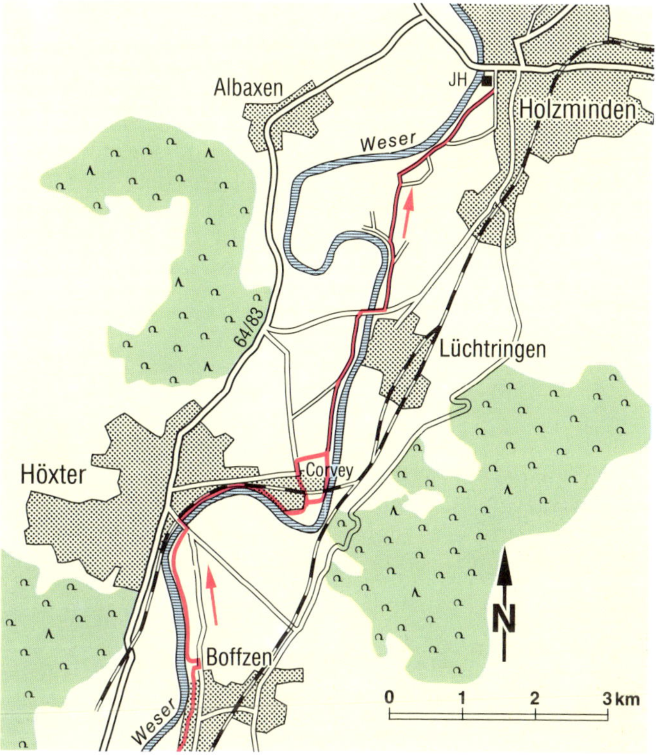

links wendet). Auf dem Hangweg angenehm weiter ins *Reinertal*. Hier hinab zur Autostraße.

An dieser etwa 15 Minuten zu einem einzeln stehenden Haus. Gegenüber davon rechts in Hohlweg 100 Meter zur Gabelung. Links weiter, bis der Weg zugewachsen ist. Nun rechts am Rande der Wiese an den Hecken entlang in wenigen Minuten zum Waldrand. Hier trifft man auf einen bequemen Weg (Markierung x 3), der sanft abwärts weiterleitet zur Mündung des *Winterbergsgrundes*.

Man überquert die Autostraße und geht am Fuße des Steilhanges (alte Eichen) in gleicher Richtung weiter. Nach einigen Minuten an kleiner Gaststätte vorbei. Danach passiert man riesige aufgelassene Sandsteinbrüche, deren Aussehen früher unter den etwas eigenwilligen Entsorgungsgewohnheiten der Porzellanfabrik litten. An Denkstein vorbei und unter der Eisenbahnbrücke durch nach *Boffzen*. Durch den Ort und entlang der Weser nach *Höxter*.

Von der Weserbrücke am Westufer den Fuß- und Radweg zum *Kloster Corvey.* Davor nach links und am Ende der Klostergebäude nach rechts zur *Weser* (oder rechts um das Kloster herum). Am Fluß entlang an Lüchtringen vorbei, dann über die neue *Lüchtringer Brücke.* Auf der anderen Seite der Weser hinab und durch Unterführung. Entlang der asphaltierten Feldstraße etwa 1 Kilometer weiter zur Biegung der Weser. Hier geradeaus (dies ist die zweite Abzweigung von der Uferstraße). Dieser Weg trifft nach etwa 10 Minuten auf einen Querweg. Rechts nach *Holzminden.* Über Bahnlinie und entlang einer schönen Kastanienallee zum kleinen Hafen (Jugendherberge).

Zu Tour 2, 3, 15, 16, 18, 19 **Rathaus Bad Karlshafen**
(Foto: Kurverwaltung Bad Karlshafen)

4 Wesertalwanderung IV: Holzminden – Forst – Domäne Heidbrink – Reileifzen – Rühle – Bodenwerder

Verkehrsmöglichkeiten Bahn bis Holzminden oder Bodenwerder. Weserdampfer bis Holzminden, Polle, Whs Brille, Rühle, Bodenwerder.
Parkmöglichkeiten Keine Probleme außer in der Ortsmitte von Holzminden.
Wegmarkierung Keine.
Tourenlänge 28 km.
Wanderzeit Etwa 7 – 8 Stunden.
Höhenunterschiede Insgesamt etwa 240 Meter.
Wanderkarte 1:50000 Naturpark Solling-Vogler.
Anmerkung Ebenso schön wie die ersten Wesertalwanderungen, auf einige Kilometer auch entlang einer (meist sehr ruhigen) Autostraße. Statt die Poller Schleife auszugehen, kann man auch 1,5 Kilometer hinter Forst in einem steilen Tal aufsteigen, oben auf Feldweg links haltend weiter und hinab, zuletzt entlang der Autostraße nach Reileifzen (6 km kürzer, 150 mH zusätzlich, etwa 1¼ Std. weniger, landschaftlich weniger reizvoll). Wenn man den Aufstieg über den Hangberg vermeiden will, kann man auch hinter Reileifzen entlang der Autostraße an der Weser entlang weitergehen und die beschriebene Route wieder hinter Dölme erreichen (1,5 km kürzer, 200 mH weniger; mehr Autoverkehr als an der Strecke Forst – Domäne Heinade).
Wissenswertes Die weiten Weserschleifen von Polle, Grave/Dölme und Rühle zeigen besonders schöne Talmäander (vgl. Wanderung 1). Das Bild der reizvollen alten Natur- und Kulturlandschaft ist hier noch relativ ungestört erhalten. Besonders hübsch die alte Domäne Heidbrink und die wuchtigen Muschelkalkfelsen von Steinmühle und Rühle. Zu Bodenwerder siehe Nr. 33.
Tourenbeschreibung In *Holzminden* durch die Innenstadt zur *Karlstraße* (Richtung Bevern/Eschershausen). Von dieser links auf dem *Forster Weg* am Krankenhaus vorbei zum Friedhof. Davor nach links über den *Mönchewerder* hinab an Kleingärten vorbei zur Weseraue. Vor einer Baumreihe nach rechts zum *Weserdeich.* Immer der kleinen Straße auf dem Deich folgend in etwa einer Stunde nach *Forst.*

Entlang der meist nur wenig befahrenen Autostraße dicht an der Weser vor dem Kapenberg (Prallhang mit Muschelkalkfelsen; gegenüber auf der anderen Seite der Weser die Fachwerkhäuser von Heinsen) bis zum Ende des Waldes. Hier geradeaus auf Grasweg zur *Domäne Heidbrink* (500 m zur Auto- und Personenfähre nach Polle). Hinter dem Gut rechts auf Feldweg zu Waldstück. Auf gerader Schneise durch den Wald in 20 Minuten zu großer Kiesgrube. Links um diese herum und danach links zum alten Wirtshaus *Brille* (Schiffsanleger). Am Weserufer entlang nach *Reileifzen.*

500 Meter hinter Reileifzen verläßt man die Autostraße nach rechts und steigt auf befestigtem Feldweg 500 Meter an bis hinter eine Kurve. Nun rechts auf kleinerem Feldweg am Hang des Tälchens weiter hinauf und zu Waldecke. Links am Waldrand entlang zur Kuppe des *Hangberges.* Oben auf Querweg 100 Meter rechts, dann in der gleichen Richtung wie vorher hinab zu Feldstraße. Diese nach links, 2 Minuten später wieder rechts ab und hinauf zur Kuppe des *Spielberges.*

Hier geradeaus weiter, nach etwa 800 Metern auf Feldweg nach rechts. Nach weiteren 800 Metern einen anderen Feldweg scharf links und diesen mit schönen Ausblicken zur Weser hinab nach *Rühle.*

In Rühle direkt an der Weser oder oberhalb der Autostraße am Waldrand entlang zur Siedlung am *Ehrberg.* Danach an der Mündung des *Großen Tales* links auf Feldstraße und Feldwegen nahe der Weser, zuletzt etwas weniger erfreulich an Fabrikanlagen und Siedlungen vorbei, nach *Bodenwerder.*

Zu Tour 3, 4, 26 **Holzminden** (Foto: Stadtverwaltung Holzminden)

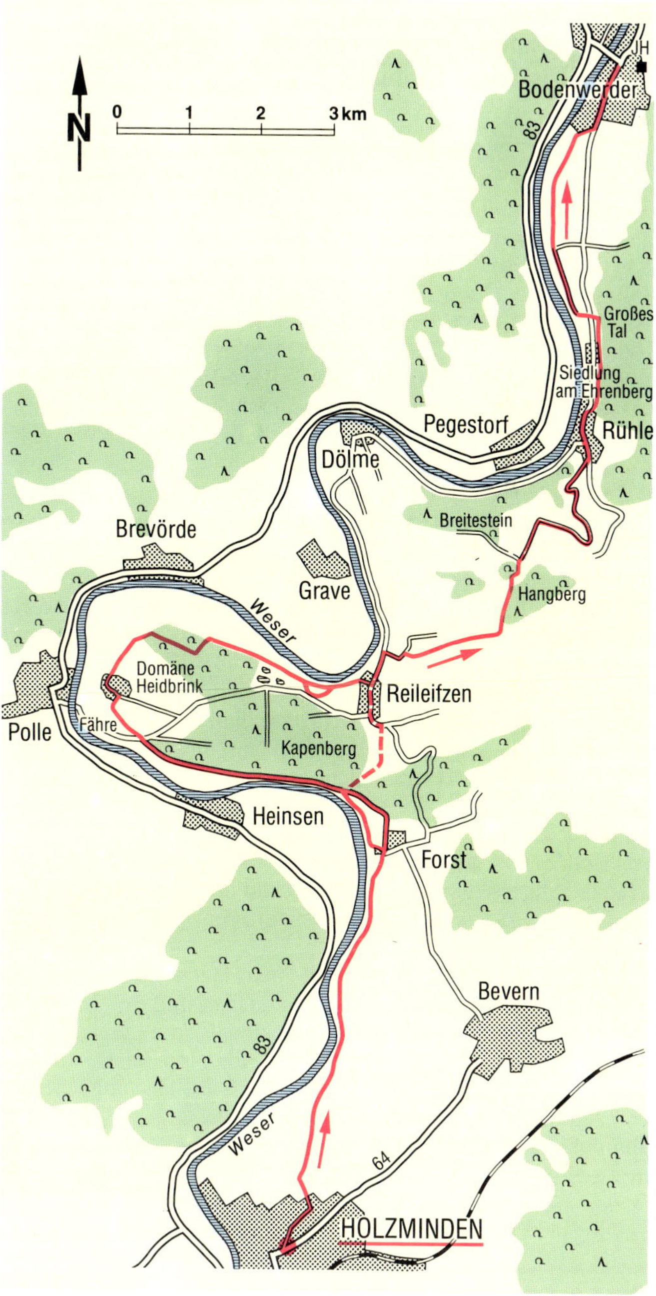

N
0
1
2
3 km
Bodenwerder
JH
83
Großes Tal
Siedlung am Ehrenberg
Rühle
Pegestorf
Dölme
Breitestein
Hangberg
Brevörde
Grave
Weser
Domäne Heidbrink
Reileifzen
Polle
Fähre
Kapenberg
Heinsen
Forst
Bevern
83
Weser
64
HOLZMINDEN

5 Wesertalwanderung V: Bodenwerder – Hehlen – Daspe – Frenke – Latferde – Hagenohsen – Tündern – Hameln

Verkehrsmöglichkeiten Bahn bis Bodenwerder, Kirchohsen (Emmerthal) und Hameln. Bus bis zu allen Dörfern. Weserdampfer Anlegeplätze Bodenwerder, Grohnde, Hameln. Fähre in Hehlen und Grohnde.
Parkmöglichkeiten Nur in Hameln für Dauerparken Probleme.
Wegmarkierung Keine.
Tourenlänge 22 km.
Wanderzeit Etwa 6 Stunden.
Höhenunterschiede Insgesamt 100 Meter.
Wanderkarten 1 : 50000 Hameln – Weserbergland (Hrsg. Sparkasse) oder Topographische Karten 1 : 50000 Blätter L 4122 Holzminden und L 3922 Hameln.
Anmerkung Dieser Abschnitt des Wesertales ist teilweise handfest verbaut, so daß sich streckenweise keine anderen Wegmöglichkeiten als befestigte Straßen anbieten. Die Feldwege vor Frenke lassen sich auch durch Überschreitung des Eichberges vermeiden. Man muß dabei allerdings bis fast zur Kuppe aufsteigen, weil der Waldrand durch Hecken und Zäune schlecht passierbar ist.
Wissenswertes In Hehlen sehenswertes Wasserschloß (erbaut ab 1579, Weserrenaissance). – Von Latferde Blick auf das umstrittene Atomkraftwerk Grohnde. Nach mehreren Demonstrationen wurde der Bau durch Gerichtsbeschluß für lange Zeit unterbrochen. Wo heute die Kühltürme stehen, entstand im Sommer 1977 das Antiatom-Dorf, in dem Studenten und Mitglieder von Bürgerinitiativen ein lebendiges Beispiel alternativer Energiegewinnung schufen und das dann nach Räumung durch die Polizei von Bulldozzern niedergewalzt wurde – Symbol des Konflikts zwischen staatlich begünstigter Großtechnik und Großwirtschaft einerseits und sich in ihren Lebensinteressen bedroht fühlenden Bürgern andererseits.

Die Burg der Grafen von Everstein in Hagenohsen (heute Domäne) lag ursprünglich auf einer kleinen Insel und verteidigte den Weserübergang. Der kleinere der beiden Türme (genannt »das schwarze Laster«) war früher Verlies für als Hexen verfolgte Frauen. – Zu Hameln siehe Wanderung 6. Bei Hastenbeck (östl. von Tündern) Gut mit kleinem Schloß.
Tourenbeschreibung In *Bodenwerder* zum Ortsteil *Kemnade* und zwischen der Bahnlinie und der Weser auf Feldwegen zum *Schloß Hehlen.* Mit der Fähre über den Fluß nach *Daspe* und entlang der Straße in Richtung Hajen bis etwa 1 Kilometer hinter

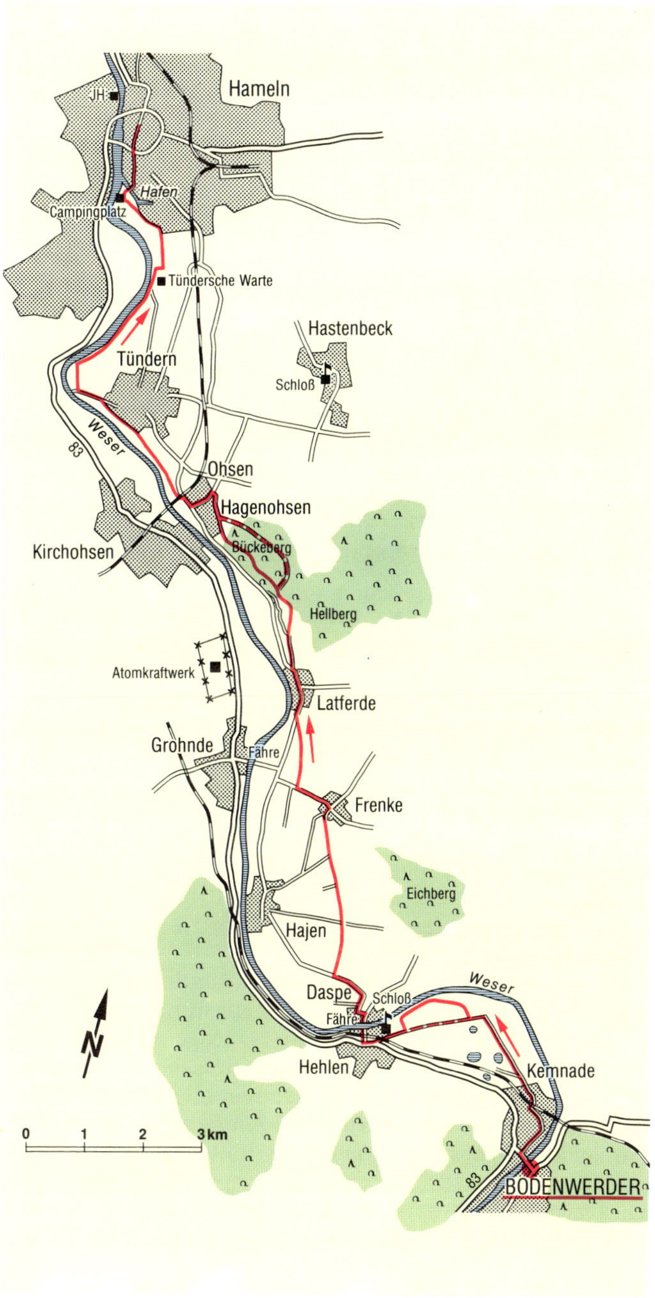

Hameln
JH
Hafen
Campingplatz
Tündersche Warte
Hastenbeck
Schloß
Tündern
Weser
83
Ohsen
Hagenohsen
Kirchohsen
Bückeberg
Hellberg
Atomkraftwerk
Latferde
Grohnde
Fähre
Frenke
Eichberg
Hajen
Daspe
Schloß
Weser
Fähre
Hehlen
Kemnade
N
0
1
2
3 km
83
BODENWERDER

den Ort. Nun rechts auf langem, geradem Feldweg in eindrucksvoller Monotonie nach *Frenke.* Im Dorf nach links und etwa 10 Minuten in Richtung Grohnde. Dann kurz hinter kleinem Bach rechts auf Feldweg zur *Ilsemühle* und weiter nach *Latferde.* Durch den Ort und danach bei Straßengabelung geradeaus. Über den Hang des Hellberges ansteigen. Wo die Straße in den Wald hineinführt, links auf Fußweg ein Tälchen queren und am oberen Ende des Steilhanges im Wald über die Kuppe des Bückeberges nach *Hagenohsen* (hierher auch, indem man auf der Straße bleibt und die Kuppe des Bückeberges nordöstlich umgeht).

Im Ort nach links, unter der Bahnlinie durch und danach links auf dem *Weserdeich* nach *Tündern.* Am Ort vorbei, immer entlang der Weser im Bogen zur *Tündernschen Warte* (Gaststätte). Auf Fußweg weiter am Fluß entlang zum Hafen und zum Zeltplatz und danach über kleine Brücke zur Innenstadt von *Hameln.*

6 Wesertalwanderung VI: Hameln – Fischbeck – Hessisch-Oldendorf – Ahe – Rinteln

Verkehrsmöglichkeiten Bahn und Weserdampfer bis Hameln, Hessisch-Oldendorf und Rinteln. Bus in alle Dörfer.
Parkmöglichkeiten Dauerparken nur in Hameln und Rinteln in der Innenstadt schwierig.
Wegmarkierungen Keine.
Tourenlänge 27,5 km (auch Teilstrecken lohnend).
Wanderzeit Etwa 7 Stunden.
Höhenunterschiede Fast eben.
Wanderkarten 1 : 50000 Hameln und Umgebung (Hrsg. Sparkasse) oder 1 : 50000 Süntel, Deister, Osterwald und Blatt L 3920 Rinteln.
Anmerkung Besonders im Abschnitt hinter Hessisch-Oldendorf lange Strecken direkt an der Weser.
Wissenswertes Hameln ist die bedeutendste Stadt des mittleren Weserberglandes. Die Stadt entstand schon früh als Handelsplatz an einem günstigen Weserübergang (1277 Stadtrecht durch Welfenherzog Albrecht von Braunschweig, ab 14. Jh. die ersten Mühlen). Die bekannte Rattenfängersage stammt aus dem 13. Jahrhundert (vgl. Rattenfängerhaus, Hochzeitshaus: Giebel mit Figuren und Glockenspiel, traditionelle Rattenfängerspiele). Die prächtigen alten Häuser der Innenstadt sind von der Weserrenaissance geprägt (Fachwerk und Sandsteinfassaden, am bekanntesten die Osterstraße). Viele der alten Bauten wie Münster, Markt-

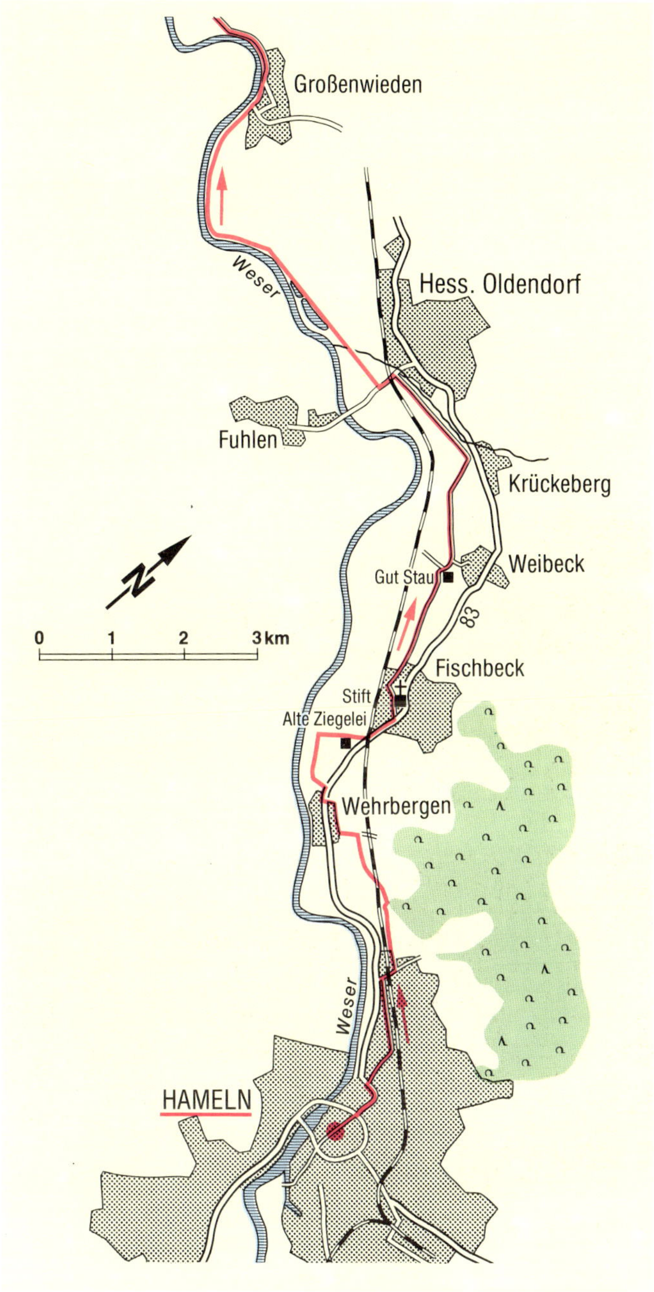

Großenwieden
Weser
Hess. Oldendorf
Fuhlen
Krückeberg
Weibeck
Gut Stau
83
0 1 2 3km
Fischbeck
Stift
Alte Ziegelei
Wehrbergen
Weser
HAMELN

kirche und Rathaus wurden in Kriegen zerstört, sind jedoch wieder aufgebaut. Die noch aus dem Jahre 1761 überlieferte Forderung der Bediensteten, nicht öfter als zwei- bis dreimal in der Woche Lachs essen zu müssen, hat sich durch den sogenannten Fortschritt inzwischen erledigt... In Fischbeck altes Gut aus der Karolingerzeit und sehenswerte romanische Stiftskirche. In Hessisch-Oldendorf Fachwerkhäuser, spätgotische Stadtkirche und alte Adelssitze, unter anderem ein Münchhausenschloß (Weserrenaissance). In Großenwieden alte gotische Kirche mit Wehrturm. In Rinteln gleichfalls alte Innenstadt mit prächtigen Fachwerkhäusern und Ritterhöfen, umschlossen von Wall und Graben (Sternschanze). Südwestlich von Rinteln das alte Klostergut Möllenbeck (gegr. 896). Die Wege entlang der Weser sind Reste der alten Treidelpfade, auf denen früher Pferde die Lastkähne flußaufwärts zogen und für die heute noch allgemeines Zugangsrecht besteht.

Zu Tour 6, 43 **Leisthaus im Stiftsherrenhaus (Museum) in Hameln**
(Foto: Fremdenverkehrsverband Weserbergland-Mittelweser e. V./Wagner)

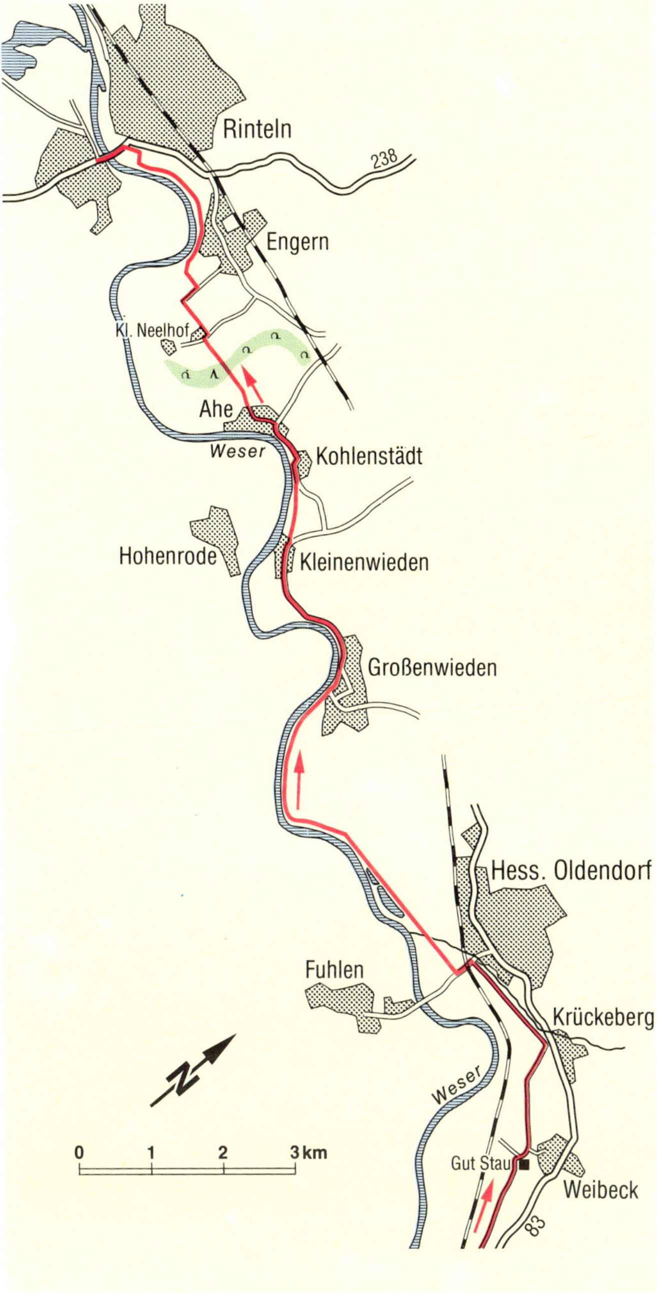

Rinteln
238
Engern
Kl. Neelhof
Ahe
Weser
Kohlenstädt
Hohenrode
Kleinenwieden
Großenwieden
Hess. Oldendorf
Fuhlen
Krückeberg
N
Weser
0
1
2
3 km
Gut Stau
Weibeck
83

Tourenbeschreibung In *Hameln* über *Fischbecker Straße, Forster Weg, Wehrberger Straße* und *Wiehbusch* zum *Reher Weg*. Diesen rechts und gleich hinter der Bahnlinie links die *Wehler Marsch* weiter. Über den *Seegraben* zum *Steinkuhlenfeld*. Links wieder die Bahnlinie kreuzen und rechts haltend nach *Wehrbergen*. Rechts zum Ortsende und links auf Feldweg weiter. Später rechts zu alter Ziegelei und nach *Fischbeck*.

Durch das Dorf, an der alten *Stiftskirche* vorbei und zum Sportplatz. Auf gerader Feldstraße durch die flache Aue an Kiessee vorbei zum *Gut Stau*. In gleicher Richtung wie vorher entlang dem asphaltierten Sträßchen bis kurz vor Krückeberg. Noch vor dem *Hollenbach* und der Autostraße links auf Feldweg am Bach entlang zum südlichen Ortsende von *Hessisch-Oldendorf* (12 km von Hameln Innenstadt).

Links in Richtung Fuhlen über die Bahnlinie und einige Minuten später rechts auf Feldweg durch die Auewiesen. Ein kleiner Bach *(Weserangerbach)* wird auf Brücke überschritten. Danach, immer noch in einigem Abstand von der Weser auf anfangs befestigter Straße weiter zu ausgedehnten Kiesteichen. An diesen vorbei und danach links haltend zum Ufer der *Weser*. Über den *Rohder Bach* und nun immer dem alten Treidelpfad folgend nach *Großenwieden*.

Zu Tour 6, 7 **Rinteln, St. Nikolai** (Foto: Stadt Rinteln)

Entlang der kleinen Straße nach *Kleinenwieden* und (jetzt wieder entlang der Weser) nach *Kohlstädt* und *Ahe*.

Nach der Abzweigung der Straße zur Westendorfer Landwehr auf der zweiten Straße nach rechts und durch die Felder geradeaus weiter. Man quert einen schmalen Auewaldstreifen (alter Weserarm, Naturschutzgebiet) und gelangt 5 Minuten später zum *Kleinen Neelhof*. In gleicher Richtung weiter und dann rechts haltend erreicht man einen Kiesteich. Nun entlang der Weser über *Engern* nach *Rinteln*.

7 Wesertalwanderung VII: Rinteln – Doktorsee – Eisbergen – Veltheim – Uffeln – Costedt – Porta Westfalica

Verkehrsmöglichkeiten Bahn bis Rinteln, Eisbergen, Veltheim, Vlotho, Porta Westfalica. Weserdampfer bis Rinteln und Vlotho (nur Mai bis September). Bus in die Dörfer.
Parkmöglichkeiten Im Sommer in Rinteln und an der Porta Westfalica Dauerparken schwierig, sonst problemlos.
Wegmarkierungen Keine.
Tourenlänge 29 km.
Wanderzeit Etwa 7 Stunden.
Höhenunterschiede Insgesamt etwa 130 Meter.
Wanderkarten Topographische Karte 1 : 50000 Blätter Rinteln L 3920, Herford L 3918 und Minden L 3718.
Anmerkung In diesem letzten Talabschnitt der Weser bis zum Rande des Norddeutschen Tieflandes ist das Tal schon weit und der Fluß recht behäbig. Dem entspricht ein geringerer Wechsel in der Szenerie entlang des Flusses. Die Wege in diesem Abschnitt sind weithin befestigt. Hinter dem Buhnhof kann man auch geradeaus der Markierung x 3 nach Uffeln folgen (etwas weiter und weniger schön).
Wissenswertes Die landwirtschaftlich intensiv genutzte Flußaue wird von zahlreichen Kiesseen unterbrochen, in denen die Schotterablagerungen mit Saugbaggern abgebaut werden. Nach ihrer Aufgabe können diese Kiesseen beliebte Erholungsgebiete (vgl. Doktorsee) abgeben oder sich auch nach einiger Zeit der Ruhe durch natürliche Wiederbesiedlung zu gesunden Teichlandschaften mit großem Artenreichtum an Pflanzen und Wasservögeln entwickeln (vgl. NSG Stiefelteich). Im Bereich südlich der Porta Westfalica gibt es auch in größerer Höhenlage über der Aue ausgedehnte Schotterterrassen, die als eiszeitliche Ablagerungen gegen Reste des Inlandeises gedeutet werden (Kames-

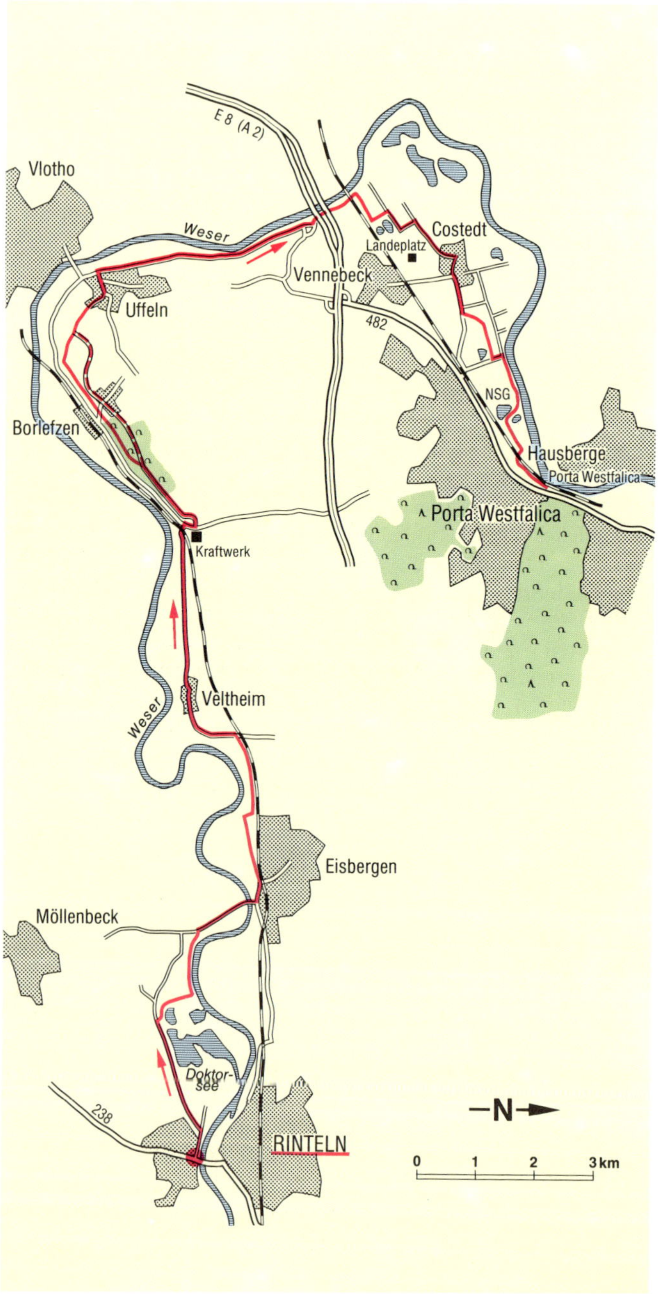

E 8 (A 2)
Vlotho
Weser
Costedt
Landeplatz
Vennebeck
Uffeln
482
NSG
Borlefzen
Hausberge
Porta Westfalica
Porta Westfalica
Kraftwerk
Veltheim
Weser
Eisbergen
Möllenbeck
Doktor-
see
238
RINTELN
N
0
1
2
3 km

Bildungen). - Der schmale Durchlaß der Porta Westfalica durch den aus Juragestein aufgebauten Bergkamm des Wiehen- und Wesergebirges ist ein typisches Beispiel für ein antezedentes Tal, d.h. das Tal eines Flusses, der dort eher floß, als das Gebirge entstand. Durch die Lücke des Gebirges zwängt sich ein ganzes Bündel von Verkehrslinien. Am Hang des Wittekindsberges erhebt sich das pompöse Kaiser-Wilhelm-Denkmal. Außerdem stehen auf den Bergrücken mehrere Aussichts- und Sendetürme. - Südlich von Veltheim in Varenholz Renaissanceschloß.

Tourenbeschreibung In *Rinteln* am Südufer der Weser die *Hartlerstraße* entlang und schräg links zum *Doktorsee.* Am *Doktorsee II* vorbei und dort an der Einfahrt zur Gaststätte über Graben. Gleich danach links auf Damm den Grasweg zur *Weser.*

Am Ufer entlang den Grasweg zum Graben. Diesen ohne Steg überschreiten (oder 200 m links über Brücke und dann wieder zurück zur Weser). Weiter bis zur Flußbiegung. Hier geradeaus auf Grasweg zur Autostraße. Rechts über die Brücke nach *Eisbergen.*

Auf der *Weserstraße* nach links am Gut (*Boskett)* vorbei. Vor der Bahn links auf dem *Werderweg* geradeaus, immer an der Bahn entlang. Nach etwa 20 Minuten nahe an einer Weserschleife vorbei und kurz darauf bei den ersten Häusern von *Veltheim* nach links. Auf der *Driftenstraße* in weitem Rechtsbogen zur Ortsmitte. An der Kirche vorbei und geradeaus etwas monoton zu den Betonklötzen des *Gemeinschaftskraftwerkes Weser.* An Kühlturm vorbei und über die Bahnlinie zur breiten Autostraße.

Daran entlang etwa 300 Meter nach rechts und gegenüber vom Kraftwerk nach links an kleiner Asphaltstraße *(Buhnegge;* Markierung x 3) um den *Buhnhof* herum und am Wald entlang ansteigen (schöner Blick zum Wesergebirge auf Porta Westfalica mit Kaiser-Wilhelm-Denkmal und Jakobsberg). Nach den letzten Häusern gerade weiter durch kleinen Waldstreifen bis zum Ende eines kleinen, links der Straße gelegenen Ackers. Hier nach links in den Wald. Auf Hangweg (zuerst reizvoller Blick ins Wesertal) etwas abwärts. Die Autostraße (zwischen Försterei Buhn und Borlefzen) queren und im Wald auf dem Hangweg weiter. Nach etwa 15 Minuten endet der Weg am Ende des schmalen Waldstreifens. In gleicher Richtung entlang einer kleinen Asphaltstraße weiter in den Ort *Uffeln.*

Nahe der Weser auf der kleinen Straße *Höfenweg* an einigen Angelteichen vorbei und mit schönem Blick zur Weser am Waldrand unter dem Schloßberg von Holtrup entlang (*Unterm Brink, In Vössen*). Links auf dem Weg *Unterloh* an der Weser entlang unter den beiden *Autobahnbrücken* und 5 Minuten später unter der bizarren Stahlkonstruktion der *Eisenbahnbrücke* durch. Gleich danach entlang der Bahnlinie weiter. Nach etwa 5 Minuten beim zweiten Querweg vor einer Kiesgrube auf Grasweg nach links. Dann rechts an Kiesteich entlang zum *Flugplatz Vennebeck.*

Vor diesem entlang der Asphaltstraße nach links, bis diese scharf nach links biegt. Hier scharf rechts entlang befestigter Feldstraße zwischen Feldern und durch die Aue des *Vennebaches* nach *Costedt.*

Im Ort auf der *Gutsstraße* nach rechts und dann die *Holzhauser Straße* nach links. Nach etwa 5 Minuten gegenüber der Straße *Im Kirchfeld* schräg links auf Feldweg hinab. Kurz nachdem dieser nach links biegt, rechts auf geradem Grasweg zwischen Feldern durch und zuletzt am Rand eines Wäldchens (mit Teich) vorbei. Danach Feldweg nach links, dann auf Querweg rechts zu Gehöft. Geradeaus zum *Naturschutzgebiet und Vogelschutzgelände Stiefelteich.* Auf dem *Naturlehrpfad* schräg rechts am Südostufer des *Stiefelteiches* und dann zwischen Südrand des *Inselteiches* und Bahnlinie zu Unterführung. Unter der Bahnlinie durch und links auf der Straße *Platte Weide* zum Bahnhof *Porta Westfalica.*

Zu Tour 3, 22 **Höxter, Weser und Kiliankirche**
(Foto: Fremdenverkehrsverband Weserbergland-Mittelweser e. V.)

8 Münden – Lehrpfad – Jungfernbrunnen – Questenberg – Weserlied-Ecke – Münden

Verkehrsmöglichkeiten Bahn bis Münden. Bus Münden – Volkmarshausen.
Parkmöglichkeiten Die Bundesstraße 3 in Richtung Scheden 400 m weiter, dann rechts abbiegen, unter der Bahn durch zu Parkplatz.
Wegmarkierung Lehrpfad-Schilder.
Tourenlänge Von und bis Altstadt Münden 6 km, Lehrpfad 3 km.
Wanderzeit 2 Stunden (bzw. 1 Std.).
Höhenunterschiede Insgesamt 110 Meter. Sanfte Steigungen.
Wanderkarte 1:50000 Naturpark Münden oder 1:50000 Göttingen und Umgebung.
Anmerkung Waldlehrpfad in abwechslungsreichen Buchen-, Eichen- und Fichtenbeständen. Die Wanderung kann erweitert werden (siehe Skizze!). Besonders schöne Aussicht auf die Stadt bietet die Tilly-Schanze über dem Westufer der Weser.
Wissenswertes Die malerische Kleinstadt Münden (früher Hannoversch-Münden) liegt am Zusammenfluß von Werra und Fulda. Die felsige und für Schiffe unpassierbare Furt in der Werra begünstigte die Entwicklung der Stadt als Umschlagplatz. Durch das Privileg des Stapelrechtes (Verpflichtung aller durchreisenden Händler, ihre Waren 3 Tage lang zu Vorzugspreisen feilzubieten und sie danach nur auf Mündener Fuhrwerken oder Schiffen weiterzubefördern) verstanden es die Mündener zum Mißvergnügen besonders der Hessen, diese günstige Lage jahrhundertelang weidlich zu nutzen. Der frühere Reichtum der Stadt ist noch heute an den Gebäuden der Altstadt abzulesen (Burg, Welfenschloß und Rathaus in Weserrenaissance, prächtige Fachwerkhäuser, massive Werrabrücke aus dem 14. Jahrhundert), wenn auch die Stadt zeitweilig (z.B. im 30jährigen Krieg bei einer dreitägigen Beschießung durch Tilly) Zerstörungen hinnehmen mußte.
Tourenbeschreibung In *Münden* vom Marktplatz in Richtung zur Fulda hin, auf Fußgängerbrücke über einen schmalen Flußarm, danach rechts (kurzer Abstecher zum Zusammenfluß von Werra und Fulda möglich). Auf kleiner Hängebrücke über die *Fulda* und am Westufer entlang auf Fußweg zur Bundesstraße 3. Über die große *Weserbrücke* und am anderen Ufer entlang der Bundesstraße etwa 200 Meter nach links. Nun gegenüber der Gabelung der Autostraße rechts auf schmalem Weg unter der Bahnlinie durch und links entlang einer Hecke zum Wald. Hier trifft man auf den *Lehrpfad* und folgt diesem links über Waldwin-

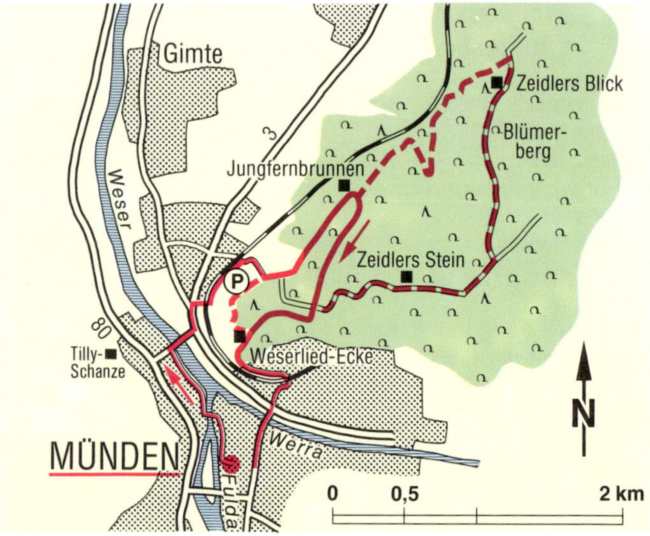

kel (Blick zur Weser, Bänke) zu Asphaltstraße (hierher in 2 Min. vom Parkplatz).

Am Waldrand weiter, später im Wald, viele kleine Bäche auf Brückchen und Stegen querend, zuletzt ansteigend zum *Jungfernbrunnen* (Quelle).

Hier hinauf zu breitem Hangweg. Auf diesem nach rechts. Nach etwa 15 Minuten erreicht der Lehrpfad wieder die asphaltierte Forststraße. Diese überqueren und wenig später nach rechts hinab durch alten Hudewald zur *Weserlied-Ecke* (wer vom Parkplatz ausgegangen ist, folgt nun rechts weiter dem Lehrpfad, bei dieser die Asphaltstraße quert).

Nun absteigen bis zu Bahnlinie, davor nach links zu Bahnübergang. Über die Bundesstraße 80 und die 600 Jahre alte *Werrabrücke* zurück nach *Münden*.

9 Roter Stock – Rotbalzer Teich – Ahlberg – Roter Stock

Verkehrsmöglichkeiten Bus Kassel – Fuldatal – Holzhausen – Roter Stock – Veckerhagen/Reinhardshagen.
Parkmöglichkeiten Am Roten Stock und am Ahlberg oberhalb von Mariendorf.
Wegmarkierungen Rundweg 4, außer am Rotbalzer Teich.
Tourenlänge 7,4 km.
Wanderzeit Etwa 2 Stunden.
Höhenunterschiede Insgesamt etwa 90 Meter. Nur sanfte Steigungen.
Wanderkarte 1 : 50 000 Naturpark Münden und Reinhardswald.
Anmerkung Im mittleren Teil der Wanderung besonders schöne Eichenwald-Szenerien. Am Anfang und am Schluß Forststraßen.
Wissenswertes Das zweimal zu passierende Wildgatter ist Teil eines Zaunsystems, das praktisch den ganzen Reinhardswald umfaßt (Tore bitte sorgfältig schließen). Der Rotbalzer Teich zeigt die in unserem Klima üblichen Verlandungsvorgänge flacher Gewässer, die mit der Entwicklung eines Sumpfgebietes ihren natürlichen Abschluß finden, wenn nicht wieder menschliche Eingriffe erfolgen.

Zu Tour 2, 15 **Weserschleife bei Wahmbeck** (Foto: Flecken Bodenfelde)

Tourenbeschreibung Vom Parkplatz *Roter Stock* an der Reinhardswald-Autostraße auf der *Immenhäuser Trift* abwärts zum Wildgatter. Nach Passieren des Tores noch etwa 200 Meter weiter, dann rechts auf Fußweg durch Fichten und später an malerischen alten Eichen und Buchen vorbei. Am Wildgatter entlang bis etwa 50 Meter hinter die Stelle, wo der Nadelwald links aufhört und auch dort wieder Eichenwald beginnt. Hier den Rundweg verlassen und links auf etwas feuchtem Weg zum Beginn des idyllischen *Rotbalzer Teiches.* An dessen rechtem oder linkem Ufer entlang zum stauenden Damm. Von dort wieder nach rechts zum Rundweg 4.

Nun diesem geradeaus weiter folgen bis zu Waldrand. Links zu Weg (Links unterhalb jenseits hoher Fichten eine sehr schöne Waldwiese mit einzelnen Bäumen). Den Weg weiter nach rechts zwischen Feldern hinauf zu Asphaltsträßchen. Darauf rechts zur Siedlung am *Ahlberg.*

Gleich bei den ersten Häusern nach rechts in den Wald. Auf Forststraße am *Paulastein* vorbei, dann wieder durch das Wildgatter und anschließend ein Tälchen queren. Etwa 5 Minuten später am *Brasiusstein* vorbei. Danach auf schnurgerader Forststraße nach etwa 1,5 Kilometern zurück zum Parkplatz *Roter Stock.*

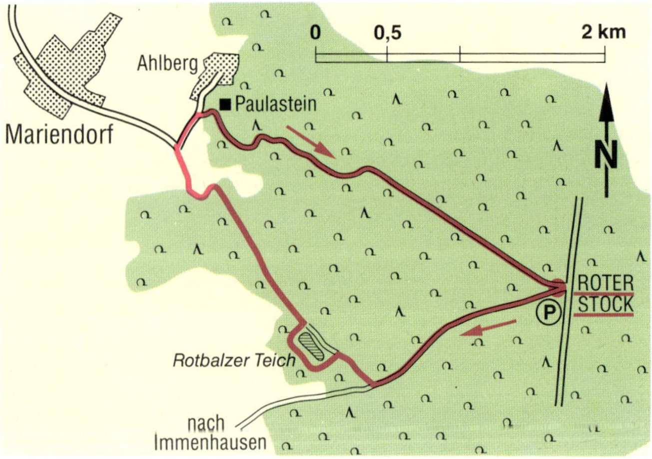

10 Reinhardshagen – Veckerhagen – Paulistein – Staufenberg – Udenhausener Stock – Mühlenberg-Südseite – Schäferstrift – Veckerhagen

Verkehrsmöglichkeiten Bus Kassel – Immenhausen – Holzhausen – Udenhausener Stock – Reinhardshagen.
Parkmöglichkeiten Am westlichen Ortsausgang von Veckerhagen. An der Waldstraße. Am Udenhausener Stock.
Wegmarkierungen Veckerhagen bis Staufenberg X 6, Kasseler Schneise bis Sattel südlich vom Mühlenberg X 3. Dann auf der Spitze stehendes Quadrat bis zum Waldrand oberhalb von Vaake.
Tourenlänge 19 km.
Wanderzeit Etwa 5-6 Stunden.
Höhenunterschiede Insgasamt 540 Meter. Mäßig steiler Aufstieg vom Waldrand (206 m) bis zum Paulistein (360 m) und auf den letzten 40 mH zum Gipfel des Staufenberges.
Wanderkarte 1 : 50000 Naturpark Münden und Reinhardswald.
Anmerkung Die Wanderung ist geprägt von dem reizvollen Konstrast zwischen dem Wesertal, seinen Seitentälern und den Höhen des Reinhardswaldes. Anfangs angenehme Naturpfade, später auf lange Strecken Forststraßen. Kürzungsmöglichkeiten: Von der Stelle, wo man die Waldstraße erreicht, kann man gleich links abwärts direkt nach Veckerhagen absteigen (dann insgesamt 9 km, 3 Std., 380 mH). Außerdem kann man im Hemelbachtal – immer rechts des Baches bleibend – zurückkehren (dann insgesamt 14,5 km, etwa 4 Std., 480 mH).
Wissenswertes Der Staufenberg ist die höchste Erhebung des Reinhardswaldes (472 m). Seine Kuppe besteht aus dem Basalt eines tertiären Vulkans. Bei der Erstarrung der Lava haben sich senkrecht zu den Abkühlungsflächen die charakteristischen, meist sechseckigen Säulen herausgebildet (siehe Staufenberg-Steinbruch). Die Kasseler Schneise mit ihren wuchtigen Eichen wurde von Landgraf Karl um 1780 angelegt. In Vaake gotische Dorfkirche (13. Jh.), in Veckerhagen Barockschloß (1689 erbaut). Die beiden Orte sind jetzt zu Reinhardshagen zusammengeschlossen. Hier leistete man sich noch in jüngster Vergangenheit die Barbarei, einen bis dahin erhaltenen Dorfbach zu kanalisieren und zu überbauen.
Tourenbeschreibung In *Veckerhagen* von der Bundesstraße 80 auf der *Oberen Weserstraße,* dann rechts die zweite Straße *(Poststraße)* einbiegen, über den *Hemelbach* und links hinauf zum westlichen Ortsende, wo von der Talstraße noch einmal eine Brücke über den Bach führt. Vor einer kleinen Obstplantage links

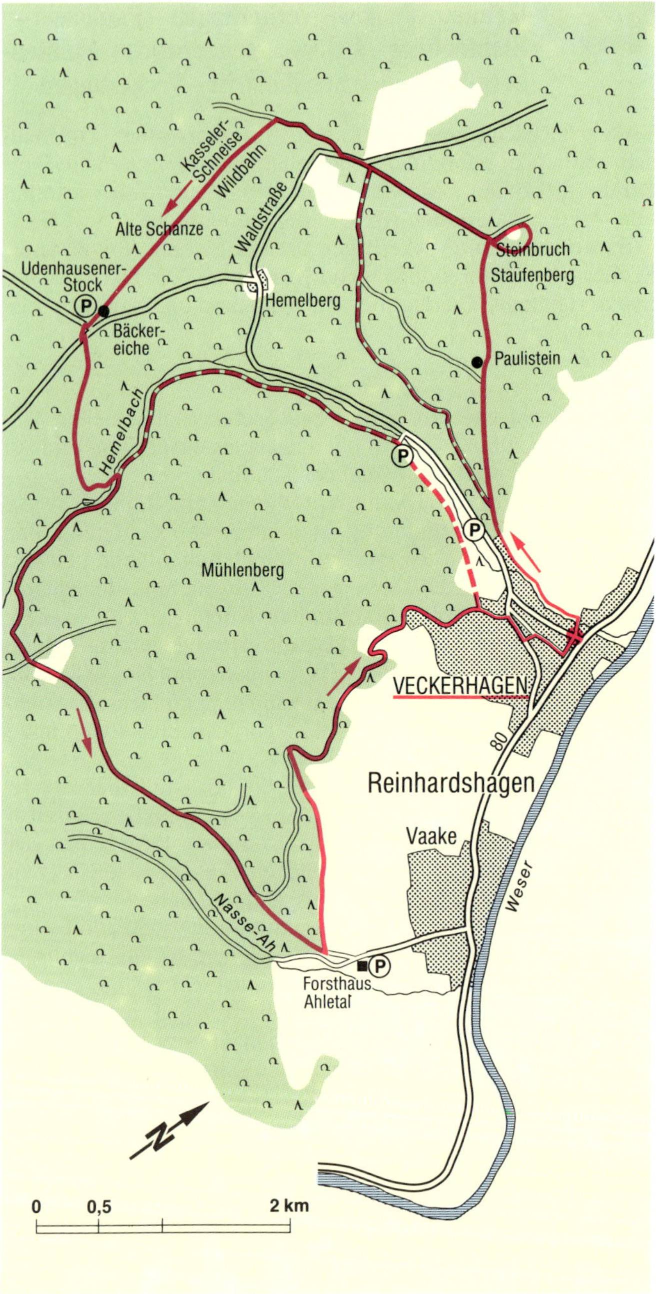
Kasseler-
Schneise
Wildbahn
Alte Schanze
Waldstraße
Udenhausener-
Stock
Bäcker-
eiche
Hemelberg
Steinbruch
Staufenberg
Paulistein
Hemelbach
Mühlenberg
VECKERHAGEN
80
Reinhardshagen
Vaake
Weser
Nasse-Ah
Forsthaus
Ahletal
0
0,5
2 km

und zum Wald. Über kurzen steilen Anstieg (Stufen) zu Querweg.

Nun gerade über steilen, tonigen Weganschnitt auf den Bergrücken. Über diesen auf Fußweg ansteigen. Nach etwa 40 Minuten erreicht man den *Paulistein* (links schöner Eichenwald). Etwas rechts haltend weiter über den flachen Sattel zwischen einer kleinen, südlich vorgelagerten Kuppe (links) und dem Staufenberg (rechts) zur Forststraße. Rechts zum *Basaltsteinbruch* und rechts daneben über den Hang weglos zum Gipfel des *Staufenberges.* Auf der anderen Seite hinab und auf der Straße unter dem Steinbruch entlang wieder nach links zurück. Hinab zur *Waldstraße.*

Entlang der Autostraße etwa 200 Meter nach links, dann rechts auf Forststraße in gleicher Richtung weiter bis zum flachen Bergrücken. Hier erreicht man die von alten Eichen gesäumte *Kasseler Schneise (Wildbahn).* Links auf eine flache Kuppe. Nach etwa 15 Minuten an der *Alten Schanze* (rechts der Schneise) vorbei. Zuletzt sanft abwärts zum Straßenkreuz *Udenhausener Stock* (Bäk-ker-Eiche, Parkplatz; Bushaltestelle).
Links über die Autostraße und im Wald (Markierung weißes X) abwärts und waagerecht am Hang entlang bis zu eingeschnittenem Weg. Dieser leitet links hinab in den Grund des oberen *Hemelbachtales.* Über Brücke und am gegenüberliegenden Hang rechts breite Forststraße aufwärts, an Staubecken und tief eingeschnittenen Tobeln vorbei zuletzt fast eben zum Wegekreuz im Sattel südlich des Mühlenberges.

Geradeaus auf der Forststraße an Wiesen vorbei und immer am Hang entlang abwärts, bis die Straße nach links biegt. Hier geradeaus, den Markierungen folgend, durch das Wildgatter und die *Schäferstrift* hinab zum Waldrand. Links auf Weg etwas aufwärts am Waldrand entlang und zuletzt hinauf in ein Tälchen zu Wasserhäuschen. Auf Forststraße rechts weiter, teilweise mit hübschen Ausblicken ins Wesertal, zurück nach *Veckerhagen.*

11 Hemeln – Kreuzstein – Bramburg – Fliehburg Hünengraben – Jagdplatz – Uhlenstein – Huteeichen Pflügeberg – Zickzackweg – Hemeln

Verkehrsmöglichkeiten Bus Kassel – Veckerhagen, Fähre Vekkerhagen – Hemeln.
Parkmöglichkeiten Am Ortsausgang in Richtung Dransfeld. Am Kreuzstein. Am Kreuzungspunkt der langen Bahn mit der Straße Hemeln – Dransfeld.
Wegmarkierungen Bis Bramburg Eichhörnchen, dann z.T. Raubvogel (aber selten).
Tourenlänge 11,5 km.
Wanderzeit Etwa 3½ Stunden.
Höhenunterschiede Insgesamt 300 Meter. Mäßig steil, aber anhaltend vom Kreuzstein (142 m) bis zur Fliehburg Hünengraben (375 m). Mäßig steiler Abstieg am Zickzackweg auf 120 mH.
Wanderkarten 1 : 50000 Naturpark Münden und Reinhardswald oder 1 : 50000 Göttingen und Umgebung.
Anmerkung Landschaftlich reizvolle und kulturhistorisch interessante Wanderung. Man kann auch schon vom Jagdplatz über den Zickzackweg absteigen, verzichtet so aber auf die eindrucksvollen Huteeichen (dann insgesamt 7,7 km, 2¼ Std., 170 mH). – Die Holzplantagen auf den Flächen des Bramwaldes oberhalb der beschriebenen Wanderung sind zwar zum Teil als Fußwandergebiete deklariert, können jedoch mit dem Stumpfsinn ihrer rechtwinklig angelegten befestigten Straßen und dem Fehlen von Ausblicken sowie einer beachtlichen Verbotsschilderdichte als Zumutung empfunden werden.
Wissenswertes Hemeln ist nach steinzeitlichen Bodenfunden einer der ältesten Orte des Wesergebietes. Die von Benediktinern gegründete Marienkirche wurde im 17. Jahrhundert erneuert (sehenswert Altar und Orgel). Hübsche Fachwerkhäuser, besonders das Forsthaus am Südende des Ortes. Die alte Fliehburg Hünengraben stammt aus vorgeschichtlicher Zeit. Die Bramburg, deren wuchtiger Rundturm erhalten ist, diente um die Jahrtausendwende dem Schutz des nahen Benediktinerklosters Bursfelde und wurde 1458 als Raubritterburg zerstört. Im Ort Bursfelde romanische dreischiffige Basilika (11. Jh.) mit sehenswerten Säulen und gotischen Malereien.
Tourenbeschreibung Östlich von *Hemeln* vom Parkplatz (großer Quarzitblock, Spielplatz) vor dem Haus links auf Feldweg allmählich ansteigen zu Waldecke. Im Wald rasch zu Weggabelung. Auf dem unteren Weg weiter (Steinbruchweg) am Hang entlang que-

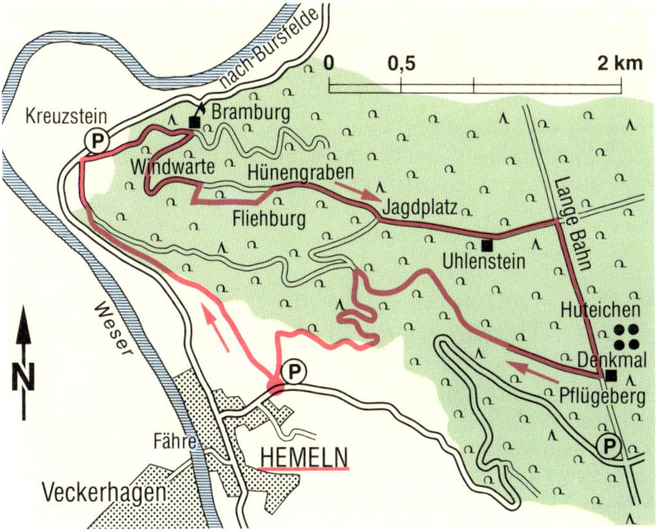

ren, später auch etwas ansteigen und schließlich abwärts zum Parkplatz *Kreuzstein* (40 Min.).

Rechts auf befestigter Forststraße zum Wald und am Hang aufwärts in etwa 15 Minuten zur *Bramburg* (34 m hoher Turm, Graben und Wall erhalten; Aussicht zur Weser, *Ritterbrunnen*).

Nun auf Forststraße schräg rechts aufwärts zur *Windwarte.* Nach einer Spitzkehre führt die Straße nach links. Etwa 500 Meter später kann man links zur Weser hinabsehen und erreicht dann eine alleinstehende Eiche am Beginn eines Lärchenbestandes. Von hier führt ein unbefestigter undeutlicher Weg schräg rechts hinauf zum Bergkamm. Man erreicht ihn an den westlichen Wällen der *Fliehburg Hünengraben.* Auf schmalem Pfad über den Bergrücken aufwärts (rechts Wälle) nach etwa 500 Metern zum deutlicheren östlichen Abschlußwall. Hier führt der Pfad einige Meter abwärts. Wenig später leitet links ein Grasweg abwärts zurück zur Forststraße.

Auf dieser rechts weiter zu Schneise mit schönem Weserblick, dann allmählich abwärts, unterhalb vom Sender vorbei, zum Wegekreuz *Jagdplatz.* Auf dem befestigten Weg über den flachen Bergrücken weiter nach 10 Minuten zum *Uhlenstein* (großer Quarzitblock 50 m rechts des Weges) und in weiteren 10 Minuten zum Wegekreuz mit der *Langen Bahn.* Auf dieser rechts in etwa 15 Minuten zu den *Huteeichen* auf dem *Pflügeberg* (Denkstein).

Hier zweigt kurz hinter dem Denkstein rechts im spitzen Winkel ein befestigter Weg ab. Nach 50 Metern bei Gabelung links und nun immer in gleicher Richtung abwärts. Nach 1,5 Kilometern in den Grund eines Tälchens und 5 Minuten später zum *Zickzackweg.* Dieser leitet hinab zum Waldrand. Daran entlang nach rechts und auf einem von Bäumen und Hecken gesäumten Weg zurück zum Parkplatz und nach *Hemeln.*

12 Gottsbüren – Sababurger Mühle – Sababurg – Tierpark – Urwald – Holzape-Tal – Gottsbüren

Verkehrsmöglichkeiten Bescheiden. Bus Bad Karlshafen – Trendelburg – Kassel.
Parkmöglichkeiten In Gottsbüren, bei der Sababurg, am Eingang zum Tierpark, beim Urwald.
Wegmarkierungen Gottsbüren bis Sababurg X 3 (vgl. Wanderung 18). Tierpark bis Urwald gelber Hase, dann Rundweg 1 bis Parkplatz Urwald.
Tourenlänge 15 km.
Wanderzeit Etwa 4¼ Stunden.
Höhenunterschiede 200 Meter. Nur sanfte Steigungen.
Wanderkarte 1:50000 Naturpark Münden und Reinhardswald.
Anmerkung Besonders reizvolle Wanderung, an Vielfalt und Originalität der Landschaft kaum zu überbieten. Wenn man die Tour aufteilen will, bietet sich die Verbindung zwischen dem Urwald-Parkplatz und Gottsbüren an: Gottsbüren – Sababurg – Urwald-Parkplatz – Gottsbüren (12 km, 3½ Std.) oder Gottsbüren – Urwald-Parkplatz – Forsthaus Beberbeck – Holzape-Tal – Gottsbüren (10,3 km, 3 Std.).
Wissenswertes Gottsbüren ist ein alter Wallfahrtsort. Die Sababurg wurde um 1300 vom Mainzer Erzbischof erbaut, später Umbau zu Jagdschloß, als »Dornröschenschloß« der Brüder Grimm bekannt. In dem anschließenden Tierpark werden sonst teilweise selten gewordene heimische Tiere gehalten. Der berühmte Urwald mit seinen bis 400jährigen Buchen und bis 600-jährigen Eichen war bis ins vorige Jahrhundert ein Hudewald (Schweinemast). Schon im 19. Jahrhundert wurde er auf Initiative einiger Maler zum Naturschutzgebiet erklärt. Nach der Unterschutzstellung hat sich mit der Aufgabe der Waldweide auch der Wald verändert. Es kommen jetzt junge Bäume hoch, die den alten Konkurrenz machen, und im Sommer breitet sich weithin ein mannshoher Farndschungel aus.

Tourenbeschreibung In *Gottsbüren* auf der Straße in Richtung Sababurg bis kurz vor den Ortsausgang. Dort rechts die Straße *Lehmkuhle* hinauf und im Bogen nach links. Nach etwa 10 Minuten bei Gabelung rechts und 3 Minuten später links am Sportplatz vorbei. Mit schöner Rundsicht dem Grasweg immer auf dem Bergrücken folgen *(Wildbahn)*. Über die flache Kuppe der *Großen Beckerseite* und schließlich im Wald auf Forstweg rechts abwärts zur *Sabamühle*. Noch vor den Gebäuden links, am Talhang oberhalb vom Donnebach ansteigend, zur Autostraße. Die letzten 500 Meter an dieser entlang zu Wirtshaus. Über die Straße und einen mäßig steilen Fußweg hinauf zur *Sababurg* (Dornröschenschloß, sehr schöner Rundblick).

Wieder hinab zum unteren Wirtshaus und zum Eingang des *Tierparkes* (rechts Damwildgehege). Über den großen Parkplatz

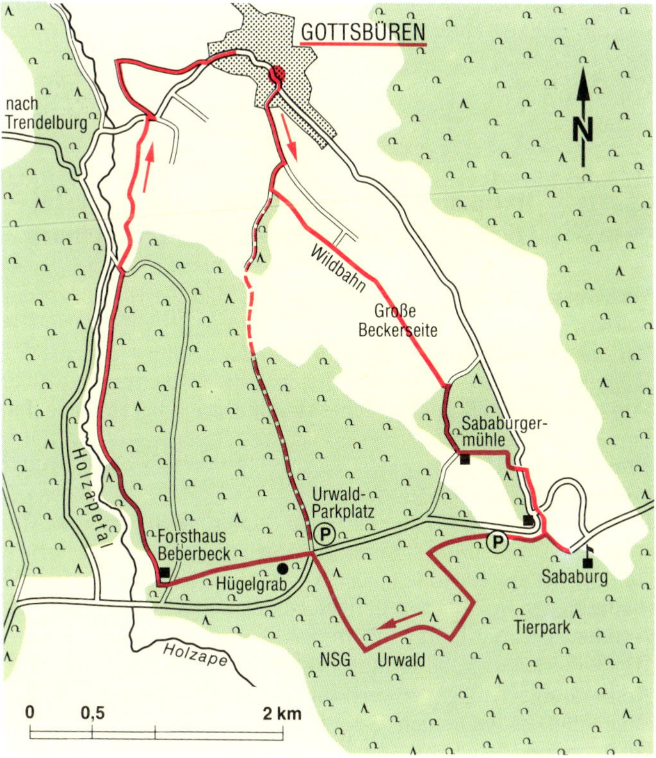

und dann links der Straße immer am Zaun des Rotwild- und Schwarzwildgeheges entlang. Der Zaun endet nach einem großen Bogen an der Mauer des Tierparkes. Man folgt dieser weiter zur Westecke des Mauerparkes. Dort rechts auf Schneise etwa 150 Meter bis vor geschlossene Fichtenbestände. Nun auf schmalem Fußweg nach links (anfangs etwas feucht) und sanft abwärts nach etwa 700 Metern zu einem quer verlaufenden Fußweg. Diesen nach rechts an den mächtigen alten Bäumen des *Urwaldes* (Naturschutzgebiet) vorbei zum *Urwald-Parkplatz.*

Über die Autostraße und links auf geradem, befestigtem Forstweg weiter. Nach etwa 500 Metern links im Wald bronzezeitliches Hügelgrab. Der Weg führt nach etwa 20 Minuten zur *Försterei Beberbeck* (früher auch Gestüt). Direkt unterhalb vom Forsthaus an Teich vorbei den Weg am Rande des idyllischen *Holzape-Tales* abwärts. Nach etwa einer Stunde mündet der Weg auf die Straße Trendelburg – Gottsbüren. Über die Straße und links einen Feldweg hinab zu Teichen *(Keßpfuhl)* am Rande der Talaue. Einige hundert Meter weiter mündet von rechts her ein Seitentälchen. In diesem entlang einer kleinen Asphaltstraße hinauf nach *Gottsbüren.*

13 Trendelburg – Wolkenbrüche – Holzape-Tal – Dicker Andreas – Diemel-Tal – Trendelburg

Verkehrsmöglichkeiten Bahn oder Bus Bad Karlshafen – Trendelburg – Kassel (selten).
Parkmöglichkeiten In Trendelburg in der Straße »Abgunst«.
Wegmarkierungen Bis hinter den Nassen Wolkenbruch weißer Punkt. Dann weißer, senkrechter Doppelstrich bis Holzape-Tal. Danach unmarkiert.
Tourenlänge 15,5 km.
Wanderzeit Etwa 4 Stunden.
Höhenunterschiede Insgesamt 180 Meter. Mäßig steiler Aufstieg von Trendelburg (125 m) bis zum Trockenen Wolkenbruch (190 m). 40 Meter Höhe steiler Abstieg ins Holzape-Tal. 50 mH mäßig steiler Aufstieg aus dem Holzapetal. Mäßig steiler Abstieg von der Stammer Höhe (226 m) ins Diemel-Tal (121 m).
Wanderkarte 1 : 50000 Naturpark Münden und Reinhardswald.
Anmerkung Ruhige, abwechslungsreiche Wanderung, meist auf angenehm zu gehenden Wegen. Kürzungsmöglichkeiten über Feldwege und Straßen vorhanden, aber nicht so schön.

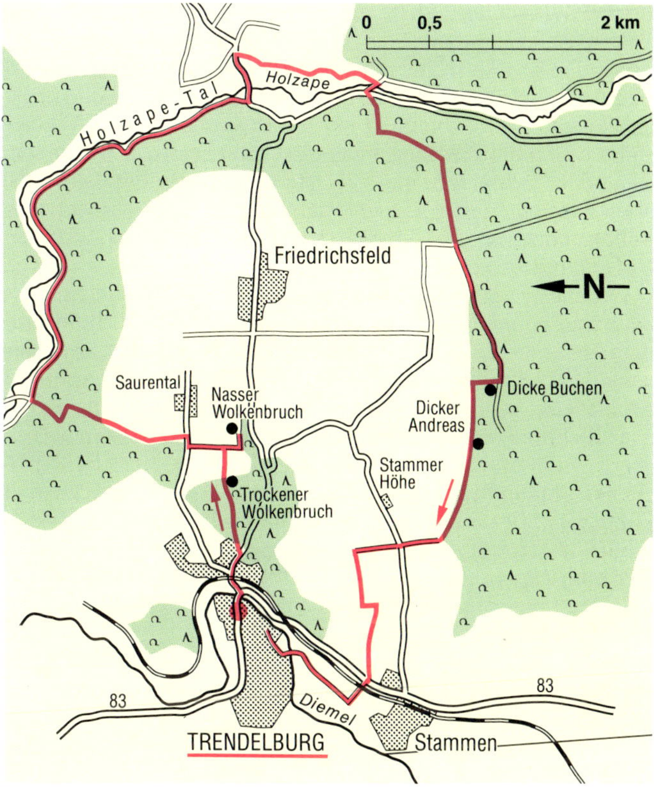

Wissenswertes Trendelburg beherrschte mit seiner Burg (13. Jh.) die Diemel, die im 18. Jahrhundert als Schiffahrtsweg ausgebaut werden sollte, um das Mündener Stapelrecht zu umgehen. – Die Wolkenbrüche sind Erdfälle, die durch Gips- und Salzauslaugung in tieferen Gesteinsschichten entstanden sind.

Tourenbeschreibung Auf der Straße in Richtung Gottsbüren zum östlichen Ortsende von *Trendelburg.* Beim letzten Haus links auf Fußweg (weißer Punkt) am Hang empor und über den Bergrücken zum steilen Trichter des *Trockenen Wolkenbruches.* Geradeaus auf Grasweg zwischen Feldern zu Querweg. Diesen nach rechts bis zu Wäldchen und links zu dem gewaltigen Kessel des *Nassen Wolkenbruches* (in seinem Grunde ein Teich, am Hang Fußweg). Zurück zum Querweg und über die Kuppe zum Gehöft *Saurental.*

100 Meter nach rechts, dann links am Waldrand entlang, später besser etwas links davon im Wald, auf großer Schneise zum hin-

tersten Winkel der Felder. Auf der Schneise weiter und etwas links in Tälchen hinab ins idyllische *Holzape-Tal* (1¼ Std.).

Vor der Brücke rechts auf Weg immer dicht am Talgrund bachaufwärts. Nach etwa 50 Minuten erreicht man die Autostraße Trendelburg – Gottsbüren. Über die Brücke und danach rechts einige Meter die Böschung hinauf zu einem Feldweg. Auf diesem Rand des *Holzapetales* mit Blick auf die Aue weiter talaufwärts. Nach 10 Minuten über kleinen Seitenbach und etwa 600 Meter danach zu Forstweg. Auf diesem scharf rechts zu Brücke, über den Bach und zur Autostraße.

Entlang dieser etwa 100 Meter nach links. Dann rechts zu Holzplatz und von diesem über Schneise ansteigen zu Lichtung auf dem Bergrücken. Dort trifft man auf einen Querweg, der links weiterleitet. Nach etwa 10 Minuten bei Wegekreuz nach rechts. In einer Viertelstunde zum Waldrand und an diesem entlang in gleicher Richtung weiter. Die Forststraße führt in ein seichtes Tälchen. Darin abwärts, bis hinter der Mündung eines Seitentälchens rechts ein Weg abzweigt (bei zwei mächtigen alten Buchen) und zurückführt zum Waldrand. An diesem links weiter, teilweise weglos, aber leicht zu finden und gut zu gehen, nach etwa 500 Metern zum *Dicken Andreas* (abgestorbene alte Buche). Nochmals etwa 15 Minuten am Waldrand entlang bis zu vorspringender Waldecke.

Von dort führt ein Feldweg rasch zum ersten Gehöft der *Stammer Höhe.* Geradeaus weiter, vor zwei weiteren Höfen nach links und hinab, zuletzt neben Tälchen, zur Bundesstraße 83. Über diese hinweg und hinunter in die Aue des *Diemel-Tales.* Rechts entlang von asphaltiertem Weg in Richtung auf *Trendelburg* und zuletzt links über kleine Brücke zum Ort.

14 Gieselwerder – Mühlenplatz – Panoramaweg – Gewissenruh – Lippoldsberg – Gieselwerder

Verkehrsmöglichkeiten Bus (Lippoldsberg und Gieselwerder).
Parkmöglichkeiten In Gieselwerder am Mühlenplatz (an der Abzweigung der Straße nach Gottsbüren/Trendelburg). An der Fähre beim Vorwerk Aschendorf oder in Lippoldsberg.
Wegmarkierungen Einige Wegschilder.
Tourenlänge 8 Kilometer.
Wanderzeit Etwa 2¼ Stunden.
Höhenunterschiede Insgesamt etwa 130 Meter. Nur sanfte Steigungen und Gefälle.
Wanderkarten 1:50000 Naturpark Münden und Reinhardswald oder 1:50000 Solling-Vogler.
Anmerkung Hübsche Flußtalwanderung, teilweise direkt an der Weser. Wenn die Fähre nicht besetzt ist (z. Z. Nov.–April), kann man auch in der Aue am Westufer entlang zurückgehen: Zuerst asphaltierten Feldweg, später Rundweg 6. Am Ausgangspunkt eine Ausstellung von Miniaturmühlen.

Zu Tour 2, 3, 15, 16, 18, 19 **Bad Karlshafen, Weserschleife**
(Foto: Kurverwaltung Bad Karlshafen)

Wissenswertes Gewissenruh ist – ebenso wie Gottstreu – eine Siedlung von Hugenotten, die im 18. Jahrhundert wegen ihres calvinistischen Glaubens aus Frankreich flohen und in Hessen Zuflucht fanden. Gegenüber von Gewissenruh liegt jenseits der Weser der Umlaufberg von Bodenfelde. Vor – in geologischen Zeiträumen gemessen – nicht langer Zeit wurde er noch in einem großen Bogen nördlich von der Weser umflossen. Nach Aufzehrung der sperrenden Landzunge hatte das Wasser südlich des Berges an der Durchbruchstelle mehr Gefälle und die alte Flußschlinge fiel trocken. Die Kirche des 1088 gegründeten Benediktinerklosters Lippoldsberg gilt als eine der am besten erhaltenen bedeutenden romanischen Bauten in Deutschland (dreischiffige Gewölbebasilika mit Querhaus).

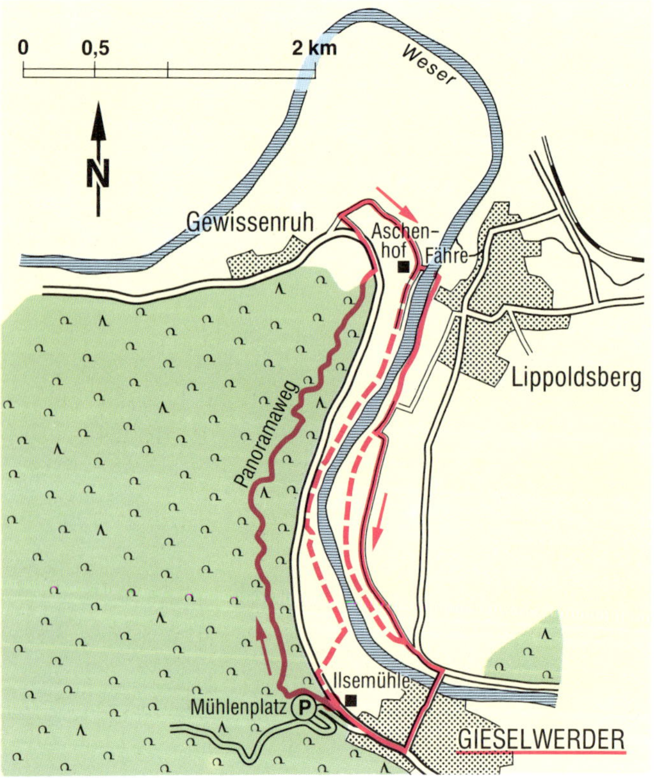

Tourenbeschreibung Am nördlichen Ortsausgang von *Gieselwerder* vom *Mühlenplatz* ein Stück im *St. Georgengrund* aufwärts. Dann rechts (Schild) auf dem *Panoramaweg* mit vielen Windungen und Ausblicken auf das Wesertal nach etwa 40 Minuten gegenüber von Lippoldsberg auf die Bundesstraße 80. Links zur Kurve kurz vor dem Ortseingang von *Gewissenruh.* Dort nach rechts abzweigen hinab zum *Vorwerk Aschenhof* (Abkürzungsmöglichkeiten über Böschung und Feldweg).

Mit der *Fähre* übersetzen nach *Lippoldsberg.* Dicht am Ufer auf Grasweg weseraufwärts. Nach etwa 10 Minuten auf Asphaltstraße weiter, die nach etwa 250 Metern wieder nach links biegt. Entweder auf der Asphaltstraße oder (schöner, nicht befestigt) auf dem Grasweg vor den Feldern nahe am Ufer entlang nach *Gieselwerder.*

(Foto: Ulrich Schnabel, Archiv DWV)

15 Bad Karlshafen – Hugenottenturm – Ruine Krukenberg – Helmarshausen – Wechselberg – Wahmbeck – Wahmbecker Strang – Kuhlenberg Hangweg – Bad Karlshafen

Verkehrsmöglichkeiten Bahn bis Karlshafen. Bus Karlshafen – Helmarshausen. Wahmbecker Fähre (ganzjährig 8-18 Uhr). Oberweser Dampfschiffahrt (April – Oktober) Anlegestellen in Wahmbeck und Karlshafen.
Parkmöglichkeiten In Karlshafen am Kurzentrum. Auch am Karlsplatz, auf dem Wechselberg und an der Straße zur Fähre.
Wegmarkierungen Bis Frankenbruchsgraben X14, dann unmarkiert.
Tourenlänge 18 km.
Wanderzeit Etwa 5½ Stunden.
Höhenunterschiede Insgesamt 380 Meter. Steiler Aufstieg von Karlshafen bis Juliushöhe (auf 80 mH). Mäßig steiler Aufstieg von Helmarshausen (110 m) bis Wechselberg (210 m).
Wanderkarte 1 : 50000 Naturpark Solling-Vogler.
Anmerkung Lange, aber landschaftlich großartige Wanderung auf meist gut zu gehenden Wegen. Hinter dem Großen Kuhlenberg ist auf etwa 200 Metern eine Schutthalde auf nur spärlichen Pfadspuren zu queren (hier wären Fahrräder und Kinderwagen hinderlich). Wer die Abluftfahne des Atomkraftwerkes Würggassen vermeiden will, wählt für diese Wanderung andere Wetterlagen als solche mit Westnordwest-, West- und Südwestwind oder eine der nicht seltenen Zeiten, wenn das Werk mal wieder in Reparatur ist.

An Kürzungsmöglichkeiten bieten sich an:

1. Am Wechselberg nach links auf Forstweg an der Oberkante des steilen Hanges in 15 Minuten zur Schutzhütte Königsberg und links schräg am Hang abwärts, an botanisch reizvollen alten Steinbrüchen vorbei, hinab nach Karlshafen (dann insgesamt 7,5 km; 2½ Std., 220 mH).

2. Man kann die Wanderung teilen, indem man die Bus- oder Schiffsverbindung zwischen Wahmbeck und Karlshafen benutzt.

In Karlshafen Jugendherberge.
Wissenswertes Karlshafen wurde 1699 vom hessischen Landgrafen Carl gegründet, um durch Schiffbarmachen der Diemel einen Wasserweg nach Kassel zu schaffen und damit das lästige Stapelrecht von Hannoversch-Münden zu umgehen. Wenn der Kanalbau auch scheiterte, so war doch die Stadt schon nach einem festen Plan gebaut. Dies läßt sich noch heute am Stadtgrundriß und der Einheitlichkeit des alten Stadtbildes feststellen. Unter den

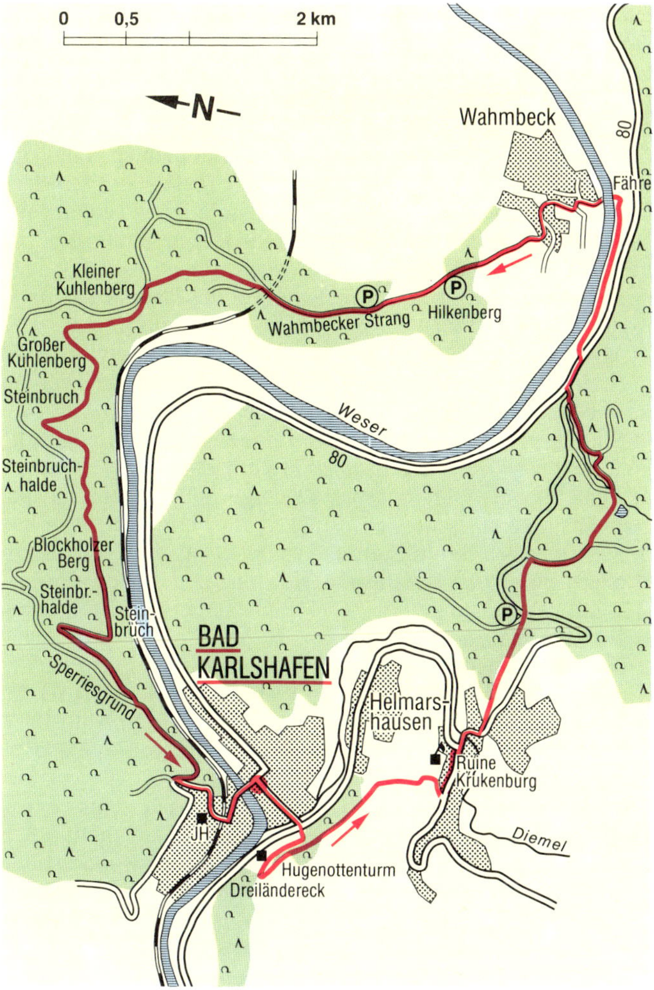

ersten Siedlern waren viele Hugenotten. Seit 1838 wird die Heilwirkung einer Solequelle genutzt (staatl. anerkanntes Heilbad) – Helmarshausen ist weit älter als Karlshafen (944 Königshof, Benediktinerkloster 12. Jh., Krukenburg zu dessen Schutz 13. Jh.) – Wesertal und Diemeltal zeigen in diesem Abschnitt bilderbuchwürdig schöne Talmäander mit ausgeprägten, harmonisch ineinander übergehenden Prall- und Gleithängen (vgl. Wanderung 1) und zwei Umlaufbergen (vgl. Kahlberg bei Bodenfelde und Mit-

telberg bei Helmarshausen, vgl. Erläuterung bei Wanderung 14).
Tourenbeschreibung Von *Bad Karlshafen* über die *Diemelbrücke* und auf Zickzackweg und Treppen (Markierung X 14) steil hinauf bis kurz vor das Bergrestaurant *Juliushöhe.* Hier rechts auf ebenem Hangweg zum *Ludwigstein* und zum *Hugenottenturm* (Blick auf die Stadt). Den Hangweg weiter, oberhalb vom Pavillon Sängertempel vorbei und hinauf zum *Dreiländereck.* Scharf links an der Oberkante des Steilhanges am Waldrand entlang mit Blick über Ackerflächen. Wo man eine befestigte Straße erreicht, links steilen Fußweg hinab, am Karlsplatz (links) vorbei und auf befestigtem Fußweg gerade zum Sattel vor der *Ruine Krukenburg* (lohnender Abstecher).

Auf der anderen Seite des Sattels schmalen Fußweg hinab nach *Helmarshausen.* Noch vor der Autostraße den Schildern nach links zum Bergzoo folgen und über die *Diemelbrücke.*

Entlang der Autostraße rechts um eine Kurve. Dann links in die kleine Straße *Königsberg,* nach 20 Metern wieder rechts abzweigen und über den Bergrücken ansteigen. Am Ende der schmalen Asphaltstraße auf schmalem Fußweg am Fernsehmast vorbei. Weiter über den Bergrücken und später etwas rechts davon am Hang ansteigen zum Rand der Hochfläche des *Wechselberges* (1½ Std.; Parkplatz an Forststraße, links Weg nach Karlshafen, siehe Anmerkung).

In gleicher Richtung wie vorher über Autostraße und weiter der Markierung X 14 folgen (Achtung! Nicht verwechseln mit X 3, die bald nach rechts führt) geradeaus hinab. Kurz vor der Autostraße nach rechts, dann auf Forstweg weiter und bei Kurve geradeaus absteigen ins Tal des *Finkenbruchsgrabens* (Teiche). Auf der anderen Talseite nach links (unmarkiert; X 14 führt nach rechts weiter). Dicht am Talgrunde auf hübschem Grasweg ein Seitentälchen queren und danach auf Asphaltstraße abwärts zur Bundesstraße 80 im Wesertal *(Waldesruh).* An dieser entlang (oder wesentlich schöner links davon weglos am Weserufer entlang) nach rechts zur *Wahmbecker Fähre* (2½ Std. vom Karlshafen).
Übersetzen nach *Wahmbeck.* Hinter dem *Thieplatz* auf der *Bruchstraße* zum oberen Ortsteil. Dort *vor dem Weinberg* nach links und die *Bergstraße* hinauf. Entlang der asphaltierten Straße über den Bergrücken des *Hilkenberges* (Parkplatz; rechts Blick auf den Umlaufberg von Bodenfelde) und abwärts zum Sattel des schmalen Bergrückens *(Wahmbecker Strang).* Dort auf der Forststraße links, bei Gabelung die rechte Straße ansteigend weiter zu Schutzhütte (Blick nach Westen, unterhalb von dieser Stelle Eisenbahntunnel). 50 Meter danach durch Wildgatter. Gleich dahinter zweigt links ein Weg ab. Nicht diesen, sondern 20 Meter

weiter einen anderen unbefestigten Weg direkt auf dem breiten Bergrücken ansteigen. Nach etwa 5 Minuten ist der Weg an einer deutlichen Steigung etwas eingeschnitten. Hier bei Gabelung auf dem linken, gleichfalls eingeschnittenen Weg geradeaus weiter. Er wird später etwas undeutlich und leitet nach etwa 10 Minuten zu einer von rechts heraufführenden Forststraße. Man erreicht sie bei einer Gabelung. Auf dem unteren, unbefestigten Weg eben am Hang des *Kleinen Kuhlenberges* nach links weiter (Weserblick). Danach durch ein großes Seitental und in gleicher Höhe am Hang des Großen *Kuhlenberges* entlang. Kurz vor dem nächsten Seitental wird der Weg schmal und führt als Fußweg quer durch eine Steinbruchhalde. Am anderen Hang des Seitentales schräg links abwärts bis zu einer Spitzkehre vor einer weiteren Steinbruchhalde. Diese wird auf spärlichen Pfadspuren etwa 200 Meter gequert (dabei nur wenige Meter ansteigen) bis unter die Steinbruchwand am anderen Ende. An ihrem Fuße beginnt wieder ein deutlicher Weg, der eben und etwas ansteigend weiterleitet. Nach etwa 10 Minuten kreuzt er einen schräg am Hang abwärts führenden Weg. Diesen hinab (Aussicht, Bänke) zum nächsttieferen Hangweg. Nun auf diesem wieder eben weiter (Aussicht) und um einen Bergsporn zu altem Steinbruch am *Römerblick* (Bank). Man quert ein großes Seitental *(Sperriesgrund)* und erreicht 10 Minuten später etwas ansteigend eine von rechts herabführende Forststraße. Auf dieser hinab in den *Ferriesgrund*. Dort links vom Bach auf Fußweg rasch zu den ersten Häusern von *Bad Karlshafen*.

Brunkensen bei Alfeld/Leine (Foto: Verkehrsverein Leinebergland e. V.)

16 Bad Karlshafen – Lug ins Land – Buchstrang – Taufstein/Wüstung Schmessen – Hannoversche Klippen – Bad Karlshafen

Verkehrsmöglichkeiten Bahn bis Bad Karlshafen.
Parkmöglichkeiten In Karlshafen (z.B. am Kurhaus). Beim Forellenhof (Brüggefeld).
Wegmarkierungen Bis Lug ins Land gelb 32. Bis Sperriesgrund rot 35. Bis vor die Hügelgräber 37 rot. Taufstein bis Forellenhof Brüggefelder Rundweg. Bis Karlshafen X 3. Markierungen z.T. spärlich, aber auch so gut zu finden.
Tourenlänge 11 km.
Wanderzeit 3¼ Stunden.
Höhenunterschiede Insgesamt 240 Meter. Mäßig steil vom Sperriesgrund (100 m) bis Lug ins Land (310 m). Steiler Abstieg von den Hannoverschen Klippen nach Karlshafen (auf 100 mH)
Wanderkarte 1:50000 Solling-Vogler. Auch 1:15000 Grothus-Gebietskarte Karlshafen.
Anmerkung Landschaftlich reizvolle und kulturhistorisch interessante Wanderung. Wer sich aus der Abluftfahne des Atomkraftwerkes Würggassen heraushalten möchte, sollte diese Wanderung nicht bei West- oder Südwestwind gehen, beziehungsweise Reparaturzeiten wählen. Kürzungsmöglichkeiten: Rückweg schon vom Sperriesgrund auf der Forststraße (rot 36; dann 7 km, 210 mH, 2 Std.) Wen nur der kulturhistorisch interessante Teil der Wanderung reizt, dem wird der Brüggefelder Rundweg ab Forellenhof empfohlen (2,3 km, fast eben, 45 Min.).
Wissenswertes Die bronzezeitlichen Hügelgräber bezeugen die schon sehr frühe Besiedlung des Gebietes. Von dem gleichfalls hier gelegenen mittelalterlichen Dorf Schmessen sind nur der Taufstein der 1447 abgebrannten Kirche, die Reste einiger Teiche und der Ortsname erhalten. Die mächtigen alten Eichen sollen teilweise an die 1000 Jahre alt sein.
Tourenbeschreibung Vom Ortskern *Bad Karlshafen* über die Weserbrücke und rechts der Straße *Unter den Eichen* und die Uferpromenade entlang. Dann unter der Bahnlinie durch zur Mündung des *Sperriesgrundes.* Danach (gelb 32) schräg am Hang des Wesertales stetig ansteigend zum Rand der Hochfläche und rechts Abstecher zum Aussichtspunkt *Lug ins Land* (Schutzhütte, 1 Std.).
Zurück und auf Forststraße (rot 35) über die Hochfläche nach etwa 15 Minuten zum oberen Ende des *Sperriesgrundes.* Hier trifft man auf eine andere Forststraße. Auf dieser scharf rechts (rot 37) und nach etwa 15 Minuten links abbiegen in den auffallend gera-

den Forstweg *Buchstrang* (rot 37). Wo der Weg nach etwa 1,8 Kilometern etwas nach links biegt, rechts weglos zu den schon gut sichtbaren *Hügelgräbern* (wer einen Weg gehen will, zweigt erst 200 Meter später scharf rechts von der Forststraße ab). Hinter dem letzten Hügel stößt man auf einen flachen Erdwall und den *Brüggefelder Rundweg* (weiße Punkte).

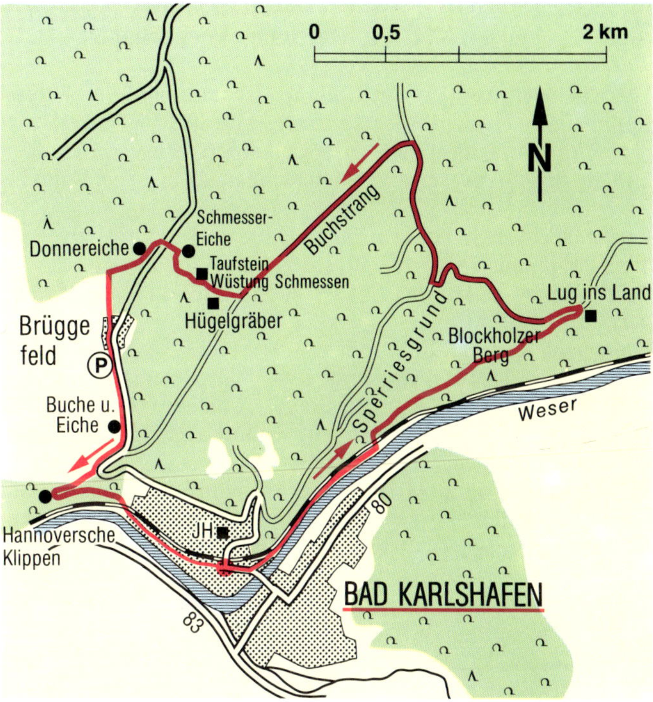

Rechts nach etwa 100 Metern zum *Taufstein* (Ortswüstung Schmessen) und zu Resten von alten Teichen. In einem kleinen Bogen nach rechts über kleinen Bach und dann wieder nach links zur gewaltigen alten *Schmesser Eiche.* Weiter dem Rundweg folgen über die Autostraße und danach neben der Straße links in ein flaches Tälchen zur *Donnereiche.* Rechts am Bach zum Waldrand und links daran entlang zum *Forellenhof/Brüggefeld.*

Mit der Autostraße am Waldrand weiter (kurios zusammengewachsene Buche und Eiche). Die Straße führt in den Wald und scharf nach links. Hier auf Fußweg (X 3) rechts haltend den mit knorrigen Eichen bestandenen Steilhang hinab zur östlichsten der *Hannoverschen Klippen* (Aussichtspunkt). Vor der Klippe links (X 3) über Treppen und Zickzackweg steil hinab zurück nach *Karlshafen.*

17 »Stammesbrücke«: Bad Karlshafen – Helmarshausen – (Gieselwerder) – Veckerhagen

Verkehrsmöglichkeiten Im Sommer ist die Schiffsverbindung Karlshafen – Gieselwerder die interessanteste Möglichkeit, wieder zum Ausgangspunkt zurückzukehren. Busverbindungen entlang der Oberweser selten und nicht an allen Tagen. Bahn bis Karlshafen.
Parkmöglichkeiten In Karlshafen Dauerparken schwierig.
Wegmarkierung X 14, (weiß), Umgehung Gieselwerder △.
Tourenlänge 28 km (bei Abstieg nach Gieselwerder 1 km weniger).
Wanderzeit Etwa 8-10 Stunden.
Höhenunterschiede Insgesamt etwa 500 Meter (bei Abstieg nach Gieselwerder 660 mH). Steiler Aufstieg von Karlshafen (95 m) zum Hugenottenturm (205 m) und von Helmarshausen (110 m) auf den Wechselberg.
Wanderkarten 1 : 50000 Naturpark Münden und Reinhardswald (ohne Karlshafen – Helmarshausen). Bereich Karlshafen – Helmarshausen auf 1 : 50000 Naturpark Solling-Vogler.
Anmerkung Großzügige Wanderung auf meist angenehm zu gehenden Forstwegen, ab Helmarshausen immer fern von Ortschaften (wenn man Gieselwerder umgeht). Wer weniger Steigung wünscht, kann auch von Karlshafen am Osthang des Diemeltales (Markierung X 3) zum Wechselberg aufsteigen. Wer in Gieselwerder übernachten will, folgt auf der ganzen Strecke der Markierung X 14. Der Wiederaufstieg von Gieselwerder beginnt am Parkplatz beim Forsthaus, etwa 150 Meter südlich der Weserbrücke. In Veckerhagen Jugendherberge. Die Wanderung ist im folgenden bis zum Finkenbruchsgraben nur in groben Zügen beschrieben, weil eine genaue Beschreibung schon in Wanderung 15 vorliegt.
Tourenbeschreibung In *Karlshafen* vom alten Hafen über die *Diemelbrücke.* Jenseits steil hinauf zum *Hugenottenturm* (Ausblick) und zum oberen Ende des Steilhanges. Daran entlang am Waldrand nach links, zuletzt abwärts an der Krukenburg vorbei

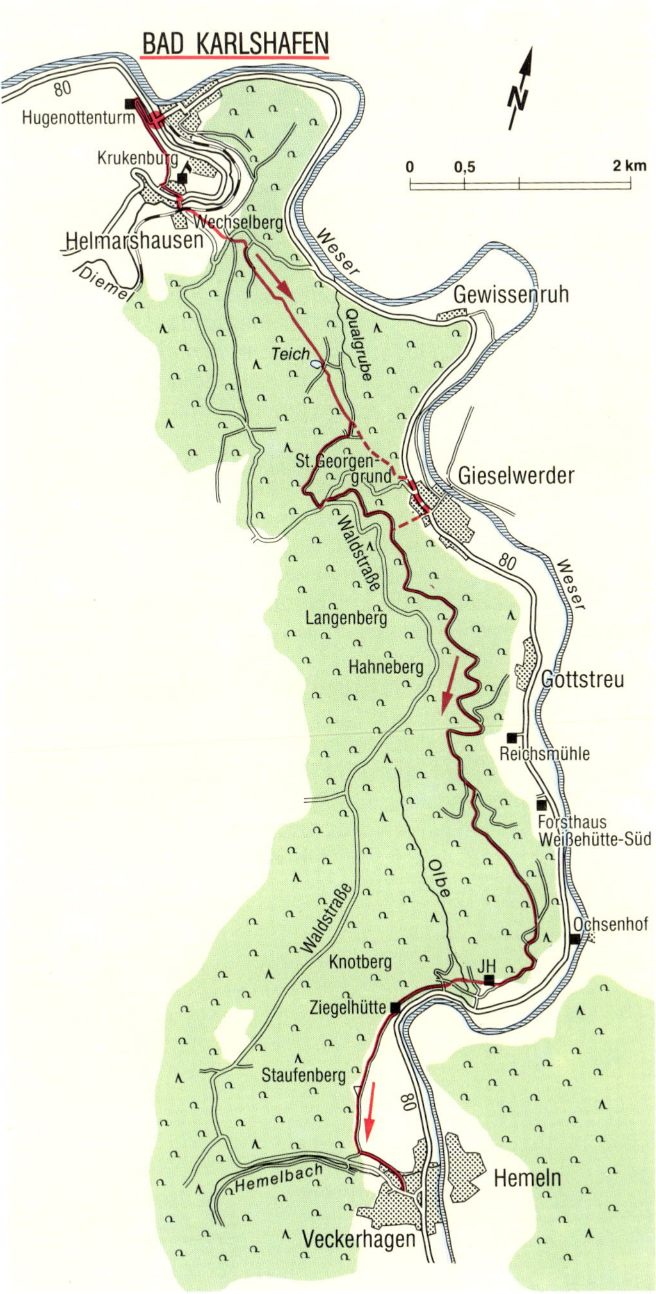

BAD KARLSHAFEN
0
0,5
2 km
N
80
Hugenottenturm
Krukenburg
Wechselberg
Helmarshausen
Diemel
Weser
Gewissenruh
Qualgrube
Teich
St. Georgen-
grund
Gieselwerder
Waldstraße
Langenberg
Hahneberg
Gottstreu
Reichsmühle
Forsthaus
Weißehütte-Süd
Olbe
Ochsenhof
Knotberg
JH
Ziegelhütte
Staufenberg
Hemelbach
Hemeln
Veckerhagen

nach *Helmarshausen.* Über die *Diemel,* kurz hinter der Brücke links Sträßchen *Königsberg* und dann Fußweg über den Berg-Sporn hinauf zur Kuppe des Wechselberges (Parkplatz). In gleicher Richtung weiter, über die Straße hinweg und weiter unten (bevor man sie nach einer Kurve wieder erreicht) nach rechts. Hinab in den Grund des *Finkenbruchgrabens* (Teich).

Auf der anderen Seite nach rechts (Wanderung 15 führt hier nach links weiter). Zuerst am Bach entlang. Nach 500 Metern geradeaus durch den Wald ansteigen. Über flachen Bergrücken in den oberen Teil des Tales der *Qualgrube* und zum Sattel am oberen Ende (von hier kann man in gleicher Richtung absteigen nach Gieselwerder). Will man die Wanderung in einem Zuge gehen, so empfiehlt sich jedoch, nach rechts den ebenen Forstweg (Markierung △) in großem Bogen ins *Trumbachtal* zur Autostraße Gieselwerder – Gottsbüren zu nehmen (7 km von Helmarshausen).

Auf der *Waldstraße* (Richtung Sababurg) nach 100 Metern zu Abzweigung. Auf der Forststraße unterhalb der asphaltierten Waldstraße eben weiter. Nach 3 Kilometern mündet von links her der Weg X 14 von Gieselwerder. Nach nochmals 4,5 Kilometern führt ein Forstweg von Gottstreu herauf. Immer dem Hangweg folgend um weitere Bergsporne herum, zuerst ansteigend, dann abwärts, zuletzt am Waldrand entlang zur *Jugendherberge Veckerhagen* (22 km von Karlshafen).

Etwas absteigen in den Grund des *Olbetales.* Am Waldrand nahe der Talstraße zum *Forsthaus Ziegelhütte.* Nochmals ansteigend, immer den Weg am Waldrand entlang (schöner Blick auf Hemeln) bis zum Bergsporn vor dem Hemelbachtal. Hier links durch Wildgatter und auf Fußweg abwärts. Bei Schuttplatz nach rechts, an Obstplantage vorbei und hinab nach *Veckerhagen* (Ortsteil von *Reinhardshagen;* 6,5 km von der JH).

18 »Wildbahn«: Münden – Tilly-Schanze – Grube Gahrenberg – Udenhausener Stock – Kasseler Schneise – Sababurg – Gottsbüren – Wechselberg – Bad Karlshafen

Verkehrsmöglichkeiten Bahn und Oberweser-Dampfschiffahrt bis Münden und Karlshafen (letztere nur April bis Oktober).
Parkmöglichkeiten In Münden und Karlshafen Dauerparken schwierig. Am Udenhausener Stock. An der Sababurg. In Gottsbüren.
Wegmarkierung X 3.
Tourenlänge 32 km.
Wanderzeit Etwa 8–11 Stunden.
Höhenunterschiede Insgesamt etwa 500 Meter. Anfangs steiler Aufstieg auf etwa 80 mH. Dann nur noch mäßige Steigungen und Gefälle.
Wanderkarte 1 : 50000 Naturpark Münden und Reinhardswald.
Anmerkung Großzügige Langstreckenwanderung quer über die Höhen des Reinhardswaldes, teilweise auf langen Schneisen, die immer wieder von alten Eichen gesäumt sind. Die teilweise ausgeprägte Monotonie der Linie kann durch die Unabhängigkeit von Autostraßen und Siedlungen als schön empfunden werden. Eine logische Fortsetzung über Bad Karlshafen hinaus bietet Wanderung 19 (über den Solling).
Tourenbeschreibung Von *Münden* über die *Fuldabrücke* zum Westufer. Einige Meter nach rechts und den steilen Zickzackweg hinaus zur *Tilly-Schanze* (Aussicht). An der Gaststätte vorbei und über den Bergrücken (Markierung X) am *Staufenküppel* vorbei zur *Kohlenstraße.* Auf dieser ansteigend in etwa einer Stunde zum *Mündener Stock* und bald darauf zur ehemaligen *Grube Gahrenberg.* Rechts, an Wiese vorbei, in die oberste Mulde des *Ahletales* und dort links (Markierung) und gleich wieder rechts ansteigend weiter.

Der Weg führt zum Sattel vor dem Mühlenberg. Hier links die Forststraße etwa 15 Minuten hinab ins *Hemelbachtal.* Nach etwa 15 Minuten beim Teich über Damm und am anderen Talhang schräg rechts aufwärts. Später fast eben zum Straßenkreuz *Udenhausener Stock* (Parkplatz).

An der *Bäcker-Eiche* vorbei über die *Kasseler Schneise* etwa 6 Kilometer zum *Tierpark Sababurg.* Rechts an der Mauer entlang zur *Sababurg.* Vom Schloß hinab zur unteren Gaststätte und entlang der Autostraße in Richtung Gottsbüren. Nach etwa 10 Minuten links am Talhang abwärts zur *Sabamühle.* Rechts auf Forst-

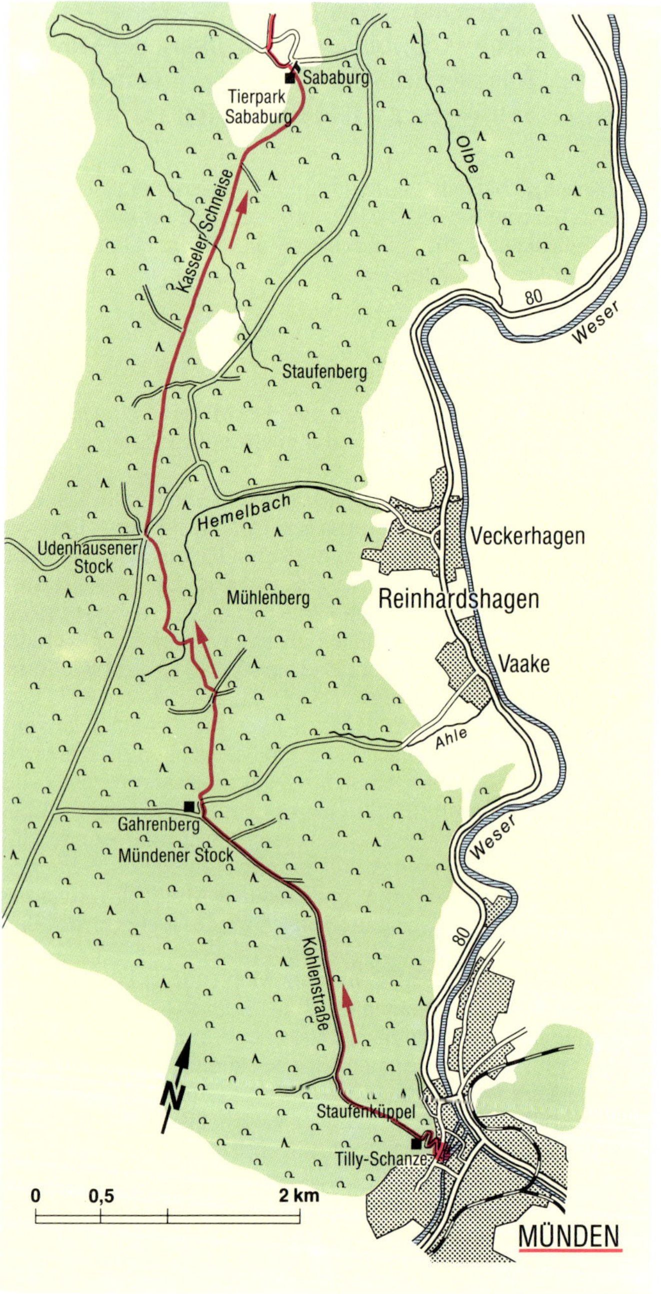

Sababurg
Tierpark Sababurg
Kasseler Schneise
Olbe
80
Weser
Staufenberg
Hemelbach
Veckerhagen
Udenhausener Stock
Mühlenberg
Reinhardshagen
Vaake
Ahle
Gahrenberg
Mündener Stock
Weser
80
Kohlenstraße
N
Staufenküppel
Tilly-Schanze
0
0,5
2 km
MÜNDEN

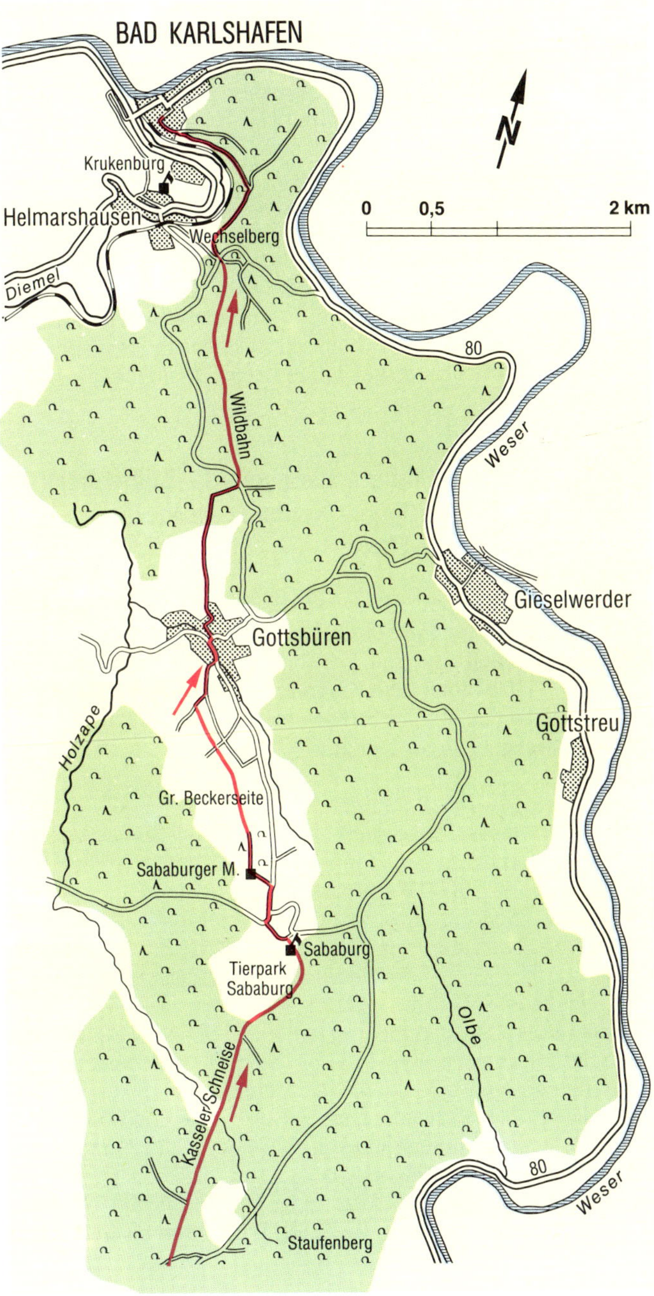
BAD KARLSHAFEN
N
0
0,5
2 km
Krukenburg
Helmarshausen
Wechselberg
Diemel
80
Wildbahn
Weser
Gieselwerder
Gottsbüren
Gottstreu
Holzape
Gr. Beckerseite
Sababurger M.
Sababurg
Tierpark Sababurg
Olbe
Kasseler Schneise
80
Weser
Staufenberg

straße ansteigend zum Waldrand. Dann links über den flachen Bergrücken der *Großen Beckerseite* nach *Gottsbüren.*

Hinter der Kirche über die Durchgangsstraße und gerade weiter. Nach 3 Minuten vor Friedhof rechts. Nochmals 3 Minuten später wieder nach links und durch Hohlweg zwischen Feldern aufwärts zum Wald. Im Wald nach etwa 500 Metern auf Schneise nach rechts zu Wegekreuz mit Schutzhütte. Über die Autostraße und links hinab ins Tälchen der *Landbeke.* Auf der anderen Seite in gleicher Richtung ansteigen. Später noch durch die oberste Talmulde des *Finkenbruchsgrabens* und weiter zur Kuppe des *Wechselberges.* Auf dem Bergrücken rechts haltend zum Parkplatz an der Autostraße. In gleicher Richtung auf Forstweg in 15 Minuten zur Schutzhütte *Königsberg.* Nun schräg links am Hang abwärts, an alten Steinbrüchen vorbei, hinab nach *Karlshafen.*

19 Bad Karlshafen – Brüggefeld – Beißenberg – Derentaler Weg – Neuhaus – Silberborn – Hellental – Dassel

Verkehrsmöglichkeiten Bahn bis Bad Karlshafen. Bus nach Neuhaus, Silberborn und Dassel.
Parkmöglichkeiten In Bad Karlshafen Dauerparken zeitweise schwierig, Plätze hinter dem Kurzentrum. Bei Brüggefeld (Forellenhof) und an den übrigen Straßen meist unproblematisch.
Wegmarkierung Bis vor Derental X 3.
Tourenlänge 30,5 km.
Wanderzeit Etwa 7–10 Stunden.
Höhenunterschiede Insgesamt etwa 450 Meter. Steiler Aufstieg von Karlshafen bis zu den Hannoverschen Klippen (100 mH).
Wanderkarte 1 : 50000 Naturpark Solling-Vogler.
Anmerkung Schöne, lange Wanderung quer durch den Solling, weitgehend durch autofreie Täler. Die logische Fortsetzung von Wanderung 18 (Wildbahn). Übernachtungsmöglichkeiten in Derental, Neuhaus, Silberborn (JH).
Wissenswertes Siehe Wanderungen 16, 25. Die Ahlequelle hat eine Schüttung von ca. 1000 Liter pro Sekunde. In Dassel sehenswerte spätgotische Hallenkirche mit Malereien aus Spätgotik und Renaissance. Nördlich von Dassel Reste der Erichsburg (Gebäude 17. Jh., Wall) und im Wald die Wälle der Ruine Hunnesrück (im 16. Jh. zerstört). In Hunnesrück Gestüt (Trakehner).
Tourenbeschreibung Von *Karlshafen* am nördlichen Ufer der Weser entlang der Straße in Richtung Würgassen bis hinter den

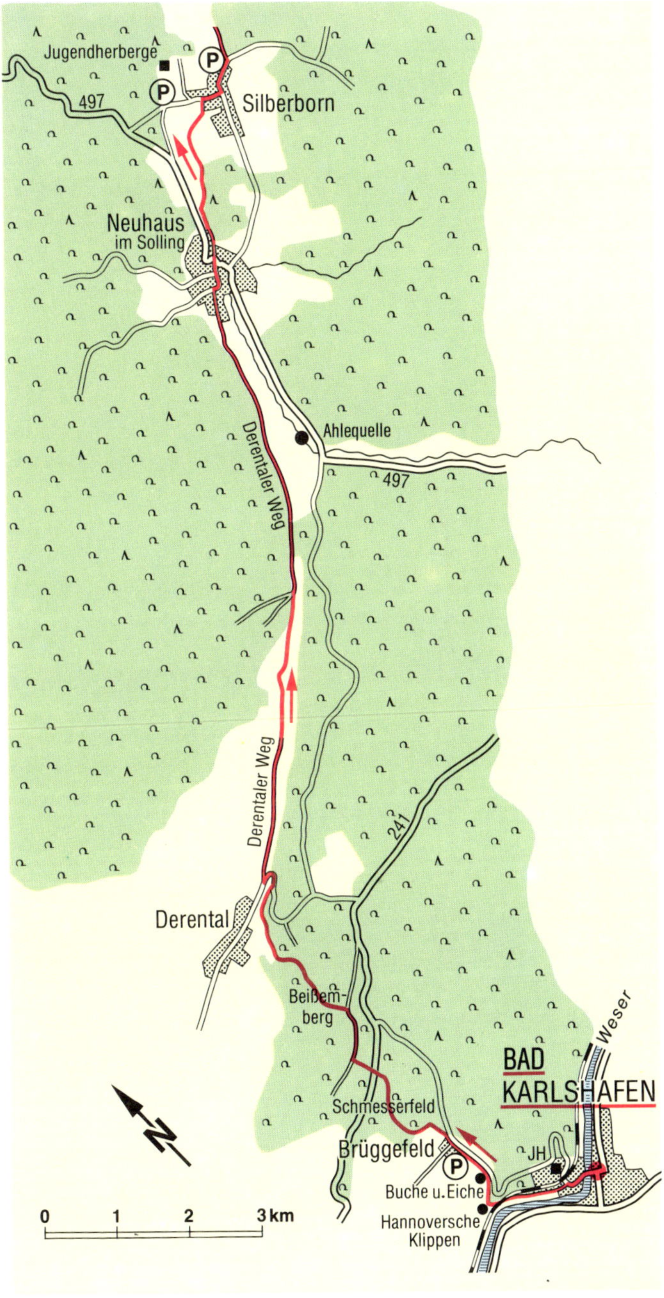
Jugendherberge
Silberborn
497
Neuhaus
im Solling
Ahlequelle
497
Derentaler Weg
Derentaler Weg
241
Derental
Beißem-
berg
Weser
BAD
KARLSHAFEN
Schmesserfeld
Brüggefeld
JH
Buche u. Eiche
Hannoversche
Klippen
N
0
1
2
3 km

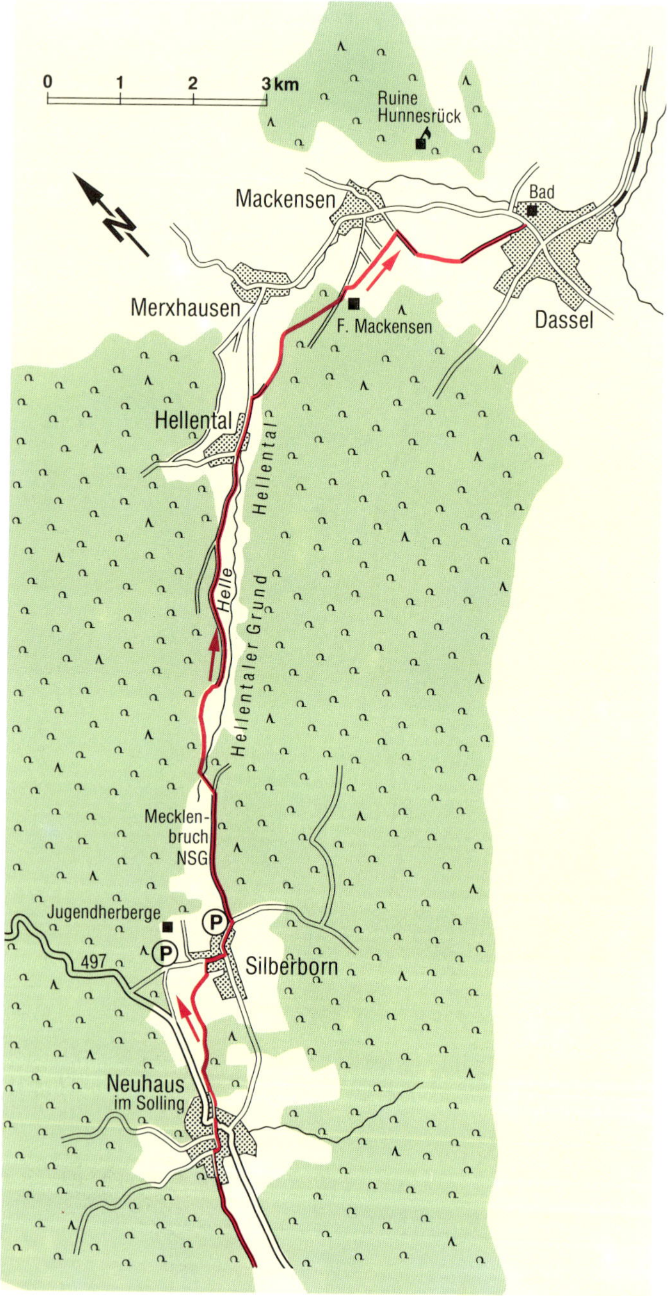

0
1
2
3 km
Ruine
Hunnesrück
N
Mackensen
Bad
Merxhausen
F. Mackensen
Dassel
Hellental
Hellental
Helle
Hellentaler Grund
Mecklen-
bruch
NSG
Jugendherberge
P
P
497
Silberborn
Neuhaus
im Solling

Bahnübergang. Dann steilen Zickzackweg (Markierung X 3) mit Treppen am Hang empor zur ersten Kanzel der *Hannoverschen Klippen* (Geländer, Tiefblick). Hinauf zur Hochfläche. Entlang der Autostraße an schönen alten Bäumen vorbei (u.a. miteinander verwachsene Buche und Eiche) am Waldrand zum *Forellenhof Solling* beim *Forsthaus Brüggefeld* (Parkplatz).

Am Waldrand entlang weiter (immer X 3) durch ein Tälchen und geradeaus im Wald ansteigend über das *Schmesser Feld* (Flurwüstung des aufgegebenen Dorfes Schmessen, siehe Wanderung 25). Danach hinab in das *Tiefe Tal* und über die Autostraße Lauenförde – Amelith/Schönhagen. In gleicher Richtung wie vorher hinab in das *Beißemketal.* In dessen Grunde rechts ansteigen bis zur ersten Rechtsbiegung (nach etwa 10 Min.). Hier links im Wald ansteigen zum Rücken des *Beißemberges.* Auf der anderen Seite etwas rechts am steilen Hang des *Steimketales* allmählich abwärts bis kurz vor den Waldrand oberhalb von Derental (8 km, 2 Std.).

Hier verläßt man den mit X 3 markierten Weg nach rechts und folgt dem Weg dicht am Waldrand bis zur scharfen Kehre der Autostraße Bad Karlshafen – Derental. Entlang der Kehre abwärts, dann gleich danach rechts ab. Auf befestigtem Weg das ganze lange Wiesental hinauf zum flachen Sattel. Hier erreicht man den befestigten *Derentaler Weg* (Schutzhütte). Dieser leitet am Waldrand entlang in gleicher Richtung wie vorher weiter nach *Neuhaus* (16 km von Bad Karlshafen).

Durch den Ort und entlang der Straße in Richtung Holzminden bis zu den letzten Häusern. Dort rechts abwärts und im Talgrund bis nach *Silberborn* (Links oben am Waldrand Jugendherberge). Rechts durch den Ort und an der Straße in Richtung Lakenhaus/Uslar bis zum Waldrand. An diesem links entlang zum *Naturschutzgebiet Mecklenbruch* (noch intaktes Hochmoor). An dessen Rand entlang. Danach links über den Bach und am Hang des *Hellentaler Grundes* zuerst durch Wald, später am Rande der Wiesen zum Dörfchen *Hellental.*

Entlang der Autostraße in Richtung Merxhausen weiter. Kurz hinter dem Ort rechts mit Feldweg über den Bach und am Waldrand entlang aufwärts. Kurz nach einem vorspringenden Waldstück schräg rechts in den Wald. Zuerst ansteigend, dann eben zum *Forsthaus Mackensen.* Auf Feldwegen im Zickzack hinab nach *Dassel.*

20 Würgassen – Herstelle – Roter Berg – Hasselburg – Schifftal – Beverungen – Lauenförde – Würgassen

Verkehrsmöglichkeiten Bahn bis Karlshafen. Beverungen oder Lauenförde. Personenfähre Würgassen – Herstelle.
Parkmöglichkeiten Am besten in Würgassen (Fähre am Anfang).
Wegmarkierung X 17 bis kurz vor die Hasselburg.
Tourenlänge 16 km.
Wanderzeit Etwa 4 Stunden.
Höhenunterschiede Insgesamt 210 Meter.
Wanderkarte 1:50000 Naturpark Solling-Vogler.
Anmerkung Eine Wanderung für Freunde der Kernenergie. Eindrucksvolle Ausblicke auf gewaltige Bauten, in denen zeitweilig Elektrizität erzeugt wird. Außerdem wird in solchen Zeiten doppelt so viel Energie zur Beheizung der Weser und der übrigen Landschaft gestiftet und zusätzlich werden dann Luft und Wasser mit Edelgasen und anderen strahlenden Substanzen angereichert. Die Wegführung garantiert bei jeder Wetterlage eine gewisse Strecke in der Abluftfahne. Die Besorgnis, bei einem Störfall durch eine Exkursion besonders aktiver Stoffe etwas zu viele Sonnenscheineinheiten abzubekommen, kann man getrost beiseite schieben, da Störfälle hierzulande bekanntlich grundsätzlich nur winzig klein und völlig harmlos sind.
Tourenbeschreibung Von Würgassen mit der Personenfähre über die Weser nach *Herstelle.* Bei der Kirche über die Hauptstraße und gleich danach rechts haltend an der Burg vorbei und hinauf zu kleiner Straße (Markierung X). Rechts bei alter Linde über die Autostraße und entlang kleiner Asphaltstraße (X 17) gerade hinauf über den Rücken des *Roten Berges* zum Wald. Auf geschottertem Forstweg geradeaus. Nach etwa 20 Minuten rechts in 3 Minuten zum Rand der Hochfläche (Tiefblick auf das Kraftwerk und was von der Landschaft übriggeblieben ist; Fernsehmast).

Zurück zur Forststraße und rechts weiter. Etwa 15 Minuten später rechts abbiegen. Den gleichfalls befestigten Weg im Bogen nach rechts folgen. Bei der nächsten Gabelung des Weges geradeaus. Nach einem weiteren Rechtsbogen zu dem die vorderste Spitze des Bergsporns abtrennenden Wall der alten Fluchtburg *Hassselburg.* An kleinem Steinbruch (Unterer Muschelkalk) scharf nach rechts und nun asphaltiert am Steilhang schräg abwärts (eindrucksvoller Blick auf das »Ding«). Die Asphaltstraße quert zwei steile Seitentäler. Im zweiten Tal von der Straße etwa 5 Meter über Böschung absteigen zu altem Grasweg. Auf

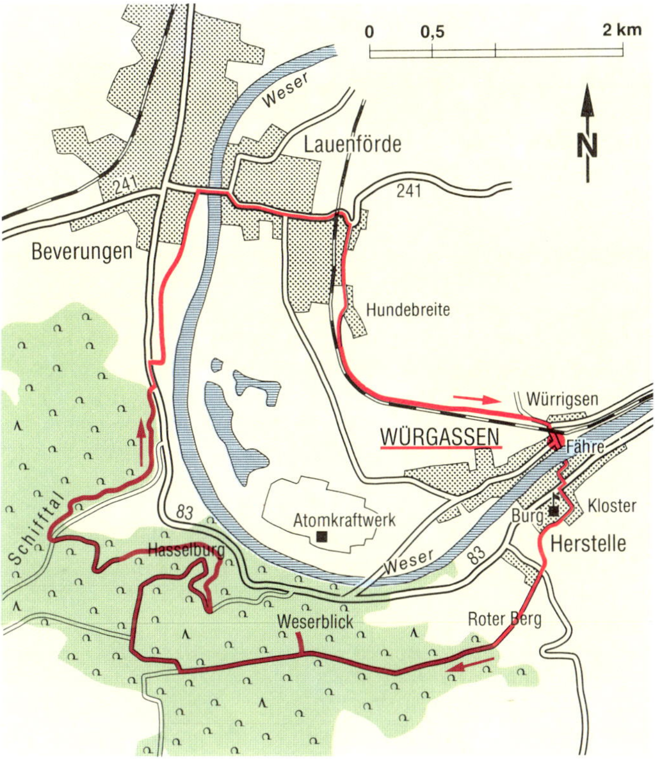

diesem nun fast eben nach links am Hang zurückqueren durch das Seitentälchen und um den Bergsporn mit der Hasselburg herum. Etwa 1,5 Kilometer danach in das von einer Hochspannungsleitung gekonnt dekorierte *Schifftal.*

Auf dem (vom Talgrund gerechnet) zweiten Weg des linken Talhanges am Waldrand entlang hinab zur *Bundesstraße 83.*

Etwa 3 Minuten entlang dieser weiter (links Häuser) und dann rechts kleine Asphaltstraße hinab (links Mahnkreuz) zu Bootshaus. Links kleine befestigte Straße am Rande der Wiesen nach *Beverungen.* Rechts der Gärten bis vor die *Weserbrücke.* Über diese (massiger alter Turm) nach *Lauenförde.* Geradeaus auf der Straße in Richtung Uslar unter der Bahnlinie durch. Danach bei scharfer Kurve rechts *(Siekstraße)* zum Ortsteil *Hundebreite.* Immer entlang der Bahn auf Feldweg zurück nach *Würgassen.*

21 Wehrden – Wildburg – Amelunxen – Wehrden

Verkehrsmöglichkeiten Bahn bis Wehrden oder Amelunxen.
Parkmöglichkeiten In Wehrden oder Amelunxen.
Wegmarkierung Keine.
Tourenlänge 10,5 km.
Wanderzeit Etwa 3 Stunden.
Höhenunterschiede Insgesamt 220 Meter. Sehr steiler Aufstieg auf etwa 50 mH zur Wildburg.
Wanderkarte Topographische Karte 1 : 50000 L 4322 Höxter.
Anmerkung Ruhige, landschaftlich schöne Wanderung. Wer die 50 Meter weglosen Steilanstieg an der Wildburg vermeiden möchte, geht bis dort wie folgt: Heggestraße zur B 83, 100 m rechts, dann links Feldweg zum Wald, darin Forstweg weiter, bei Gabelung rechts und zum Plateau. Rechts nach 1 km zur Wildburg (etwa 1,5 km länger).
Wissenswertes In Wehrden hübsches Schloß (erbaut 1698) und Barockkirche. In Amelunxen alte Kirche und Adelssitz. Von der Wildburg sind nur Wall und Graben mit – durch Forststraßenbau recht überflüssigerweise zusätzlich angekratzten – spärlichen Mauerresten erhalten.
Tourenbeschreibung Vom Bahnhof in *Wehrden* rechts unter der Bahnlinie durch und rechts zur Bundesstraße 83. Über diese hinweg und nun nicht den Weg gegenüber, sondern einige Meter links (links von einem Bach) einen kleinen asphaltierten, später unbefestigten Feldweg geradeaus zum Wald. Dort über einen Querweg hinweg und auf undeutlichem Weg geradeaus in einer Mulde ansteigen, zuletzt fast weglos zu einem Querweg am Fuße des Steilhanges (rechts oben ist schon der Wall der Wildburg zu erkennen). Der Querweg gabelt sich hier. Rechts auf dem oberen Weg ansteigen, bei der nächsten Gabelung wieder auf dem oberen Weg und gleich darauf zu seinem Ende. Nun etwa 50 Meter sehr steil auf Pfadspuren über den Bergsporn gerade hinauf zur Fläche der *Wildburg* (Wall und Graben).

Vom Wall etwa 100 Meter auf breiter Schneise zu Weggabelung. Hier rechts weiter. Oberhalb der Steilhänge bleibend nach etwa 10 Minuten zu einer rechts abwärts führenden Forststraße. Diese hinab zur Gabelung. Dort links und entweder (schöner) geradeaus oder mit Linksbogen hinab in das Tälchen *Wusterloch* und darin abwärts nach *Amelunxen*.

Im Ort auf der Hauptstraße nach rechts bis vor den Bahnübergang. Hier in Siedlung links eine Minute hinab und dann rechts. Entlang einem geraden, asphaltierten Feldweg in einigem

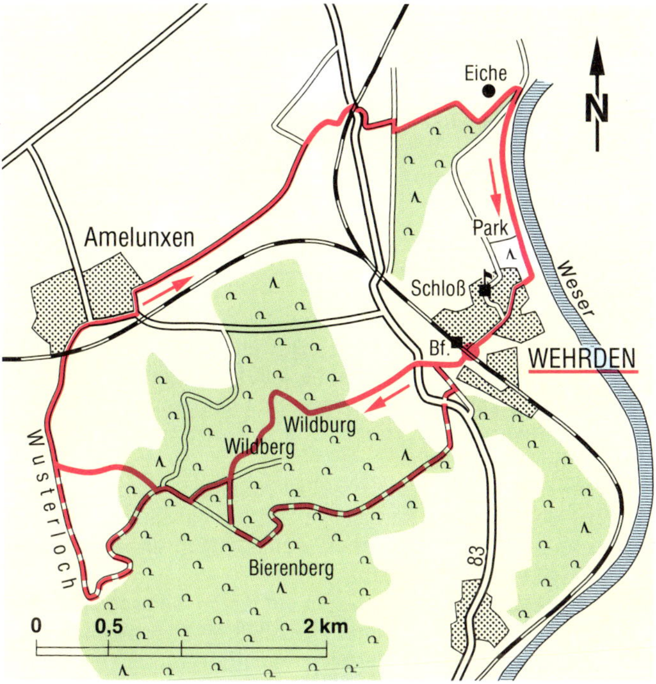

Abstand parallel zur Bahnlinie durch die flache Niederung der *Nethe.* Kurz hinter Aussiedlerhof bei Gabelung schräg links. Wo die Asphaltstraße etwas später nach links biegt, geht man auf unbefestigtem Weg geradeaus weiter zur Bahn und zur Unterführung der *Bundesstraße 83.* Auf der anderen Seite nach 50 Metern links auf Feldweg zu Waldecke. Links Grasweg am Waldrand entlang (schöne alte Eichen, zwei davon als Einzelbäume auf dem Feld, gegenüber Schloß Fürstenberg). Zuletzt auf Feldweg rechts zum *Weserufer.* Daran entlang auf Fußweg und zuletzt durch den Park des hübschen Renaissance-Schlosses zurück nach *Wehrden.*

22 Höxter – Rodenecktum – Ziegenberg – Bismarckturm – Brunsberg – Höxter

Verkehrsmöglichkeiten Bahn oder Weserschiff bis Höxter.
Parkmöglichkeiten Wanderparkplatz am Beginn des Waldlehrpfades Ziegenberg am Cheruskerweg (weserwärts etwas unterhalb der JH).
Wegmarkierung Weißes X bis vor Straße zur Brunsburg. Sonst unmarkiert.
Tourenlänge 8 km.
Wanderzeit Etwa 2¼ Stunden.
Höhenunterschiede Insgesamt etwa 210 Meter. Mäßig steiler Aufstieg vom Parkplatz (160 m) bis auf den Ziegenberg (300 m).
Anmerkung Schöne und interessante Wanderung auf überwiegend angenehm zu gehenden Wegen. Kürzungsmöglichkeiten sind kaum zu empfehlen.
Wissenswertes Höxters Altstadt ist eine Reise wert (Kilianskirche aus dem 11. Jh., Rathaus in Weserrenaissance, prächtige Fachwerkhäuser u.a. Dechanei; wenig östlich das alte Kloster Corvey, vgl. Wanderung Nr. 3).

Die Reste der Brunsburg liegen auf einem Bergsporn aus Unterem Muschelkalk. Die früher gleichfalls als Befestigung gedeuteten Sachsengräben sind dagegen durch Bergrutschbewegungen entstanden und teilweise verstürzte Spalten. Der Steilhang des Ziegenberges steht unter Naturschutz. Am unteren Teil des Hanges Lehrpfad.

Tourenbeschreibung Am südlichen Ortsrand von *Höxter* beim *Cheruskerweg* vom Wanderparkplatz Waldlehrpfad Ziegenberg nicht auf dem breiten Weg, sondern beim letzten Haus auf dem steileren Weg ansteigen. Über Querweg hinweg und schräg links zum schon sichtbaren *Aussichtsturm Rodeneck* (schöner Blick auf die Weser). Entweder am Rand des Steilhanges steilen Pfad oder auf bequemem Weg schräg rechts und dann wieder links zum Rand des Steilhanges zurück. An diesem entlang weiter (Aussichtspunkt) in etwa 10 Minuten über die Kuppe des *Ziegenberges*. Dann etwas rechts biegend zu den *Sachsengräben*. Wenig später zu Asphaltstraße.

Über diese hinweg, am Waldrand entlang und dann links zum *Bismarckturm* (Aussicht; dahinter alter Wall). Auf dem am Turm vorbeiführenden Weg abwärts zurück zur Asphaltstraße.

Rechts an dieser entlang in etwa 15 Minuten zu Schutzhütte am Steilhang links (Aussicht, Startrampe für Drachenflieger). Nun auf wenig befestigtem Weg nahe am Steilhang in 2 Minuten zu

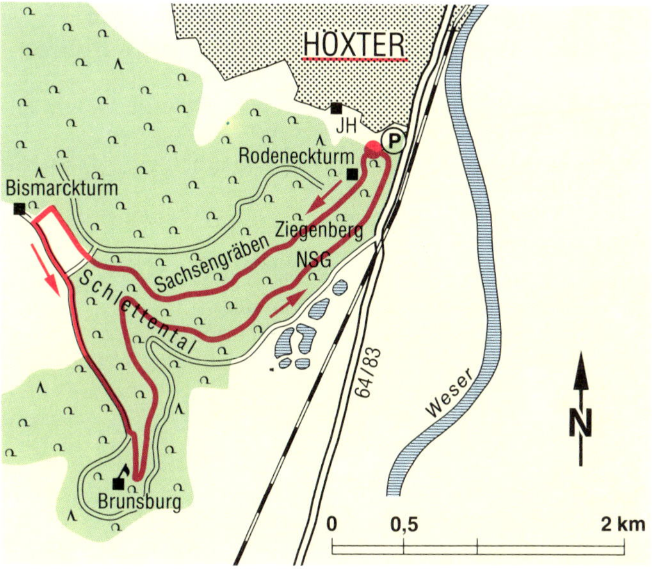

den Resten der *Brunsburg* (Wälle). Der Weg biegt kurz vor dem Erreichen des Bergsporns scharf nach links. Nun allmählich am Hang entlang abwärts (schöne Ausblicke), nach 15 Minuten durch das steile *Schleifental* und wenig später zu Weggabelung bei Steinbruch. Hier auf dem oberen Weg etwas ansteigen und bald wieder eben am unteren Rand des *Naturschutzgebietes Ziegenberg* entlang. Zuletzt auf Lehrpfad zurück zum Parkplatz und nach *Höxter.*

23 Boffzen – Fürstenberger Steinbrüche – Winterbergsgrund – Fürstenberg – Boffzen

Verkehrsmöglichkeiten Bahn und Bus bis Boffzen. Weserschiff bis Fürstenberg und Boffzen.
Parkmöglichkeiten In Boffzen, am Winterbergsgrund, bei der Fürstenberger Porzellanfabrik.
Wegmarkierung Bis Winterbergsgrund X 3.
Tourenlänge 8 km.
Wanderzeit Etwa 2 Stunden.
Höhenunterschiede Insgesamt 110 Meter.
Wanderkarte 1:50000 Naturpark Solling-Vogler.
Wissenswertes Fürstenberg war Grenzfestung der Welfen. Nach

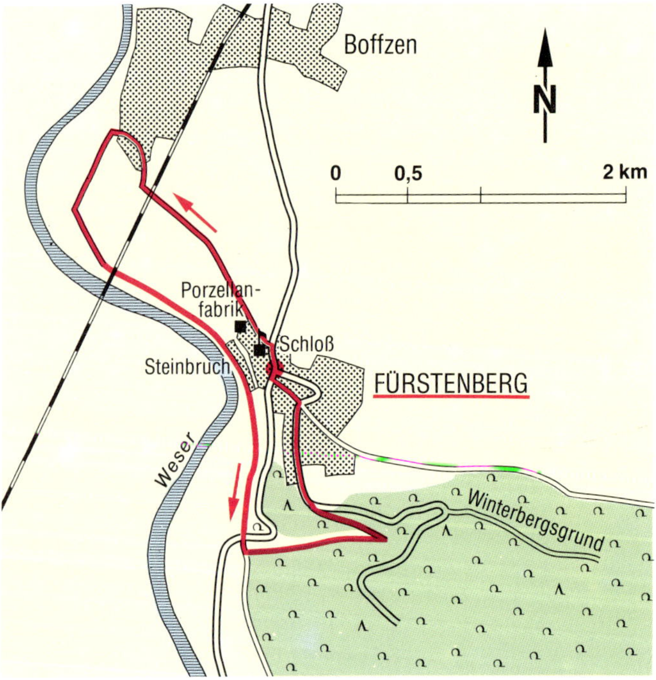

Zerstörung im Jahre 1545 als Renaissanceschloß wiederaufgebaut. 1745 wurde hier eine Porzellanmanufaktur eingerichtet. Sehenswerte Porzellanausstellung.

Tourenbeschreibung Von der Kirche am südlichen Ortsrand von Boffzen auf Feldweg durch die Weserwiesen und später nahe am *Weserufer* unter der Eisenbahnbrücke durch. Danach unter den ausgedehnten *Fürstenberger Steinbrüchen* entlang, an einer kleinen Gaststätte mit Schiffsanleger vorbei und schließlich durch Eichenwald zur Autostraße Fürstenberg – Lauenförde.

Über diese hinweg und links am Waldrand entlang den *Wintersgrund* aufwärts. Nach etwa 10 Minuten vom Ende der Wiesen scharf nach links und am orographisch rechten (nördlichen) Talhang schräg aufwärts nach *Fürstenberg.* Durch den Ort und am nördlichen Ortsausgang vom Parkplatz der Porzellanfabrik aus auf Feldweg gerade hinab zurück nach *Boffzen.*

24 Uslar – Strutberg (Sollingturm) – Zickenwiese – Försterei Donnershagen – Ital – Uslar

Verkehrsmöglichkeiten Bahn bis Uslar.

Parkmöglichkeiten Am (nordwestlichen) Schwimmbad in Uslar. Parkplätze Spann und Donnershagen im oberen Ital.

Wegmarkierung Keine.

Tourenlänge 12 km.

Wanderzeit Etwa 3½ Stunden.

Höhenunterschiede Insgesamt 270 Meter. Mäßig steiler Aufstieg von der Arnikawiese (350 m) bis zum Sollingturm (444 m).

Wanderkarte 1:50000 Naturpark Solling-Vogler.

Anmerkung Landschaftlich sehr schön, allerdings auf längere Strecken auch über befestigte Wege. Wer die Wanderung von der Waldschänke aus gehen will, nimmt den Weg schräg rechts durch ein Tälchen zur Arnikawiese, folgt dann der beschriebenen Route bis zum Turm und kann danach auf der steilen Schneise absteigen, die – wenn man aus dem Turm kommt – schräg rechts hinabführt zur Waldschänke (2,3 km, 45 Min, 145 mH). Am Gipfel des Strutberges sorgfältige Orientierung nötig, weil nach allen Seiten Wege hinabführen!

Wissenswertes Im Kurort Uslar sehenswerter alter Stadtkern (Fachwerkhäuser, Johanneskirche und Rathaus), aber auch etwas Industrie. Der 33 m hohe Sollingturm wurde 1934/35 vom Sollingverein erbaut und bietet großartige Rundsicht. Die Wiesen des idyllischen Itales zeigen teilweise noch heute Reste alter Be-

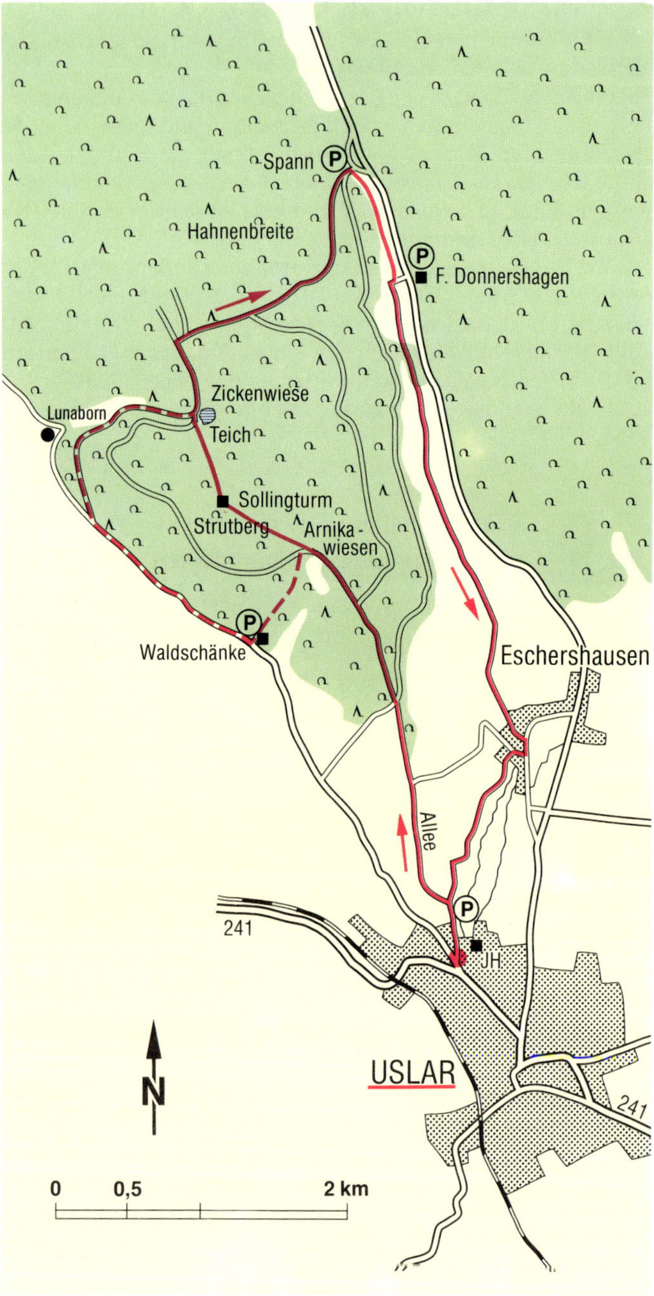

Spann
Hahnenbreite
F. Donnershagen
Zickenwiese
Lunaborn
Teich
Sollingturm
Strutberg
Arnika-
wiesen
Waldschänke
Eschershausen
Allee
241
JH
USLAR
241
N
0
0,5
2 km

wässerungssysteme. Im unteren Teil des Tales wird in zahlreichen, z.T. erst neu geschaffenen Teichen Fischzucht betrieben. Bei Schönhagen gibt es offensichtlich noch Bauern, die entweder weise oder nicht habgierig genug sind, um die Vielfalt der Feldgehölze und Einzelbäume an Feldrainen wachsen zu lassen – was gleichzeitig Schatten, erhöhte Luftfeuchtigkeit, Nistplätze für viele nützliche Vogelarten und eine Wohltat für das Auge des Wanderers bedeutet. – 4 km westlich von Schönhagen liegt südlich von Amelith das hübsche Jagdschloß Nienover.

Tourenbeschreibung In *Uslar* nahe dem Ortsausgang in Richtung Neuhaus vom Bad *(An der Schwarzen Erde)* links zum Beginn der alten Allee. Auf dieser über den Bergrücken ansteigen zum Wald. Kurz hinter einer Schutzhütte zur Gabelung der von links heraufführenden Forststraße. Auf der linken Straße weiter ansteigen über den Bergrücken. Nach 10 Minuten zu einer zweiten Gabelung. Wieder links und zur *Arnikawiese.* Danach auf Fußweg steil ansteigen zur Gipfelkuppe des *Strutberges (Sollingturm;* umfassende Rundsicht*).*

Wenn man aus dem Turm herauskommt, links und an Denkstein vorbei. Dahinter etwa 10 Meter nach rechts und den Weg hinab zum Teich an der *Zickenwiese* (der Teich ist schon vom Turm aus sichtbar). An der Wiese vorbei in gleicher Richtung die Forststraße entlang. Nach etwa 600 Metern rechts auf Forststraße hinauf zum breiten Bergrücken der *Hahnenbreite*, wo die Straße auf einem breiten Sattel schräg nach rechts biegt (eventuell Abstecher: etwa 600 m auf ihr weiter schöne Aussicht nach Osten). Am Sattel geradeaus, nach 50 Metern nicht der Schneise, sondern dem alten, kaum befestigten Weg folgen. Dieser leitet später etwas nach links und erreicht kurz hinter einem alten Steinbruch den *Parkplatz Spann* am Sattel oberhalb des Itales.

Hier rechts auf Schneise abwärts an dicken Eichen vorbei zur *Försterei Donnershagen* und danach direkt im Grund des *Itales* auf der befestigten Straße nach *Eschershausen* und rechts haltend auf Feldweg zurück zum Bad in *Uslar.*

25 Neuhaus – Silberborn – Langenberg – Petersilienplacken – NSG Mecklenbruch – Torfmoor – Hackelbergstein – Neuhaus

Verkehrsmöglichkeiten Bus von Holzminden, Lauenförde oder Uslar.
Parkmöglichkeiten In Neuhaus, in Silberborn, am Torfmoor.
Wegmarkierung Jugendherberge Silberborn bis Mecklenbruch Nr. 15. Parkplatz Torfmoor bis Moosberg Nr. 14.
Tourenlänge 17 km.
Wanderzeit Etwa 4½ Stunden.
Höhenunterschiede Insgesamt 210 Meter. Nur mäßige Steigungen.
Wanderkarte 1 : 50000 Naturpark Solling-Vogler. Ausschnitt aus dieser Karte mit speziellen Anmerkungen bei der Kurverwaltung Neuhaus erhältlich.
Anmerkung Überwiegend ruhige Hochsollingwanderung, weithin auf Forstwegen. Die Wanderung kann bei Bedarf geteilt werden in Neuhaus – Silberborn – Torfmoor – Neuhaus (dann 9,5 km, 2¾ Std., 130 mH) und JH Silberborn – Langenberg – Petersilienplacken – NSG Meckelnbusch – JH Silberborn (dann 9 km, 2¼ Std., 80 mH). Wenn der Weg über das Torfmoor zu naß ist, geht man vom Parkplatz noch etwa 10 Minuten weiter und gelangt dann auf dem Försterstieg (14b) nach rechts über den Moosberg und zum Hackelbergstein. Bei Silberborn Moosberghütte des Deutschen Alpenvereins (Sektion Höxter-Holzminden).
Wissenswertes Der Solling ist aus einer großen Buntsandsteintafel aufgebaut. Nach Boden und Klima ist er weniger für den Ackerbau und mehr für Wald und Weidewirtschaft geeignet. Das Holz war auch als Energiequelle für die früher meist den Standort wechselnden Glashütten (vgl. Silberborn, Hellental) wichtig. Während in früheren Jahrhunderten die Eiche wegen ihrer Holzqualität und der Eicheln (Schweinemast in Hudewäldern) begünstigt wurde, werden heute vorwiegend Fichtenplantagen angepflanzt – mit den üblichen ökologischen Problemen (Windwurf-, Schneebruch- und Schädlingsanfälligkeit, Verarmung des Bodens und der Pflanzengesellschaften). In jüngster Zeit sind nach der Erklärung des Gebietes zum Naturpark (Landschaftsschutzgebiet) auch stellenweise forstliche Bemühungen um ein abwechslungsreiches Waldbild zu verzeichnen. Außerdem gilt der Solling als besonders wildreich (Rot-, Reh-, Schwarz- und Muffelwild). – Von den beiden unter Naturschutz gestellten Hochmooren ist nur das Mecklenbruch noch intakt. Das Torf-

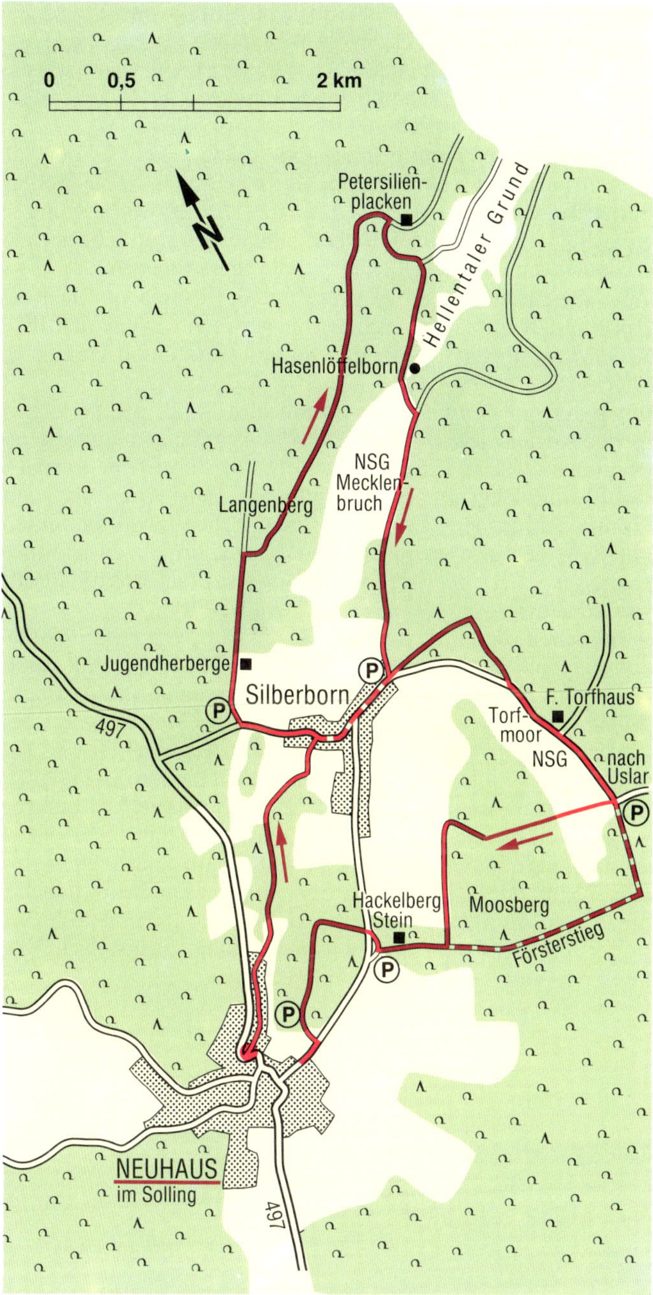

0
0,5
2 km
N
Petersilien-
placken
Hellentaler Grund
Hasenlöffelborn
NSG
Mecklen-
bruch
Langenberg
Jugendherberge
Silberborn
497
F. Torfhaus
Torf-
moor
NSG
nach
Uslar
Hackelberg
Stein
Moosberg
Försterstieg
NEUHAUS
im Solling
497

moor wurde durch Entwässerungsgräben teilweise trockengelegt. Weil sich die Einsicht in die Wichtigkeit der Feuchtgebiete für den Naturhaushalt allmählich durchsetzt, läßt man jetzt die Gräben wieder verfallen und zuwachsen, um eine Regeneration des Moores zu ermöglichen.

In Neuhaus seit dem 16. Jahrhundert Viehwirtschaftshof (Pferdezucht) und Jagdschloß der Herzöge von Braunschweig-Wolfenbüttel. Das im 30jährigen Krieg zerstörte Schloß wurde später in einfachem Spätbarockstil wieder aufgebaut. Der sehenswerte Wildpark ist nur von der Uslarer Straße her zugänglich.

Tourenbeschreibung In *Neuhaus* auf der Straße in Richtung Holzminden bis zu den letzten Häusern. Dort rechts den Weg *Sandwäsche* abwärts zum Talgrund und darin durch Wald nach *Silberborn.*

Links auf der *Holzmindener Straße* zum Wald und dort nach rechts. An der *Jugendherberge Silberborn* vorbei und immer geradeaus dem Weg Nr. 15 folgen. Nach etwa 40 Minuten biegt er nach rechts und leitet zur Schutzhütte am *Petersilienplacken* am Großen Ahrensberg. Dort rechts ein Tälchen hinab und unten noch vor den Wiesen rechts zum *Hasenlöffelborn.* Am *Naturschutzgebiet Mecklenbruch* links entlang bis zu den ersten Häusern von *Silberborn.*

Hier noch vor der Dasseler Straße links auf Weg an einer Reihe von Eichen entlang ansteigen. Nach etwa 10 Minuten auf Forstweg rechts auf Autostraße und an dieser entlang zum *Forsthaus Torfmoor.* Geradeaus weiter nach etwa 600 Metern hinter der Linkskurve der Autostraße zum *Parkplatz Torfmoor.*

Genau gegenüber vom Wegedreieck (am Beginn des Parkplatzes) rechts auf undeutlichem, nur anfangs markiertem Fußweg über das *Torfmoor* (ungefährlich, andere Möglichkeit siehe Anmerkung). Jenseits in gleicher Richtung auf einer Schneise bis zum Waldrand. Links bis zum Ende der Wiesen. Danach rechts hinab zum *Hackelbergstein.* Über die Autostraße und 20 Meter weiter rechts auf dem *Bruchweidenweg* hinab zurück nach *Neuhaus.*

26 Holzminden – Hasselbachtal – Schießhaus – Dicke Eiche – Nagelbachtal – Holzminden

Verkehrsmöglichkeiten Bahn und Weserschiff bis Holzminden. Bus Richtung Neuhaus. Zeitweilig auch Bus zum Schießhaus.
Parkmöglichkeiten Am Ausgang des Hasselbachtales. Am Schießhaus bzw. beim Wirtshaus Waldmühl.
Wegmarkierungen Einige Hinweisschilder.
Tourenlänge 15,5 km.
Wanderzeit Etwa 4¼ Stunden.
Höhenunterschiede 270 Meter. Nur mäßige Steigungen.
Wanderkarte 1:50000 Naturpark Solling-Vogler.
Anmerkung Wanderung durch autofreie idyllische Wiesentäler, allerdings auf befestigten Wegen. Auch der Beginn der Wanderung über die Alte Einbecker Straße ist lohnend.
Wissenswertes Holzminden ist ein altes Ackerbürgerstädtchen (vgl. Fachwerkhäuser der Altstadt mit Toreinfahrten). Im alten Torturm Heimatmuseum. Bekannte Bauingenieurschule (vgl. Glockenspiel am Reichspräsidentenhaus) und etwas Industrie

Zu Tour 3, 4, 26 **Holzminden, Blick auf die Weser mit Dampfer »Stadt Hameln«**
(Foto: Fremdenverkehrsverband Weserbergland-Mittelweser e. V.)

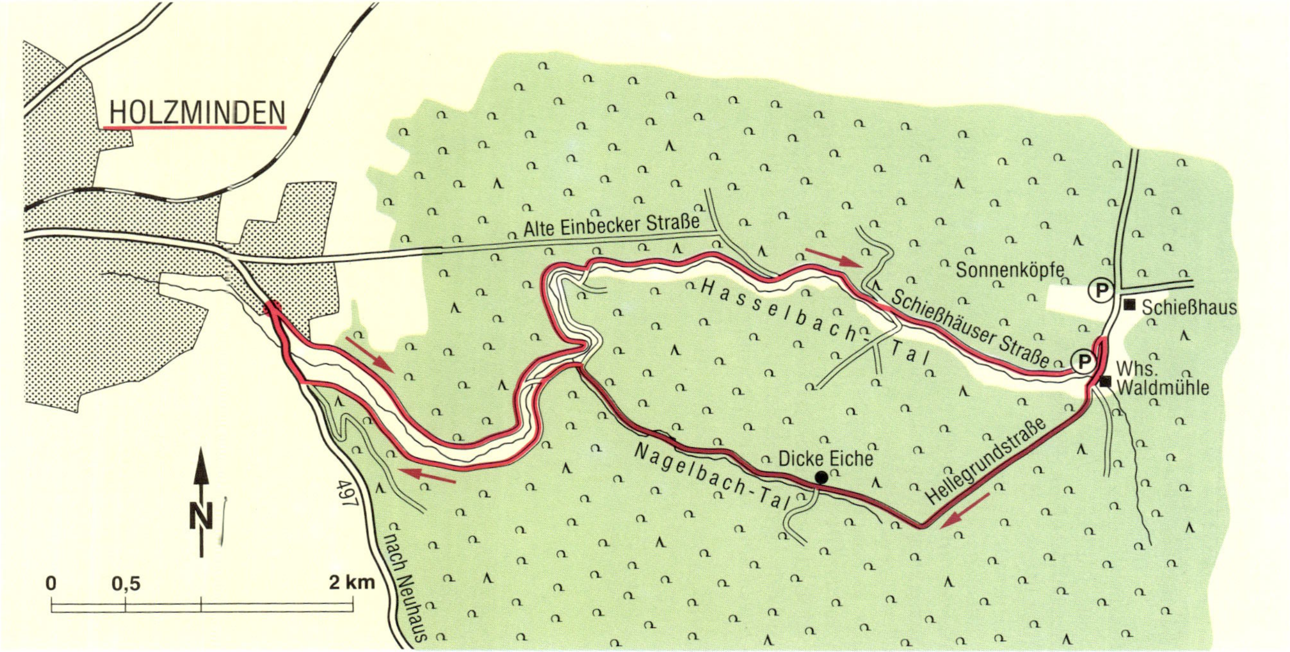
HOLZMINDEN
Alte Einbecker Straße
Sonnenköpfe
Schießhaus
Hasselbach-Tal
Schießhäuser Straße
Whs. Waldmühle
Hellegrundstraße
Dicke Eiche
Nagelbach-Tal
497
nach Neuhaus
N
0
0,5
2 km

(Holzverarbeitung, Baustoffe, Chemie, Elektro). Die Dicke Eiche im Nagelbachtal soll etwa 1000 Jahre alt sein.

Tourenbeschreibung In *Holzminden* auf der Straße in Richtung Neuhaus zur Mündung des *Hasselbachtales.* Links des Baches auf der *Schießhäuser Straße* das ganze lange Tal hinauf bis zum *Wirtshaus Waldmühl.* (Links Abstecher nach *Schießhaus* möglich, dann zurück zum Wirtshaus Waldmühl.)

Dahinter schräg rechts ansteigend auf der *Hellegrundstraße* nach etwa 20 Minuten zum obersten Anfang des *Nagelbachtales.* Dieses nun rechts hinab, an der *Dicken Eiche* vorbei und zum unteren *Hasselbachtal.* Links des Baches bleibend zurück nach *Holzminden.*

27 Bevern – Bevernbachtal – Arholzen – Liethbergstraße – Bertramsgrund – Bevern

Verkehrsmöglichkeiten Bus Holzminden – Bevern – Arholzen – Stadtoldendorf. Bahn bis Arholzen.

Parkmöglichkeiten In Bevern beim Schloß oder am östlichen Ortsausgang beim Bad. Auch in Arholzen.

Wegmarkierung Keine.

Tourenlänge 13,5 km.

Wanderzeit Etwa 4 Stunden.

Höhenunterschiede 210 Meter. Nur sanfte Steigungen.

Wanderkarte 1:50000 Naturpark Solling-Vogler.

Anmerkung Die Wanderung führt im ersten Teil durch ein Tälchen mit alten Sandsteinbrüchen, im zweiten Teil durch Ackerland, im dritten Teil durch Wald. Die Tour kann kaum sinnvoll gekürzt werden, läßt sich jedoch durch Busbenutzung halbieren.

Wissenswertes In einigen der Steinbrüche werden z. T. noch heute Sollingplatten und Bruchsteine gewonnen, wie sie im Weserbergland von alters her als typisches lokales Baumaterial verwendet werden. Außerdem sind hier die verschiedenen Stadien der natürlichen und z. T. auch der forstlich beschleunigten Wiederbesiedlung der Steinbrüche zu finden. – In Bevern hübsches Renaissanceschloß aus Buntsandstein (Anfang 17. Jh.). – Auf dem Gipfel des Großen Eberstein, 6 km nordöstlich von Bevern, Reste einer Burg. Im bei Negenborn gelegenen, von Zisterziensern gegründeten Kloster Amelungsborn alte Glasfenster (Bilderbibel).

Tourenbeschreibung Vom Schloß in *Bevern* auf der Angerstraße am Bad und Sportplatz vorbei und entlang der Straße im *Bevernbachtal* weiter. Wo die Asphaltstraße links hinaufführt

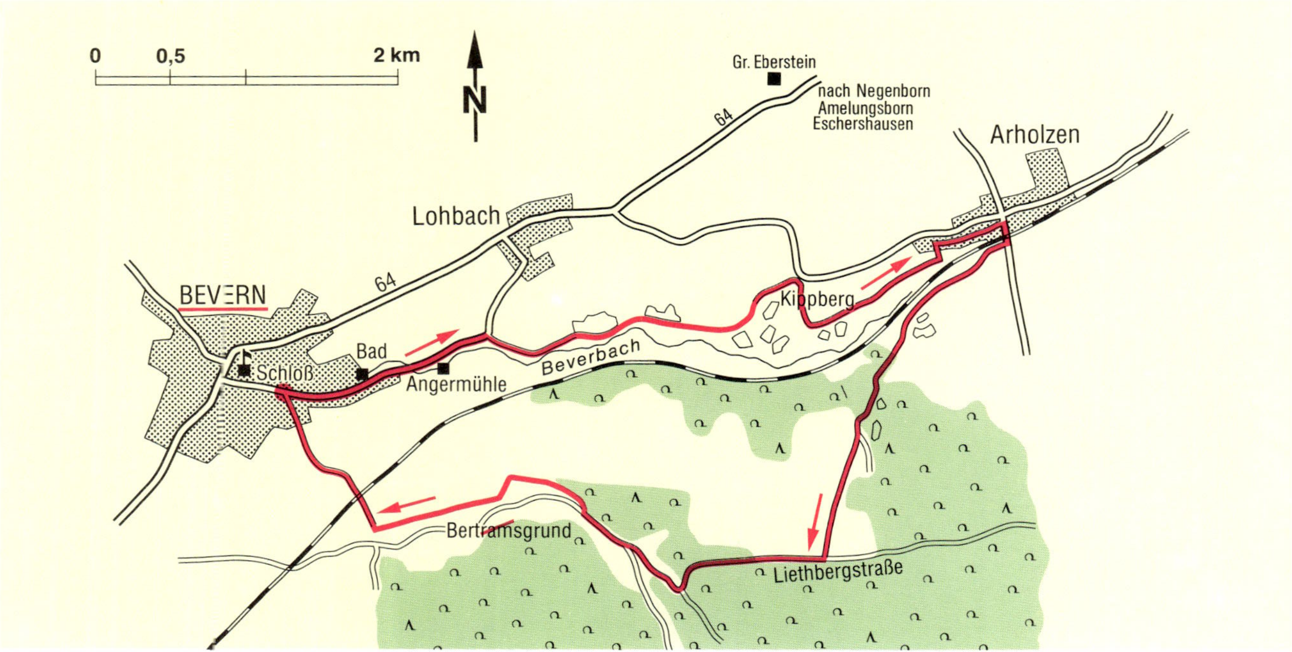
0
0,5
2 km
N
Gr. Eberstein
nach Negenborn
Amelungsborn
Eschershausen
64
Arholzen
Lohbach
64
BEVERN
Kippberg
Bad
Schloß
Angermühle
Beverbach
Bertramsgrund
Liethbergstraße

nach Lobach, geht man rechts zwischen einigen Häusern durch und folgt dem Weg nahe dem Talgrunde bis kurz vor einige Fischteiche. Hier nicht abwärts, sondern auf gleicher Höhe weiter durch dichtes Fichtenwäldchen und danach auf Fußweg hohlwegartig ansteigen zu frischen Sandsteinhalden. Auf dem breiten Weg an zwei derzeit noch betriebenen Steinbrüchen vorbei und danach etwas abwärts. Links am Hang eines Seitentälchens bis zur Autostraße. An dieser 30 Meter nach rechts. Dann rechts auf Feldweg weiter (Ausblick) und kurz vor alten, wieder mit Heidekraut und Bäumen besiedelten Steinbrüchen nach links. Dieser Weg führt in etwa 10 Minuten nach Arholzen (1¼ Std.).

Dort über Bahnübergang und rechts entlang der Bahn auf asphaltierter Feldstraße quer durch das *Bevernbachtal.* Danach geradeaus ansteigend bis zum Waldrand.

Auf der *Liethbergstraße* nach rechts mit weitem Blick zum Vogler und später etwas links in das Wiesental des *Bertramsgrundes* einbiegen. Auf der Talstraße bis zur Einmündung des zweiten Weges von links. Gegenüber dieser Einmündung auf Weg nach rechts ansteigend zum Waldrand und an diesem auf Grasweg entlang. Später auf Feldweg nach rechts über den beschrankten Bahnübergang und hinab nach *Bevern.*

28 Holzminden-Stahle – Herbstberg – Köterberg – Heinser Wald – Feldberg – Stahle

Verkehrsmöglichkeiten Bahn oder Weserschiff bis Holzminden. Bus Holzminden – Stahle. Zeitweilig Bus zum Köterberg-Gipfel.
Parkmöglichkeiten In Stahle kurz vor der Försterei Twier. Auch auf dem Köterberg-Gipfel.
Wegmarkierungen Einige Hinweisschilder.
Tourenlänge 20 km.
Wanderzeit 5½ Stunden.
Höhenunterschiede Insgesamt etwa 450 Meter. Mäßig steiler Anstieg am Strohberg (auf 60 mH). Mäßig steiler Abstieg (auf ca. 60 mH) vom Strohberg in Richtung Forster Bach.
Wanderkarten 1 : 50000 Naturpark Solling-Vogler (ohne Köterberg!). Für die gesamte Wanderung Kompass-Wanderkarte 1 : 50000 Höxter-Detmold 764.
Anmerkung Lange Waldwanderung, nur stellenweise und selten Ausblicke (besonders am Köterberg). Wer die gesamte Weg-

strecke im Schatten gehen will, kann auch von der Försterei Twier durch das Twiertal und links im Witmerstal aufsteigen zum Wegekreuz auf dem Herbstberg (etwas kürzer und weniger Steigung). Kürzung der Wanderung möglich, indem man schon vor der Försterei Bröken rechts durch das Twiertal absteigt (dann insgesamt 10 km, 3 Std., 220 mH) oder an der Försterei Bröken rechts auf der geraden Forststraße und zuletzt auf wenig befestigten Wegen oberhalb vom Talhang des Forster Baches zum Wegekreuz zwischen Heineberg und Wilmeröder Berg gelangt und dann wie beschrieben weitergeht (so insgesamt 15,5 km, 4 Std., 220 mH; fast nur Forststraßen).

Wissenswertes Der Gipfel des 496 m hohen Köterberges ist aus einer Schicht des harten Rhätkeupers aufgebaut (Oberer Keuper). Er kann von Niese oder Falkenhagen aus mit dem Auto erreicht werden und ist als solcher wenig erhebend mit Großparkplatz, Gaststätte und den wie ein Ufo über dem Berg lastenden Sendeanlagen. Er bietet allerdings bei schönem Wetter eine großartige Rundsicht. – Die bronzezeitlichen Hügelgräber am Herbstberg, am Heinberg und im Heinser Wald bezeugen, daß diese Flächen früher besiedelt waren. Diese heute nicht sehr geschätzten Böden waren – soweit überhaupt Ackerbau betrieben wurde – leichter zu bearbeiten als die schweren Böden der Niederungen.

Tourenbeschreibung In *Stahle* bei der Kirche von der Bundesstraße in den Ort. Geradeaus zur Kreuzung hinter den letzten Häusern (hierher auch in 5 Minuten vom Forsthaus Twier). An der Kreuzung links fast eben im Bogen am Hang entlang. Wo die Feldstraße nach 5 Minuten links hinabführt, auf Feldweg etwas ansteigend weiter und auf gewundenen Feldwegen über den Bergrücken empor bis kurz unterhalb von Sendemast. Hier links (immer mit weitem Ausblick ins Wesertal) zum Waldrand. Daran entlang und zuletzt abwärts zu einem befestigen Weg. Auf diesem in den Wald und im oberen Teil des *Barrentales* hinauf zur Wegspinne auf der Kuppe des *Herbstberges.*

Hier lohnender Abstecher 200 Meter auf dem nächsten Weg scharf links zu alten Hügelgräbern in urwaldartiger Umgebung.

Zurück zur Wegspinne und in gleicher Richtung wie vorher in etwa 15 Minuten zum oberen *Twiertal* und zur *Försterei Bröken.*

Hier geradeaus weiter, bei Weggabelung links und relativ steil hinauf zur Kuppe des *Strohberges.* Stetig ansteigend über den Bergrücken, erst auf den letzten 500 Metern links neben der Autostraße zum Gipfel des *Köterberges* (Aussicht, Gaststätte, unerquicklich weitläufige Parkplätze, die bei gutem Wetter trotzdem nicht ausreichen).

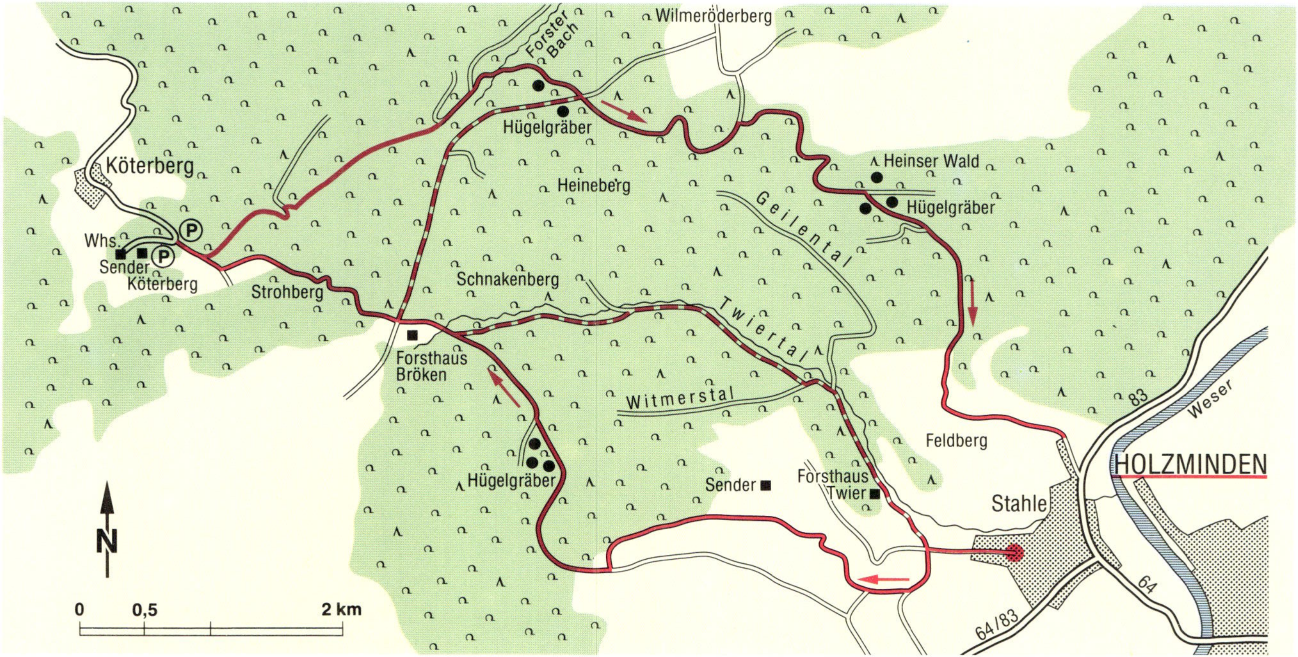
Wilmeröderberg
Forster Bach
Köterberg
Hügelgräber
Heinser Wald
Hügelgräber
Heineberg
Geilental
Whs.
Sender
Köterberg
Schnakenberg
Strohberg
Twiertal
Forsthaus Bröken
Witmerstal
83
Weser
Feldberg
HOLZMINDEN
Hügelgräber
Sender
Forsthaus Twier
Stahle
N
64
0
0,5
2 km
64/83

Vom Gipfel wieder wie beim Aufstieg hinab bis zur Kehre der Autostraße (Parkplatz). Geradeaus die asphaltierte Forststraße weiter. Dann links (Markierung Polle und Heinsen) neben Bachkerbe einen Fußweg in den Wald. Geradeaus hinab zum Beginn eines breiten, begrünten Forstweges. Dieser leitet nach rechts am Hang entlang abwärts rasch zu einer scharfen Kurve. Gleich unterhalb dieser Kurve auf undeutlichem Weg nach rechts. Man quert gleich darauf unterhalb von einem Hohlweg eine etwas sumpfige Stelle und gelangt 30 Meter dahinter zu einem schmalen Erdwall. Auf diesem links abwärts (nach 10 Metern am Wall Quarzitblock mit Zahl 26, später weitere Quarzitblöcke als alte Grenzsteine). Immer geradeaus der alten Grenzlinie folgend bis zu sumpfigem Querweg und wenig später, zuletzt etwas rechts haltend, in das Tal des *Forster Baches* (hübsche kleine Bachmäander). Das Tal wird von einer Forststraße gequert. Diese rechts weiter. Nach einigen Minuten zu einer das Tal etwas tiefer gleichfalls querenden asphaltierten Forststraße. Wieder rechts, jetzt ansteigend, in etwa 15 Minuten zum *Wegekreuz Heineberg* (Bänke, rechts im Wald alte Hügelgräber – wenig auffallend).

Geradeaus weiter in Richtung Stahle auf der Asphaltstraße. Nach etwa 20 Minuten zu Wegedreieck in Sicht von Wiesen. Wieder rechts, nach mehreren Biegungen und Querung eines steilen

Zu Tour 29 **Blick ins Wesertal bei Brevörde**
(Foto: Fremdenverkehrsverband Weserbergland-Mittelweser e. V.)

Tälchens führt die Straße schnurgerade weiter (seitlich im Wald alte Grabhügel, *Heinser Wald)* Dann hinter Kuppe rechts auf nicht mehr asphaltiertem Forstweg abzweigen und abwärts. Bei der nächsten Gabelung wieder rechts und schließlich hinab zum Waldrand (rechts Blick zum Köterberg). Am Hang des *Feldberges* auf Feldstraße zwischen Wiesen hinab nach *Stahle.*

29 Brevörde – Glessetal – Ottenstein – Hattenser Kirche – Kölker Berg – Ölkampenberg – Tenterling – Brevörde

Verkehrsmöglichkeiten Bus bis Brevörde und Ottenstein (selten).
Parkmöglichkeiten In Brevörde, in Ottenstein, im Eichelbachtal.
Wegmarkierung Keine.
Tourenlänge 20 km.
Wanderzeit Etwa 5 Stunden.
Höhenunterschiede Insgesamt 460 Meter. Nur mäßige Steigungen und Gefälle.
Wanderkarte 1:50000 Naturpark Solling-Vogler (Wegenetz nicht ganz vollständig).
Anmerkung Großartige, abwechslungsreiche Tageswanderung, in jeder Hinsicht reizvoll: geologisch durch den Kontrast zwischen Wesertal, Seitentälern und Hochfläche; landschaftlich durch den Kontrast zwischen naturnahen ursprünglichen Bereichen und intensiv genutzter Ackersteppe; kulturhistorisch durch Relikte aus früheren Zeiten. Die Wanderung kann gekürzt werden, indem man die (meist ruhige) Autostraße Ottenstein – Brevörde benutzt (Brevörde – Glessetal – Ottenstein – Brevörde: 12,5 km, 3 Std. 280 mH).
Wissenswertes Im 2 km südwestlich von Brevörde gelegenen Ort Polle mächtige Burgruine (erbaut 13. Jh., zerstört im 30jährigen Krieg); Jugendherberge; Weserfähre zum Gut Heidbrink. – Die Hattenser Kirche ist Rest des wüst gewordenen Dorfes Haddenhusen. Die sehr alte romanische Hallenkirche (mit Renaissance-Altar) und ihr Friedhof (bekannt das alte Grab eines freigelassenen Negersklaven) werden ebenso wie die früher zum Dorfe gehörenden Ackerflächen heute von Ottenstein aus genutzt (Beispiel für Ortswüstung bei Erhaltung der Flur, vgl. auch Wanderungen

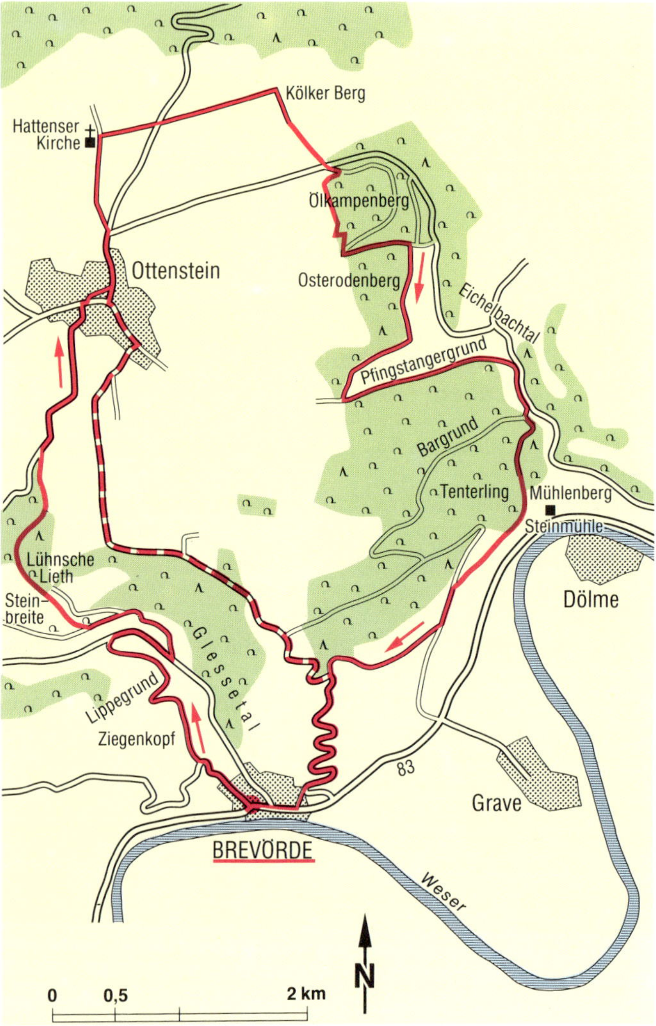
Kölker Berg
Hattenser Kirche
Ölkampenberg
Ottenstein
Osterodenberg
Eichelbachtal
Pfingstangergrund
Bargrund
Tenterling
Mühlenberg
Steinmühle
Dölme
Lühnsche Lieth
Stein-breite
Glessetal
Lippegrund
Ziegenkopf
83
Grave
BREVÖRDE
Weser
N
0
0,5
2 km

16, 19, 51). Die Muschelkalkhochfläche ist vom Wesertal zerschnitten. Dieses wird bei der Steinmühle (auch Teufelsmühle; Quelle mit alter Mühle), ebenso wie auf der anderen Seite zwischen Dölme und Rühle, von hohen Felsklippen gesäumt (sehr bröckeliges Gestein).

Tourenbeschreibung Von *Brevörde* gleich am Ortsausgang in Richtung Polle schmale Asphaltstraße in Richtung Meiborssen am Hang des *Ziegenkopfes* bzw. am südlichen Wiesenhang des Glessetales aufwärts. Nach etwa 10 Minuten gleich oberhalb von scharfer Linkskurve rechts ab. Auf ebenem Hangweg mit schönen Ausblicken taleinwärts, durch ein Seitentälchen *(Lippgrund)* und später etwas hinab zu einer tiefergelegenen kleinen Autostraße. An dieser entlang etwa 7 Minuten nach rechts (talabwärts), dann (bei ehemaliger Müllkippe) scharf links auf Schotterstraße in den Grund des idyllischen *Glessetales*.

Am Bach entlang, an der Ruine einer alten Mühle vorbei, zur Mündung eines Wiesentälchens. Darin rechts vom Bach auf unbefestigtem Weg ansteigen (links oben der Hof Steinbreite, rechts oben der Hof Lühnsche Lieth), an Quelle vorbei und immer rechts vom Bach weiter. Bei Querweg auf die andere Seite überwechseln und im Talgrund auf altem Weg ansteigen (teilweise bei sperrendem Altholz links ausweichen). Zuletzt am Waldrand entlang zur Hochfläche. Dort trifft man am Ende des Waldes auf eine befestigte Straße. Diese leitet in 15 Minuten durch Felder nach *Ottenstein.* Im Ort nach rechts, dann links und auf der Straße in Richtung Hehlen weiter. Kurz hinter dem Ortsausgang links abzweigen und auf Feldweg zur schon sichtbaren *Hattenser Kirche* (Kirche, Friedhof, alte Linde).

Nun rechts auf geradem Feldweg über den flachen Bergrücken in 15 Minuten zur Kuppe des *Kölker Berges.* Dort auf Querweg rechts, an kleinem Gehölz vorbei und hinab in Tälchen. Über die Autostraße und gegenüber im Wald schräg links. Zwei Minuten danach wieder scharf rechts zum Waldrand. Daran entlang über den *Ölkampenberg.* Am Ende der Kiefern vor Hecken 50 Meter auf Schneise nach links, dann eine Schneise schräg rechts hinab in den Grund des nächsten Tälchens.

In diesem hinab bis zum Waldrand. Rechts auf befestigtem Weg mit Blick in das Wiesental am Hang des *Osterodenberges* weiter und in den *Pfingstangergrund* einbiegen. Dann in dessen Grunde hinab bis zur Autostraße im *Eichelbachtal.*

An dieser etwa 600 Meter talabwärts. Bei Grasplatz mit Lärchen wieder rechts über den Bach. Links einen tief eingeschnittenen Hohlweg ansteigen. Nach einer Rechtsbiegung bei Gabelung links aufwärts. Wo der Weg sich kurz vor dem Waldrand gabelt,

Zu Tour 31 **Kurpark in Bad Pyrmont**
(Foto: Fremdenverkehrsverband Weserbergland-Mittelweser e. V.)

den oberen benutzen. An Fichtenschonung vorbei zum Steilabbruch des *Tenterlings* (Ausblick hinab zur Weser). Oberhalb der dichten Schonungen und Hecken auf Grasweg weiter. Beim ersten links hinableitenden Weg (mit elektrischer Leitung) nicht hinab, sondern auf gleicher Höhe bleiben. Einige Minuten später auf einem anderen, befestigem Weg abwärts bis zur Gabelung.

Hier auf befestigtem Weg wieder stetig ansteigend in 10 Minuten zur Lindenallee (Autostraße Ottenstein – Brevörde).

Entlang dieser Allee mit vielen Windungen und mit schönen Ausblicken zur Weser hinab nach *Brevörde.*

30 Lügde – Sieben Quellen – Herlingsburg – Kixmühle – Osterberg – Lügde

Verkehrsmöglichkeiten Bahn und Bus bis Lügde.
Parkmöglichkeiten In Lügde (u.a. am Ausgangspunkt). Vor dem Aufstieg zur Herlingsburg.
Wegmarkierung Anfangs A 59 braun. Stellenweise Wegschilder.
Tourenlänge 15 km.
Wanderzeit Etwa 4¼ Stunden.
Höhenunterschiede Insgesamt etwa 240 Meter. Steiler Aufstieg von der Straße (220 m) zur Herlingsburg (335 m).
Wanderkarte 1:50000 Kompass-Wanderkarte 784 Detmold-Höxter.
Anmerkung Hübsche Wanderung durch abwechslungsreich kleingekammerte Landschaft. Bei der Rückkehr von der Kixmühle durch den Talgrund am Eschenbach entlang 2 Kilometer weniger (aber keine Ausblicke). Wer nur die Herlingsburg besteigen will, geht entweder von der Autostraße 1 Kilometer nordwestlich der Gaststätte Forsthaus Hermannstal (wie beschrieben, steil) oder von der Straße Glashütte – Eschenbruch (am Waldrand entlang, dann über Forststraße, bequemer; 1 Std.).
Wissenswertes Die Herlingsburg ist eine vorgeschichtliche Wallanlage von beachtlicher Ausdehnung. Der alte Grenzstein am Ein-

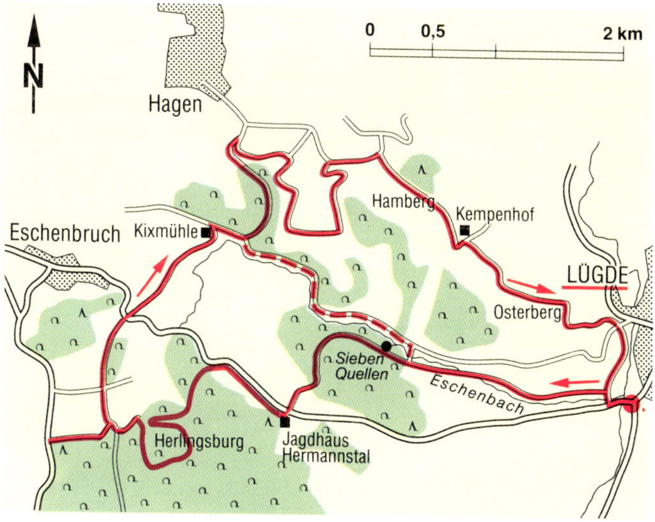

gang zeigt das Wappen von Waldeck-Pyrmont und die Lippesche Rose. – Bei Schieder vom Kalenberg-Aussichtsturm weiter Blick über das Lipper Land.

Tourenbeschreibung In *Lügde* dicht bei der Eisenbahnbrücke auf Straßenbrücke über die *Emmer* und 200 Meter nach rechts. Dort auf der Straße *An der Oelwiese* aufwärts. Nach einigen hundert Metern am Ende des Ortes auf Grasweg weiter im Grunde des Wiesentales. Kurz hinter den *Sieben Quellen* führt links ein Weg durch Wald hinauf zur Gaststätte *Forsthaus Hermannstal.* Hier rechts entlang der Autostraße etwa 1 Kilometer zu einer scharfen Kurve in einem Tälchen (Parkmöglichkeit; hierher auch am Waldrand entlang, aber sehr zugewachsener Weg).

Zum Wald und am Hang des Tälchens auf Forstweg steil hinauf zu einer Wiese links. Steil am Hang aufsteigen, mit einer Kehre und oben rechts haltend zum Eingang der *Herlingsburg* (alter Grenzstein). Links auf dem Wall entlang (an zwei Stellen weite Aussicht nach Norden bzw. Süden, Schutzhütte) in 10-15 Minuten zurück zum Ausgangspunkt.

Nun den Forstweg abwärts. Am Waldrand über Feldweg nach rechts und geradeaus, zuletzt in bewaldetem Tälchen, nach *Eschenbruch.*

Dort wieder über die Autostraße und auf dem *Kixmühlenweg* hinab zur *Kixmühle.*

Rechts im Tal des *Eschenbaches* einige Minuten abwärts. Dann links im ersten Seitentälchen hinauf in Richtung Hagen bis zum Ende der geschlossenen Hecke am Beginn der Ackerflächen. Hier scharf rechts auf einer kleinen Asphaltstraße in vielen Windungen am Hang entlang mit schönen Ausblicken in etwa 20 Minuten zum *Gasthof Klinke.* An diesem vorbei, kurz danach links und oberhalb von Wäldchen zum flachen Bergrücken. Auf diesem abwärts mit schönen Ausblicken zum *Osterberg* und gerade weiter hinab nach *Lügde.*

31 Bad Pyrmont – Holzhausen – Spelunkenturm – Sennhütte – Pyrmonter Berg – Schellenbergturm – Germanengrab – Bad Pyrmont

Verkehrsmöglichkeiten Bahn bis Bad Pyrmont. Bus auch nach Holzhausen und Friedensthal/Löwensen.
Parkmöglichkeiten In Bad Pyrmont. Auch in Holzhausen (An der Schanze), am Wirtshaus oberhalb der Erdfälle, an der Sennhütte und in Friedensthal.
Wegmarkierung Wegweiser mit Kilometerangaben.
Tourenlänge 15 km.
Wanderzeit 4¾ Stunden.
Höhenunterschiede Insgesamt 280 Meter. Nur mäßige Steigungen.
Wanderkarte 1:50000 Kompass-Wanderkarte 784, Detmold-Höxter.
Anmerkung Ruhige Waldwanderung, mit der man dem Trubel des Kurortes weitgehend entkommen kann. Man kann auch bis Holzhausen und ab Friedrichsthal den Bus benutzen (dann 11 km, 3 Std., 250 mH) oder vom Ausgang des Hessentales am Waldrand entlang zu den Erdfällen zurückkehren (unerfreulich lange Strekken verbaut und entlang Autostraßen). – Im Langen Grund befindet sich ein Waldlehrpfad. Wer Asphaltstraßen vorzieht, kann auch vom Wegedreieck bis zum Schellenbergturm entlang der Straße gehen.
Wissenswertes Bad Pyrmont ist ein altes Heilbad (u.a. Dunsthöhle). An der Stelle der früheren Wasserburg wurde nach Zerstörung 1706 das Barockschloß errichtet. Die großen Erdfälle bei Holzhausen sind durch Einsturz von unterirdischen Höhlen als Folge von Gipsauslaugung entstanden. Von den drei Aussichtstürmen umfassender Blick auf das durch übergroße Betonklötze wirkungsvoll verunzierte Pyrmonter Becken.
Tourenbeschreibung Von *Bad Pyrmont* zum Ortsteil *Holzhausen* und vom Parkplatz *(An der Schanze)* an den *Erdfällen* vorbei aufsteigen zur oberhalb gelegenen Gaststätte. Hier auf Forststraße *(Philosophenweg)* am Waldrand entlang und später im Bogen im Wald ansteigend zur kleinen Autostraße Bad Pyrmont – Sennhütte. An dieser ein kurzes Stück rechts abwärts und dann schräg links auf Weg ansteigend in wenigen Minuten zum *Spelunkenturm* (Aussicht). Links in wenigen Minuten zur Gaststätte *Sennhütte.*

Geradeaus weiter an Großparkplatz vorbei zu großem Wegedreieck an einer Querstraße. Hier geradeaus auf unbefestigten

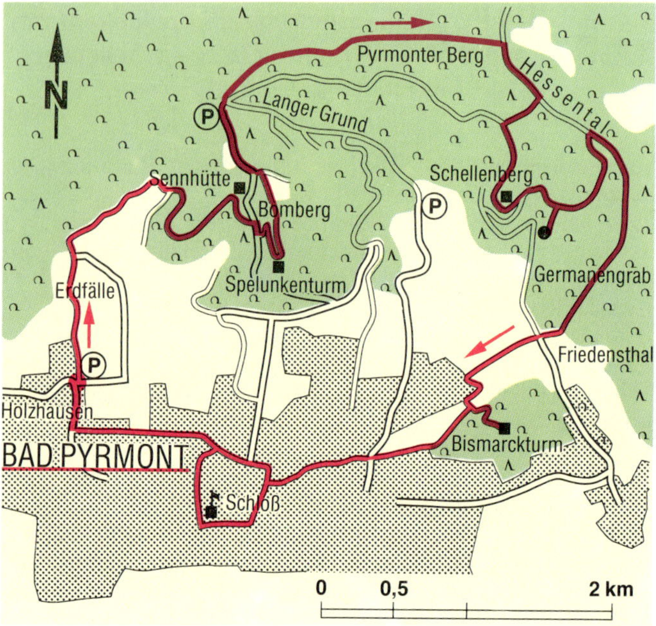

Wegen zum Kamm des *Pyrmonter Berges.* Rechts darauf entlang. Nach etwa 2 Kilometern wird der Kamm von einer Forststraße gequert. Diese rechts abwärts zum obersten Anfang des *Hessentales.* Schon nach 500 Metern rechts abzweigen und quer über kleinen Bergrücken zur asphaltierten Forststraße. Links an dieser entlang in wenigen Minuten zum *Schellenberg-Turm* (Aussicht, Burgreste).

Entlang der Straße weiter abwärts durch ein kleines Tal queren und auf dem nächsten Bergsporn rechts 200 Meter Abstecher zum *Germanengrab* (Hügelgrab). Zurück zur Straße und an dieser entlang weiter in den Grund des *Hessentales.* Darin hinab zum Waldrand (links in 5 Min. nach Friedrichsthal, rechts Waldrandweg zum Langen Grund).

Hier geradeaus ansteigen und links aufwärts zum Waldrand am *Königsberg* (Abstecher zum Bismarckturm, auf dessen Gipfel etwa 20 Min. zusätzlich). Am Waldrand entlang zurück nach *Bad Pyrmont.*

32 Rühle – Grasgrund – Apenberg – Dietrichsberg – Hangberg – Spielberg – Rühle

Verkehrsmöglichkeiten Miserabel. Personenfähre nach Pegestorf. Weserschiff (April – Oktober).
Parkmöglichkeiten In Rühle.
Wegmarkierung Keine.
Tourenlänge 15 km.
Wanderzeit Etwa 4½ Stunden.
Höhenunterschiede Insgesamt etwa 360 Meter. Steiler Aufstieg nur auf einem Abkürzer zu Beginn der Tour (40 mH).
Wanderkarte 1 : 50000 Naturpark Solling-Vogler.
Anmerkung Entzückende, abwechslungsreiche Route durch ein Gebiet, in dem man stellenweise meinen kann, die Zeit sei stehengeblieben. Diese Wanderung ist gefährlich - sie macht spürbar, was Eingriffe durch Bulldozer, Motorsäge und die Stupidität des rechten Winkels und des Lineals anderswo der gewachsenen Kulturlandschaft angetan haben. Hier sind weithin noch die Wege krumm und grasbewachsen, die Waldränder und Hecken ausgefranst und zerzaust, die Bäume unbeschnitten und die Vielfalt der Nutzflächen nicht großmaschinengerecht genormt. Darum kann diese Wanderung sehr unzufrieden machen mit dem, was anderswo nur zu oft als »Erholungsflächen« angeboten wird. Wer allerdings feste Wege, Markierungen, Wegschilder, Gaststätten usw. wünscht, dem sei herzlich abgeraten.

Kürzungsmöglichkeit: Rühle – Buche hinter dem Winkelgrund – Fischteiche – Rühle (6,5 km, 150 mH; dann ohne das landschaftlich reizvollste Stück). Zusätzliche Besteigung des Ebersnackens: Am besten auf der Betonstraße beim Grasgrund ins nächste Tal und dann links hinauf.
Wissenswertes Die Hänge des Voglers im Winkelgrund und Grasgrund bestehen aus Buntsandstein, während der Hauptteil der Wanderung durch Muschelkalkgebiet verläuft. Der Kontrast ist auch in der Vegetation deutlich sichtbar. Oberhalb von Rühle auf dem Weinberg ein recht monumentales Herzog-Wilhelm-Denkmal. Der Flurname Weinberg, der auch nördlich von Golmbach vorkommt, weist ebenso auf eine früher andere Nutzung hin wie der Name Schweineberg (Waldweide).
Tourenbeschreibung Von *Rühle* auf der *Waldstraße* talaufwärts, am Grillplatz Bärengrund vorbei und 5 Minuten später bei Biegung der Forststraße geradeaus auf steilerem Fußweg aufsteigen. 5 Minuten später erreicht man die Forststraße wieder an einer Gabelung. Auf dem unteren Weg eben weiter in etwa 10 Minuten

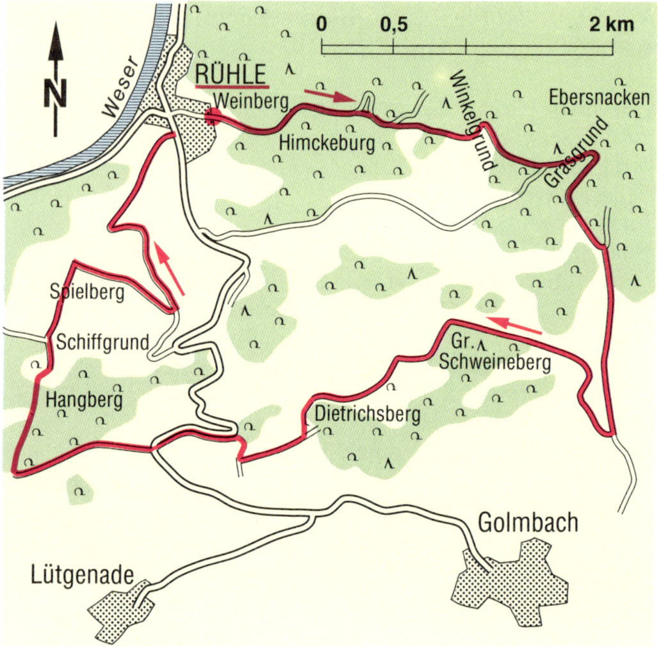

(Ausblicke nach rechts) zu einer Schutzhütte. Kurz danach wird in einem Bogen der *Winkelgrund* gequert. Etwa 700 Meter weiter zweigt bei einer alten Buche rechts ein Weg ab (der in den Talgrund zu den Fischteichen und wieder nach Rühle zurückführt).

Hier eben weiter und in großem Bogen den *Grasgrund* queren (kleiner Fischteich). Danach etwas ansteigend, zuletzt auf kleiner Betonstraße (links Erdfälle/rechts Wiese) zu kleinem Sattel. Hier wendet sich die Betonstraße nach links (Richtung Ebersnacken, siehe Anmerkung).

Geradeaus in etwas eingeschnittenem Weg am Waldrand und zwischen Wiesen und Feldern im Tal hinab. An Fischteichen vorbei und 500 Meter danach zu flachem Bergsporn (Blick nach Süden). Hier scharf rechts in Feldweg einbiegen und am Hang entlang unterhalb von Wäldchen zurück (Man kann hier abkürzen, indem man gegenüber von den Fischteichen am Ackerrain entlang den Weidezäunen aufsteigt).

Der Weg biegt nach etwa 800 Metern scharf nach links um und leitet zwischen Hecken hinauf zum Sattel nordöstlich vom Schweineberg (Blick in den idyllischen Talgrund und zum Vogler). Etwa 10 Minuten gerade weiter, dann links durch Waldvorsprung und im Bogen am Waldrand entlang. Auf einem Bergsporn leitet der Weg zwischen Hecken ein Stück aufwärts und quert dann die Wiesen unter der bewaldeten Kuppe des Dietrichsberges. Danach mündet er im Bogen nach links auf einen befestigten Feldweg.

Diesen rechts auf dem breiten Bergrücken abwärts, bis er scharf nach links biegt. Hier rechts auf schmalem Feldrain etwa 100 Meter zu kleinem Gehölz. Vor seinem Rand ist schon unterhalb die Spitzkehre der Autostraße zu sehen. Rechts im Gehölz weglos, am besten etwas rechts haltend, etwa 150 Meter hinab zur Spitzkehre. Links entlang der Straße in 5 Minuten zum Bergkamm.

Hier bei 1 Meter hoher Sandsteinsäule (trigonometrischer Punkt) rechts auf Feldweg zum Wald. Durch kleinen Waldzipfel und am Waldrand weiter bis zur Waldecke. Dort scharf rechts umbiegen und wieder am Waldrand weiter (vereinzelt Markierung Weserschiff) bis zum flachen Bergrücken des *Hangberges.* Hier auf Querweg 100 Meter nach rechts. Dann wieder in der vorherigen Richtung hinab zu einem flachen, beackerten Sattel. Geradeaus auf Feldweg zur Kuppe des *Spielberges.* Nun mit schönem Blick auf Rühle und Vogler rechts haltend etwa einen Kilometer auf asphaltierter Feldstraße abwärts. Dann bei Kurve mit flachem Gebüsch und Lesesteinhaufen scharf links einen geschotterten Feldweg abwärts (schöner Blick auf die Weser). Zuletzt links in ein Tälchen (oder auch geradeaus über den Bergrücken) zurück nach *Rühle.*

(Foto: Ulrich Schnabel, Archiv DWV)

33 Bodenwerder – Königszinne – Gut Buchhagen – Linse – Bismarckturm – Bodenwerder

Verkehrsmöglichkeiten Bus von Bodenwerder nach Buchhagen. Bahn bis Bodenwerder.
Parkmöglichkeiten In *Bodenwerder*. In Buchhagen und Linse.
Wegmarkierung Bodenwerder – Königszinne blau/rot.
Tourenlänge 7 km.
Wanderzeit 2¼ Stunden.
Höhenunterschiede Insgesamt 320 Meter. Mäßig steiler Aufstieg zur Königszinne. Steiler Abstieg vom Bismarckturm (203 m) zur Weserstraße (74 m).
Wanderkarte 1:50000 Naturpark Solling-Vogler.
Anmerkung Relativ kurze, aussichtreiche Wanderung. Sie kann erweitert werden, indem man hinter Buchhagen zuerst rechts haltend zum Kamm des Tönnesberges, dann links haltend nach Halle und von dort auf der anderen Seite der Autostraße auf Feldwegen über den Kruckberg nach Linse geht (etwa 5 km und 200 mH mH mehr).
Wissenswertes Bodenwerder entstand an einer kleinen Weserinsel. 959 wurde das Benediktinerinnen-Kloster Kemnade gegründet, das im 12. Jahrhundert zeitweilig recht locker und lebenslustig geführt und dann lange geschlossen wurde. Erhalten ist die Klosterkirche (dreischiffige, flachgedeckte Pfeilerbasilika, 11. Jh.). In der Kirche auch das Grab des Lügenbarons Freiherr

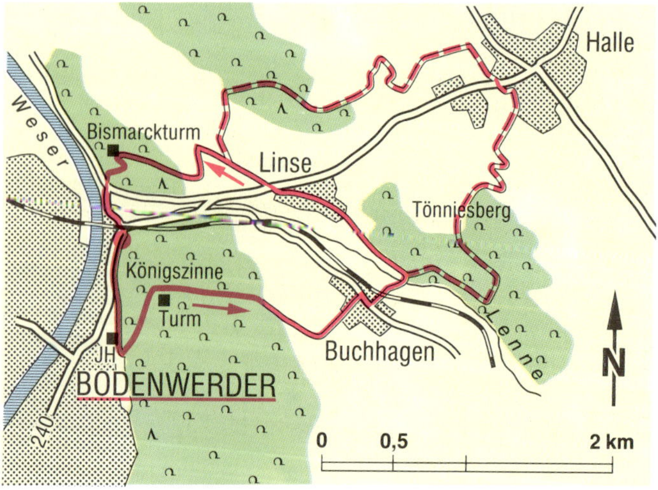

von Münchhausen (vgl. Gedenkzimmer im Herrenhaus). Heute ist Bodenwerder Jodsolbad. – Buchhagen ist ein altes Rittergut mit gedrungenen Fachwerkhäusern und Dächern aus schweren Sollingplatten – dem typischen lokalen Baumaterial.

Tourenbeschreibung In *Bodenwerder* auf der *Stephansstraße* und etwas rechts versetzt den *Drosselweg* zum Waldrand (etwa 100 m südlich der JH). Einen Fußweg links haltend im Wald aufwärts (blaurote Markierung) in 45 Minuten zum Aussichtspunkt *Königszinne.*

Links an alten Steinbrüchen vorbei waagerecht am Hang zum Waldrand. Auf Feldweg eben in gleicher Richtung weiter. Dann links hinab durch das verträumte *Gut Buchhagen* und zur Autostraße.

Rechts zu großer Gaststätte und gegenüber davon die Talaue der *Lenne* überschreiten. Auf der anderen Seite links (Bänke) nach *Linse.* Im Ort links. Etwa 50 Meter hinter der Kirche von der Durchgangsstraße schräg rechts befestigte Feldstraße weiter. Nach etwa 700 Metern scharf links ansteigen zum Sendemast. Rechts auf dem Bergrücken zum *Bismarckturm* auf der Kuppe des *Eckberges* (sehr schöner Blick auf Bodenwerder, den gegenüberliegenden Ortsteil Kemnade und die Weserschleife).

Steil hinab zur Autostraße am Weserufer und links über die Lennebrücke zurück nach *Bodenwerder.*

34 Eschershausen – Ebersnacken – Bodoturm – Königszinne – Bodenwerder

Verkehrsmöglichkeiten Bahn bis Bodenwerder oder Stadtoldendorf. Bus bis Eschershausen. Weserschiff ab Bodenwerder.

Parkmöglichkeiten Für Rundwanderung (s. Anmerkung) bei Kirchbrak, links hinter dem Ortsausgang in Richtung Breitenkamp.

Wegmarkierung Am Kammweg weiß X. Hinweisschilder.

Tourenlänge 13 km.

Wanderzeit Etwa 4½ Stunden.

Höhenunterschiede Insgesamt etwa 480 Meter. Mäßige, aber stetige Steigungen.

Wanderkarte 1 : 50000 Naturpark Solling-Vogler.

Anmerkung Großartige Kammwanderung mit schönen Aussichtspunkten. Auch als Rundwanderung von Kirchbrak aus zu empfehlen: Vom Parkplatz in den Ort. Links Fußgängergasse zum Postenweg. Diesen links hinauf zu Denkmal und rechts hal-

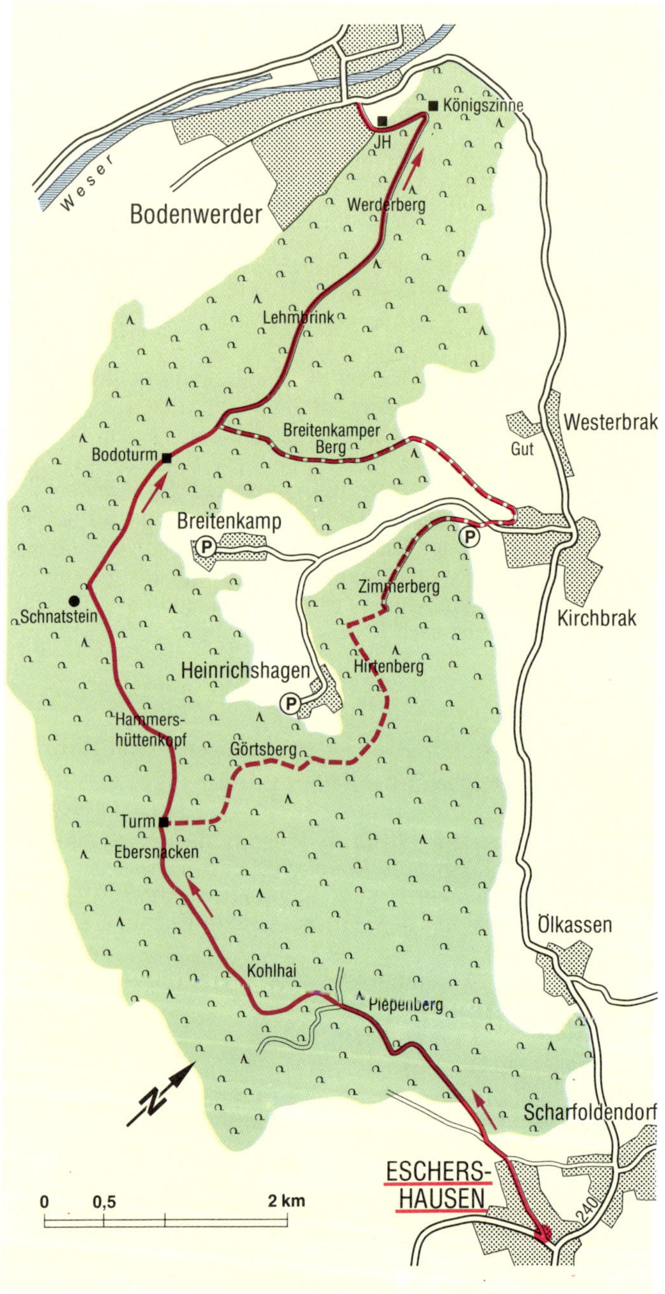
Weser
Bodenwerder
JH
Königszinne
Werderberg
Lehmbrink
Breitenkamper Berg
Bodoturm
Westerbrak
Gut
Breitenkamp
P
P
Zimmerberg
Kirchbrak
Schnatstein
Heinrichshagen
P
Hirtenberg
Hammers-hüttenkopf
Görtsberg
Turm
Ebersnacken
Ölkassen
Kohlhai
Piepenberg
Scharfoldendorf
ESCHERS-HAUSEN
240
0
0,5
2 km

tend zum Wald. Über den Rücken des Breitenkampsberges und dann auf dem Hauptkamm links zum Bodoturm und zum Ebersnackenturm. Dort links über den Seitenkamm Görlsberg – Hirtenberg oberhalb von Heinrichshagen vorbei und links am Hang des Zimmerberges schräg abwärts zurück zum Ausgangspunkt (12 km, 4 Std., 460 mH). Wer mit möglichst wenig Aufstieg zum Bodoturm oder zum Ebersnackenturm gelangen will, geht von Breitenkamp oder von Heinrichshagen aus.
Wissenswertes In Westerbrak altes Gut, in Kirchbrak alte Kirche. Der Vogler ist im wesentlichen aus Buntsandstein aufgebaut.
Tourenbeschreibung In *Eschershausen* auf dem *Angerweg* zum Ortsrand und auf Feldweg schräg links ansteigend zum Wald. In gleicher Richtung den Forstweg weiter bis zu Gabelung am Bergkamm des *Piepenberges.* Genau auf dem Bergrücken weiter ansteigen zum *Kohlhai* und etwa 20 Minuten später zum *Ebersnacken* (Aussichtsturm, weite Rundsicht).

Über den *Hammershüttenkopf* zum *Schnippkopf* (links der *Schnatstein*). Dann etwas rechts haltend 20 Minuten später zum *Bodoturm* (Aussicht). Geradeaus immer am Rand der nach links steil abfallenden Hänge auf dem *Kammweg* über *Lehmbrink* und *Werderberg* zur *Königszinne* (Aussicht). Links hinab nach *Bodenwerder.*

35 Stadtoldendorf/Schützenhaus – Gipsbrüche – Homburg – Kellbergturm – Stadtoldendorf/Schützenhaus

Verkehrsmöglichkeiten Bahn oder Bus bis Stadtoldendorf.
Parkmöglichkeiten Beim Schützenhaus am Waldrand nördlich der Stadt.
Wegmarkierung Am Tillweg grün. Am Kellberg grüner Turm.
Tourenlänge 7,5 km.
Wanderzeit 2½ Stunden.
Höhenunterschiede Insgesamt 250 Meter. Steiler Aufstieg vom Jugendwaldheim (330 m) bis auf die Homburg (380 m) und am Kellberg (auf 30 mH).
Wanderkarte 1:50000 Naturpark Solling-Vogler.
Anmerkung Anfangs vor allem geologisch interessant (Gispkarst). Bei Verzicht auf den Kellberg durch direkte Rückkehr von den Wiesen zum Schützenhaus 5 km, 1½ Std., 80 mH).

Wissenswertes In Stadtoldendorf hübscher alter Stadtkern (Fachwerkhäuser, besonders am Markt; Reste der Stadtbefestigung: Hagenturm, Försterbergturm). Die Homburg wurde 1120 von den Grafen von Northeim erbaut und ab 1535 aufgegeben. – Das Gebiet um die Homburg ist aus Gips der Zechsteinzeit aufgebaut und zeigt alle Formen des Gipskarstes. Das Gestein wird vom Sickerwasser teilweise aufgelöst. Durch Einstürzen unterirdischer Hohlräume sind an der Oberfläche Erdfälle entstanden. Der Gips wird seit dem 19. Jahrhundert in riesigen Steinbrüchen abgebaut. Inzwischen sind die verbliebenen Gipskarstgebiete nur klägliche Reste der ursprünglichen Naturschönheiten. – Im Jugendwaldheim werden Schülergruppen in Arbeitseinsätzen mit Fragen der Waldpflege vertraut gemacht.

Tourenbeschreibung Die Wanderung beginnt am Waldrand nördlich von *Stadtoldendorf* beim *Schützenhaus.* Vom unteren Ende des Parkplatzes links auf Asphaltstraße zum Kinderspielplatz und weiter auf dem *Rothe-Weg* (Waldlehrpfad) mit Blicken auf Erdfälle und die sich in den Wald fressenden Gipsbrüche zum *Jugendwaldheim.*

Kurz hinter dem Forstwegekreuz (Schild) links auf steilem Weg hinauf zur *Homburg* (Ringwall und Mauerreste. Der Bergfried ist

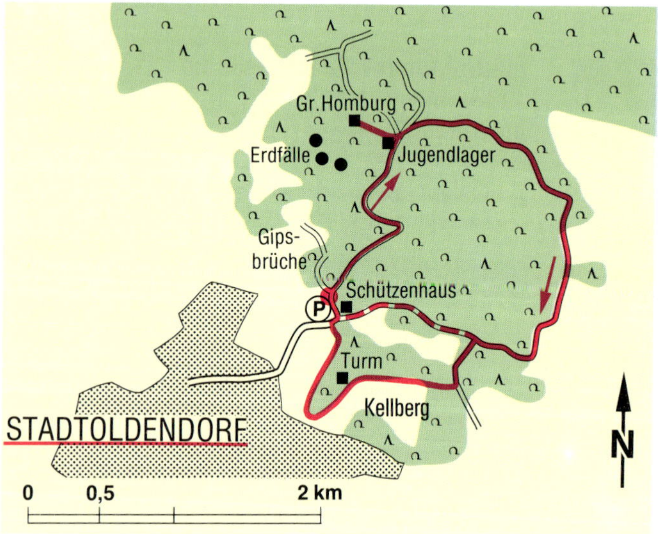

als Aussichtsturm restauriert, sehr schöner Rundblick; 1 Std. vom Schützenhaus).

Auf dem gleichen Weg wieder hinab und zum *Jugendwaldheim*. Am Wegekreuz auf dem breiten *Tillweg* schräg links am Hang weiter (nach etwa 5 Min. Ausblick zum Hils). Etwa 10 Minuten später biegt der Weg allmählich nach rechts und erreicht nach kurzer Steigung und Querung eines Tälchens den Waldrand (schöner Blick auf Lenne und Elfas). Danach quert der Weg im Walde einige Tälchen und leitet nach rechts abwärts zum Beginn eines Wiesentales (von hier auch geradeaus zum Schützenhaus; vgl. Anmerkung).

Vor den Wiesen links am Waldrand abwärts zum flachen Sattel am Ende der Wiese. Schräg links auf Forstweg etwa 100 Meter weiter. Dann rechts auf schmalem Pfad und teilweise weglos aufsteigen zur Wiese auf dem flachen Rücken des *Kellberges* (Blick zum Solling). Am Rand der Wiese oder schöner direkt auf der Kuppe zu ihrem anderen Ende und zum *Aussichtsturm* (Blick auf Stadtoldendorf und Homburg).

Zu Tour 36, 38, 41 **Kamelskopf in den Ithklippen**
(Foto: Landkreis Holzminden/Samtgemeinde Eschershausen)

Am Sendemast vorbei über den Bergrücken hinab in Richtung Stadtoldendorf. Unten rechts am Waldrand entlang zurück zum *Schützenhaus.*

36 Eschershausen – Scharfoldendorf – Ithklippen – Ithsiedlung – Rothesteinhöhle Scharfoldendorf – Eschershausen

Verkehrsmöglichkeiten Bus bis Eschershausen; außerdem vormittags werktags Bus Eschershausen – Scharfoldendorf – Ithsiedlung.
Parkmöglichkeiten In Scharfoldendorf. An der Straße Scharfoldendorf – Capellenhagen am Waldrand, an der großen Kehre und an der Ithsiedlung.
Wegmarkierung Keine.
Tourenlänge 11 km (8,5 km von und bis Stadtoldendorf).
Wanderzeit 3¼ Stunden (2¼ Std. von und bis Scharfoldendorf).
Höhenunterschiede Insgesamt etwa 220 Meter. Nur einige kurze steile Anstiege (jeweils etwa 20 mH).
Wanderkarte 1 : 50000 Naturpark Solling-Vogeler. Lagepläne der Felsen im Kletterführer »Die Felsen des Weser-Leine-Berglandes«, erhältlich im Flugzeugrestaurant.
Anmerkung Hübsche Wanderung durch offene Landschaft und teilweise durch Wald, mit Gelegenheit zu Einblick in die Sportarten Felsklettern und Segelfliegen. Autofahrer können auch vorteilhaft vom Parkplatz am Waldrand ausgehen und über den etwas unterhalb beginnenden Feldweg zur Schneise mit der elektrischen Freileitung folgen und an dieser entlang aufsteigen. Dann über die beschriebene Wanderung und unterhalb der Rothesteinhöhle auf Forstweg rechts zurück zum Ausgangspunkt (dann etwa 2 Std). Wer nur möglichst rasch zu den Felsen oder zum Flugplatz will, geht von der Kammhöhe aus.
Wissenswertes In Eschershausen einige hübsche Fachwerkhäuser und Gebäude aus Sollingsandstein. Bekannt das Wilhelm-Raabe-Haus und -Denkmal. – Die bizarren Klippen des Ith bestehen aus Dolomit (Weißer Jura, Malm) und sind sehr beliebte Kletterfelsen (vgl. Jugendzeltplatz des Deutschen Alpenvereins, gleich oberhalb der Felsen auf der Wiese am Kamm. Einzelheiten siehe Kletterführer).
Ebenso wie das Klettern wird auch das Segelfliegen hier seit den 30er Jahren betrieben. Nahe am Paß das originelle Flugzeugre-

Zu Tour 37 **Köhlerhütte bei Delligsen im Hils**
(Foto: Verkehrsverein Leinebergland e. V.)

staurant, das in einer ausrangierten Passagier-Verkehrsmaschine eingerichtet ist (Vickers-Viscount 814; von 1959–1968 bei der Lufthansa eingesetzt). – In der Rothesteinhöhle (ca. 60 m lange Klufthöhle mit einigen Sinterbildungen) wurden bei Ausgrabungen prähistorische Funde geborgen.

Tourenbeschreibung In *Eschershausen* hinter dem Rathaus hinab zur Post und links zum Ende der Straße. Auf schmaler Brücke über den *Angerbach.* Den Fußweg weiter zwischen Wiesen und an alter Wassermühle vorbei zur Autostraße. Links zu den ersten Häusern von *Scharfoldendorf.*

Rechts die Straße *Am Krümpel* hinauf und am nördlichen Ortsende über die alte Bahnlinie. Auf Feldweg weiter. Bei Gabelung links und hinauf zur Waldecke. Am Waldrand entlang aufsteigen zu quer verlaufender Forststraße. Über diese hinweg und auf Fußweg im Wald 100 Meter steil hinauf zu altem Steinbruch. Hier links zur Kehre eines Forstweges. Diesem folgt man links ansteigend am Hang entlang durch ein Tälchen, an einigen

Klippen und zuletzt an Antennenmast vorbei zur Autostraße. Man erreicht sie kurz vor der Paßhöhe.

Links 50 Meter entlang der Autostraße zur Einmündung einer kleinen asphaltierten Straße. Hier auf Fußweg gerade im Wald ansteigend zum *Ith-Kammweg.* Diesem folgt man am *Alpenvereins-Zeltplatz* vorbei und nach etwa 7 Minuten zum Beginn der Hauptgruppe der *Lüerdisser Klippen.* Oberhalb der Felskanzeln und -türme auf dem *oberen Klippenweg* entlang (Die Felsen tragen teilweise phantasieanregende Namen wie Krokodil, Kamel, Pilzstein, Haderturm usw. Die meisten von ihnen können von der Bergseite leicht bestiegen werden. Einzelheiten siehe Kletterführer »Die Felsen des Weser-Leine-Berglandes«).

Nach dem letzten der dicht beieinanderliegenden Felsen auf dem Kammweg zurück und zuletzt am Zeltplatz vorbei zur *Ithsiedlung.* Dort über die Straße und auf der kleinen Straße am

Flugzeugrestaurant vorbei zum *Segelflugplatz* (auch kleine Gaststätte).

Hinter den Gebäuden rechts in den Wald und unter den Felsen links zum Eingang der *Rothesteinhöhle* (nur mit Licht betreten, Boden meist glitschig). Von der Höhle weiter hinab zum Waldrand und auf Feldweg etwas rechts geradeaus zurück nach *Scharfoldendorf.* Wie beim Herweg zurück nach *Eschershausen.*

37 Grünenplan – Von-Langen-Platz – Hilskammweg – Wilhelm-Raabe-Turm – Roter Fuchs – Glasebach-Teich – Grünenplan

Verkehrsmöglichkeiten Bahn bis Alfeld. Bus Alfeld – Delligsen. Bus Delligsen – Grünenplan (nur werktags).
Parkmöglichkeiten In Grünenplan. Parkplatz Schwarzer Weg. Von-Langen-Platz. Parkplatz Roter Fuchs.
Wegmarkierungen Bis Von-Langen-Platz Rehbock. Am Kamm und am Langen Weg Roter Fuchs. Ab Martinskopf bis zur Glasebach-Wiese Pilz. Zuletzt bis Grünenplan Fichte.
Tourenlänge 12,8 km.
Wanderzeit Etwa 4½ Stunden.
Höhenunterschiede Insgesamt etwa 300 Meter. Nur mäßige Steigungen.
Wanderkarte 1 : 50000 Naturpark Solling-Vogler oder Topographische Karte 1 : 50000 L 4124 Einbeck.
Anmerkung Lange, landschaftlich eindrucksvolle Wanderung. Wer sie kürzen möchte, tut es am besten am Anfang, indem er vom Bad ausgeht und durch das Tal Langer Grund den Kammweg erreicht (dann insgesamt 10,8 km; 3½ Std.; 300 mH). Kürzere Rundwanderung mit geringerem Höhenunterschied: Roter Fuchs – Langer Weg – Kümmerlicher Stieg (oder eins der Tälchen) – Bloße Zelle – Raabe-Turm – Roter Fuchs (dann 6 km, 180 mH, 2 Std.).

Eine eindrucksvolle, teilweise monotone Ausdauerprobe ist die Überwanderung des gesamten Hilskammes.
Wissenswertes Die Gesteinsschichten des Erdmittelalters sind im Ith-Hils-Gebiet schüsselförmig gebogen. Wo die harten Schichten die Oberfläche erreichen, sind sie von den abtragenden Kräften allmählich als schmale Bergkämme herauspräpariert worden. Der Hilskamm besteht aus den Sandsteinschichten der Oberen Kreidezeit (Hilssandstein; ca. 80 Mill. Jahre alt). Der Kamm ist lediglich auf der Nordostseite durch das Tal der Wispe

unterbrochen. Der gleichmäßig ovale Kammverlauf macht deutlich, daß das Schichtsystem nur wenig von Brüchen und von Verwerfungen gestört ist. Im Hilssandstein kommen teilweise oolithische Eiseneinlagerungen vor, die früher verhüttet wurden. Gleichfalls sehr alt (bis ins 14. Jh. belegt) ist die Nutzung der feinen Sande (besonders der im Tertiär abgelagerten Sande in den Mulden) zur Glasherstellung. Diese erfolgte zuerst in Wanderglashütten. 1744 gründete dann der Braunschweiger Herzog Carl I. Glashütte und Ort Grünenplan (vgl. den schachbrettförmigen Grundriß des Ortskernes z.B. mit dem von Karlshafen). Auch heute ist Grünenplan wichtige Produktionsstätte für hochwertige Gläser (vgl. Glashütte, Glasmuseum, Glasturm). – An der Bloßen Zelle stehen im Gipfelbereich teilweise schon recht alte Exemplare der aus den Rocky Mountains im vorigen Jahrhundert nach Deutschland eingeführten Douglasfichte. Sie sterben jedoch besonders in den nebelreichen Kammlagen unter dem Einfluß der Luftverschmutzung jetzt ebenso ab wie die einheimischen Fichten. Charakteristisch für die teilweise feuchten Lichtungen der Kammbereiche sind Felder von Farnen.

Tourenbeschreibung In *Grünenplan* vom Denkmal durch die *Grünberger Straße* zum Parkplatz *Schwarzer Weg* an der Kehre der Straße nach Alfeld oberhalb der Straße auf Fußweg (Alfelder Stiege Markierung Rehbock) zum *Von-Langen-Platz* (Parkplatz) am Hilskamm.

Auf dem Forstweg links und nach 20 Metern auf Fußweg (Markierung Roter Fuchs) links abzweigen. Dieser Weg führt in sanfter Steigung über den anfangs breiten, später deutlicher ausgeprägten Hilskamm. Nach etwa 50 Minuten stetigen Anstiegs erreicht man die erste Kuppe (*Mattheide,* 370 m). Über eine weitere Kuppe und hinab in einen Sattel (Hier mündet von links der Weg aus dem Langen Grund).

Auf dem Kammweg über die Kuppe des *Feuerschneisenkopfes* (437 m; Pavillon, Aussicht) und zur *Bloßen Zelle* (480 m, höchster Punkt des Hils; Farnwiesen und alte Douglasien; 1¾ Std. vom Von-Langen-Platz).

Wenig später quert man den *Kümmerlichen Stieg* (alter, eingeschnittener Weg) und erreicht 5 Minuten danach auf breitem Forstweg den *Wilhelm-Raabe-Turm* (Großesohl, 471 m; Schutzhütte und Aussichtsturm; besonders eindrucksvoller Blick auf sterbenden, bzw. in Neupflanzungen kümmernden Wald). Den breiten Forstweg weiter abwärts zum Wirtshaus *Roter Fuchs* an der Paßhöhe der Autostraße Grünenplan – Holzen.

Noch vor der Autostraße links auf der zweiten, unteren Forststraße *(Langer Weg,* Markierung Roter Fuchs) eben weiter. Um

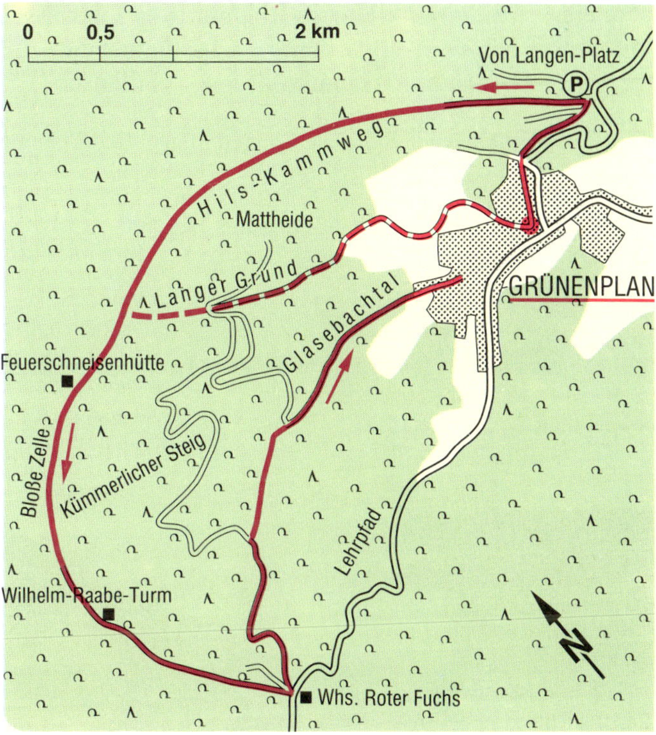

einen Bergsporn herum und quer durch ein Tal. Nach etwa 1,5 Kilometern zweigt auf dem nächsten Bergsporn, vor der Kuppe des Martinskopfes, rechts ein schmaler Fußweg ab (Markierung Pilz). Er führt durch ein Tälchen hinab in ein größeres Tal. Dort rechts abwärts zur Glasebachwiese (links oberhalb Vogelschutzgehölz) und weiter zum *Glasebachteich* und nach *Grünenplan.*

38 Wallensen – Horst – Ithkammweg/Lüerdisser Klippen – Ithsiedlung – Capellenhagen – Bruch-See – Humboldt-See – Wallensen

Verkehrsmöglichkeiten Bahn bis Coppenbrügge. Bus Coppenbrügge – Salzhemmendorf – Wallensen – Duingen.
Parkmöglichkeiten In Wallensen. An der Ithsiedlung beim Flugzeugrestaurant oder am Ithhotel. In Capellenhagen. Am Wegekreuz im Duinger Wald. Am Bruch-See und am Humboldt-See.
Wegmarkierung Keine.
Tourenlänge 18,5 km.
Wanderzeit Etwa 5 Stunden.
Höhenunterschiede Insgesamt etwa 300 Meter. Nur mäßige, aber teilweise recht stetige Steigungen.
Wanderkarten Topographische Karten 1 : 50000 L 3922 Hameln, L 4122 Holzminden, L 4124 Einbeck und L 3924 Hildesheim.

Zu Tour 37 **Luftkurort Grünenplan im Hils,** Haus des Gastes im Park
(Foto: Verkehrsverein Leinebergland e. V.)

Weitgehend auch auf 1 : 50000 Naturpark Solling-Vogler und z.T. auch auf 1 : 50000 Hameln und Umgebung (Sparkasse).

Lagepläne der Ithklippen siehe Kletterführer »Die Felsen des Weser-Leine-Berglandes«.

Anmerkung Abwechslungsreiche Feldweg- und Waldwanderung mit schönen Ausblicken, im wesentlichen im Inneren der Ithmulde. Man kann auch den Aufstieg zum (sehr reizvollen) Ithkamm weglassen und direkt nach Capellenhagen absteigen: 14,5 km, 3½ Std.). Kurze Rundwanderungen: Wallensen – Horst – Humboldt-See – Wallensen (5 km, 1½ Std., 100 mH) und die markierten Rundwege um Bruch-See – Ententeich (ca. 1 Std., siehe Übersichtstafeln). Am Humboldt-See gibt es Campingplätze. – Lohnend ist auch ein Besuch des originellen Wasserbaumes beim Forsthaus oberhalb von Ockensen.

Wissenswertes Im Inneren der langgestreckten Mulde, deren Ränder die Jura-Schichtkämme des Ith im Süden und des Thüster Berges und Duinger Berges im Norden bilden, lagern jüngere Gesteinsschichten. Östlich von Wallensen wurde ein tertiäres Braunkohlelager abgebaut (ehemaliger Tagebau Humboldt) und noch heute werden weiter nördlich tertiäre Feinsande für die Glasherstellung gewonnen (siehe Wanderung 37). Bruch-See und Humboldt-See sowie ihre Umgebung stellen recht gelungene Beispiele für Rekultivierung dar: Die beiden Seen sind belieb-

Zu Tour 38 **Erholungsgebiet Duinger Seen**
(Foto: Verkehrsverein Leinebergland e. V.)

te Ausflugsziele geworden (Baden, Bootsfahren), während bei einigen weiter nördlich gelegenen Wasserflächen stärker auf die Ausbildung naturnaher Biotope geachtet wurde (Sumpf, Wasservögel). – Die Ortsnamen deuten auf verschiedene Siedlungsepochen: Wallensen (-sen = -hausen) gehört zur ältesten Siedlungsphase, während Hakenrode und Capellenhagen spätere Gründungen sind. Zu Ithklippen und Segelfliegen siehe Wanderung 36.

Tourenbeschreibung In *Wallensen* von der Kirche auf der Straße in Richtung Hakenrode zum Ortsrand. Nun links auf Feldweg über den Bergrücken auf die Kuppe des *Horst* (Rundsicht). In gleicher Richtung jenseits hinab zu einer von links (von Wallensen) heranführenden Feldstraße.

Auf dieser weiter, bei Gabelung links und in flachem Tälchen hinauf zum Waldrand. Hier links nach 100 Metern durch den Grund eines Tälchens (zerfahrener Weg) und in gleicher Richtung den unbefestigten Weg am gegenüberliegenden Hang des Tälchens aufwärts. Am Waldrand rechts bis zum obersten Rand der Wiesen und dann etwas links eben im Wald weiter. Nach etwa 5 Minuten erreicht man so den oberen Rand der Wiese des obersten *Stubengrundes.* An dieser entlang zum anderen Ende der Wiese. Auf geschotterter Forststraße eben am Hang entlang nach links um einen kleinen Bergsporn herum und dicht am Waldrand weiter. Zuletzt oberhalb von Capellenhagen vorbei und nach rechts in ein Tälchen.

Dieses rechts hinauf, an einer Waldwiese entlang und zuletzt fast weglos weiter ansteigen zum *Ithkammweg.* Links auf dem Kammweg zuerst ansteigend, dann abwärts zu den *Lüerdisser Klippen* (beliebte Kletterfelsen, die meisten von der Bergseite leicht zu ersteigen; Aussicht zum Vogler) und weiter zur *Ithsiedlung.*

Entlang der Autostraße links rasch zur Paßhöhe (rechts das originelle Flugzeug-Restaurant, an der Straße zum Segelflugplatz). Jenseits entlang der Autostraße noch etwa 7 Minuten abwärts (mit schönem Blick zum Hils und auf die Ithwiesen) bis unterhalb der Kläranlage.

Nun gegenüber der Kläranlage rechts auf Feldweg hinab. Weiter unten links in ein Wiesentälchen und von dessen Mündung links auf Feldweg nach *Capellenhagen.* Auf der Hauptstraße etwa 100 Meter rechts abwärts, dann rechts die Straße zum Sägewerk und durch die Felder zum Wald. Im Wald (Staatsforst *Duinger Wald*) über kleinen Bergsattel und der Forststraße folgend talabwärts zur Autostraße. Am Parkplatz links vorbei, dann auf der Straße ca. 50 Meter nach rechts und danach links auf Forstweg

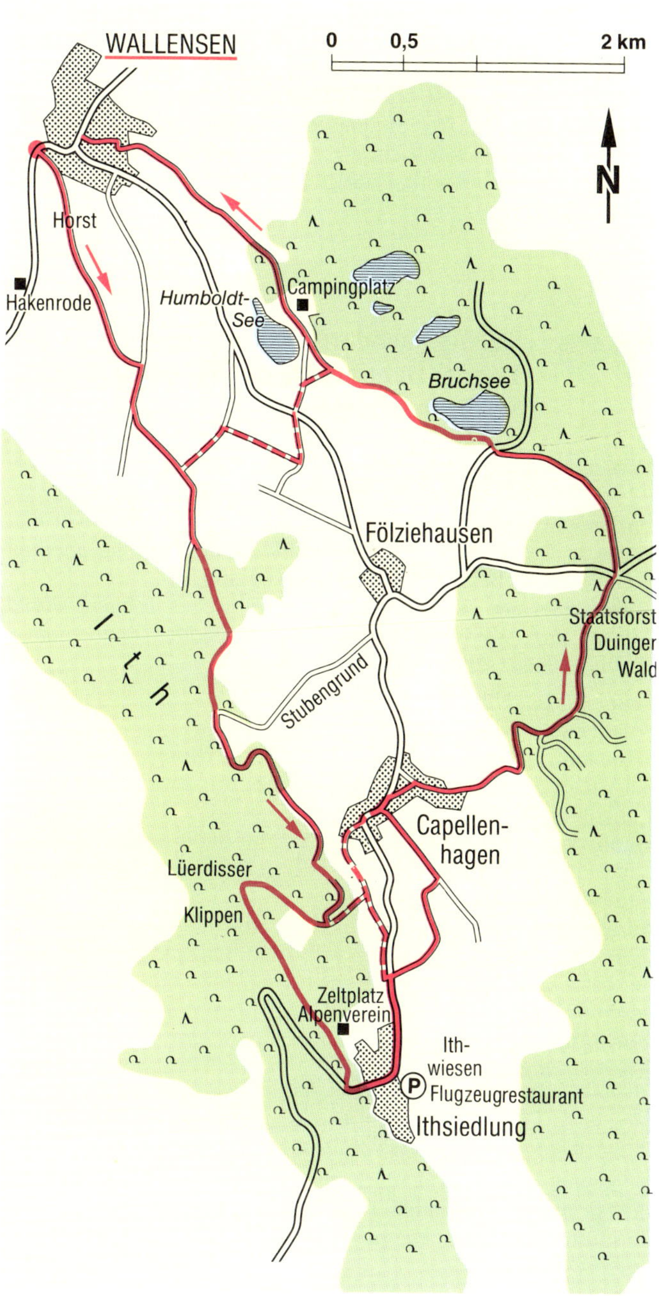
WALLENSEN
0
0,5
2 km
N
Horst
Hakenrode
Humboldt-
See
Campingplatz
Bruchsee
Fölziehausen
Staatsforst
Duinger
Wald
I
t
h
Stubengrund
Capellen-
hagen
Lüerdisser
Klippen
Zeltplatz
Alpenverein
Ith-
wiesen
P
Flugzeugrestaurant
Ithsiedlung

weiter. Dieser leitet zu einem Feldweg (jenseits vom Bach). Über diesen links zur Autostraße und zum Parkplatz am *Bruch-See*. (Am östlichen Ufer steht noch tertiäre Braunkohle mit Resten alter Bäume an.)

Links nahe am Ufer entlang und weiter zum *Humboldt-See* (Camping). In gleicher Richtung auf kleiner Straße weiter. Zuletzt auf Fußweg am Bad vorbei zurück nach Wallensen.

39 Salzhemmendorf – Bockshorn – Thüster Berg/Lönsturm – Kanstein – Salzhemmendorf

Verkehrsmöglichkeiten Bahn bis Coppenbrügge. Bus bis Salzhemmendorf.
Parkmöglichkeiten In Salzhemmendorf beim Alten Kurhaus. Auch an der Straße Salzhemmendorf – Ahrenfeld und oberhalb von Ahrenfeld bei der Försterei am Waldrand.
Wegmarkierung Beim Aufstieg zum Kanstein z. T. blauer Punkt. Abstieg zum Waldrand zuerst schwarzer Widder, dann braunes Eichhörnchen (selten).

Tourenlänge 9 km.
Wanderzeit Etwa 3 Stunden.
Höhenunterschiede Insgesamt etwa 350 Meter. Kurze steile Aufstiege am Bockshorn-Steinbruch und auf etwa 50 mH zu den Kanstein-Klippen.
Wanderkarte Topographische Karte 1:50000 L 3922 Hameln. Lageskizzen der Felsen im Kletterführer »Die Felsen des Weser-Leine-Berglandes«.
Anmerkung Abwechslungsreiche Laubwaldwanderung. Wer mehr von den Klippen sehen will, kann bei Erreichen der Klippenkette links unter den Felsen entlanggehen und am Ende der geschlossenen Wand aufsteigen zum oberen Klippenweg und zum Lönsturm (nicht weiter, am Schluß steil und oft rutschig). Ebenso kann man auch in der Folge statt auf dem oberen Klippenweg dem schmalen Pfad entlang der Oberkante der Klippenreihe folgen. Alle Klippenpfade sind nur etwas für geländegängige Wanderer. Bei Nässe sind diese Pfade sehr glitschig und dann ist ihre Begehung fast unvermeidlich mit gelegentlicher verstärkter Bodenberührung verbunden. – Oberhalb von Ahrenfeld Alpenvereinshütte der Sektion Hannover.

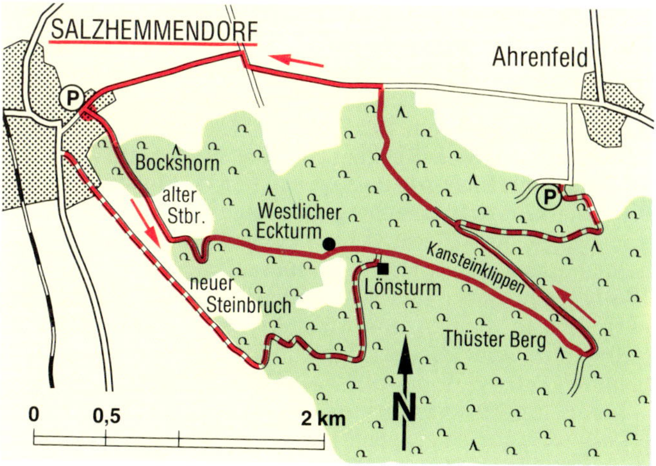

Wissenswertes Salzhemmendorf ist ein kleines Heilbad (besonders starke Solequelle, im Mittelalter zur Salzgewinnung genutzt). Alter Kirchturm (roman.-got.) und Mauer mit gotischem Steinkreuz (von 1397). Heute auch großes Zementwerk. – Der Thüster Berg ist eine Schichtstufe aus Kalk- und Dolomitablagerungen der Jurazeit (Malm, ca. 150 Mill. Jahre alt). Am steilen nördlichen Stufenhang liegen die bizarren Kansteinklippen. Die teilweise fast beängstigend schlanken Felstürme und prallen Wände sind beliebte Kletterziele, wenn auch durch die nordseitige Lage oft naß. Am Bockshorn sind die aufgelassenen Teile der alten Steinbruchflächen weitgehend durch Birken-, Weiden und Kiefernanflug wieder locker begrünt und so botanisch und ästhetisch merklich reizvoller als die wieder aufgeforsteten Bereiche. Auch an den Steinbruchwänden wird geklettert (siehe Kletterführer; zu Geologie siehe auch Wanderung 37).

Tourenbeschreibung In *Salzhemmendorf* an der alten Kirche vorbei auf der *Alleestraße* zum *Alten Kurhaus* und Wanderparkplatz (Übersichtstafel). Vom Parkplatz rechts in schmaler Gasse an Transformatorenhäuschen vorbei ansteigen und geradeaus durch die *Eichbreite* zum Wald. Nach 100 Metern links im Bogen zu Felsbrocken. Vor diesem schräg nach rechts aufwärts zu Forstweg, später mit Blick zum Kalkwerk. Nach etwa 15 Minuten erreicht man das ehemalige *Steinbruchgelände Bockshorn.*

Der Weg führt zuletzt durch einen Einschnitt hinab auf eine tiefer gelegene Steinbruchfläche. Dort bei einem verfallenen Gebäude links auf breiter Rampe steil hinauf zur oberen Steinbruchfläche. Hier rechts und am Ende der Wände über breite Rampe steil hinauf zum Wald.

Nun links am Steinbruchrand entlang, bis der Fußweg rechts im Wald weiterleitet. Auf dem breiten Bergrücken (verwaschene blaue Markierung) den Fußweg hinauf zum ersten Felsen *(Hexenküche)* und dann steiler zwischen Felsblöcken ansteigen zur Klippenreihe des *Kanstein.* Hier rechts und auf Fußweg oberhalb vom *Westlichen Eckturm* (Aussicht) und den folgenden Felsen entlang nach wenigen Minuten zur Abzweigung des Weges zum *Lönsturm* (120 Stufen, sehr schöner Rundblick, etwa 1 Std. von Salzhemmendorf).

Vom Turm wieder zurück auf den breiten *Oberen Klippenweg.* Diesen weiter, nach einigen Minuten am *Mittagsfels* (Lichtung, Aussicht; nur in Kletterei zu besteigen) und den schwierigen, allseits schroffen Türmen (Dreckturm, Liebesnadel, Falkenturm, Konkurrenzturm) vorbei. Danach hält sich der Weg in größerem Abstand von den Klippen. Er leitet am Fernmeldeturm vorbei (immer unterhalb einer Geländestufe) in gleicher Richtung und zuletzt teilweise undeutlich und verwachsen zu einer breiten, befestigten Forststraße, die den gesamten Bergrücken quert.

Auf der Straße im Bogen nach links, an Steinbruch vorbei und unterhalb der Felstürme schräg abwärts zu Forststraßendreieck. Hier geradeaus weiter zu Holzplatz, wo die Forststraße endet.

Von hier leitet ein schmaler Fußweg etwas rechts haltend durch den Wald abwärts *(Salzhemmendorfer Grenzweg).* Nach einigen Minuten ist er etwas eingeschnitten und verläuft zwischen Felsblöcken bis zu einem Querweg. Links mehrere Grenzsteine, einer davon mit Zahl 20 AL und Wolfsangel. Von den Grenzsteinen gerade abwärts fast weglos zum Beginn eines Tälchens. Am rechten Talhang auf undeutlichem Weg und teilweise weglos hinab zum Waldrand.

Dort auf Feldstraße nach links. Bei Querung 100 Meter nach rechts und dann wieder links entlang asphaltierter Feldstraße zurück nach *Salzhemmendorf.*

40 Lauenstein – Hohestein – Ithkammweg – Fahnenstein – Krüllbrink – Lauenstein

Verkehrsmöglichkeiten Bahn bis Coppenbrügge (vgl. Wanderung 62). Bus bis Lauenstein.
Parkmöglichkeiten In Lauenstein am Ortsrand.
Wegmarkierung Keine.
Tourenlänge 10 km.
Wanderzeit Etwa 3½ Stunden.
Höhenunterschiede Insgesamt etwa 290 Meter. Steiler Aufstieg vom Waldrand zum Hohestein (120 mH) und hinter dem Jürgensweg (auf 60 mH).
Wanderkarte 1:50000 Wandern und Freizeit Deister-Süntel-Osterwald oder Topographische Karte 1:50000 L 3922 Hameln. Lagepläne der Felsen im Kletterführer »Die Felsen des Weser-Leine-Berglandes«.
Anmerkung Abwechslungsreiche, ruhige Rundwanderung mit schönen Ausblicken. Fast durchwegs angenehme unbefestigte Fußwege. Wer sich nach der Inbetriebnahme des Atomkraftwerkes Grohnde lieber aus dessen Abgasfahne heraushalten möchten, wählt Wetterlagen mit anderer Windrichtung als Südwest. Damit man über dergleichen nicht nachdenkt, wurde ein Großteil des Gebietes 1986 zum Naturwaldreservat erklärt (Betretungsverbot außerhalb des markierten Kammweges).
Wissenswertes Der Ith besteht ebenso wie der Thüster Berg aus Juragestein (vgl. Wanderung 39, 36). Die Klippen sind ein beliebtes Klettergebiet (jetzt teilweise verboten). In Lauenstein Naturfreundehaus. Dicht bei Lauenstein am westlichen Ortsrand Burgruine im oberen Waldtal. Östlich von Lauenstein beim Gut Hof Spiegelberg alte Kapelle. Bei Bisperode am Waldrand Segelflugplatz.
Tourenbeschreibung In *Lauenstein* auf der Straße in Richtung Marienau. Wo diese nach rechts biegt, geradeaus zum Ortsrand und auf Feldweg weiter. Kurz nachdem dieser nach links biegt, rechts auf grasigem Ackerrain zum Wald. Am Waldrand ein Stück nach links und dann auf Weg (oder schon vorher direkt fast weglos) hinauf zum vorderen Sporn des Bergkammes. Hier trifft man auf die *Philipsklippe* und den allseits überhängenden Felsturm *Hohestein.*

Auf dem Kamm nahe am Steilhang den schmalen Fußweg weiter, zeitweilig durch Blockgewirr, zu einem breiten Sattel, wo eine Forststraße *(Jürgensweg)* den Kamm quert.

Weiter auf dem Kammweg und nach Überschreiten eines weiteren befestigten Forstweges am auf dem Kamm stehenden Fels-

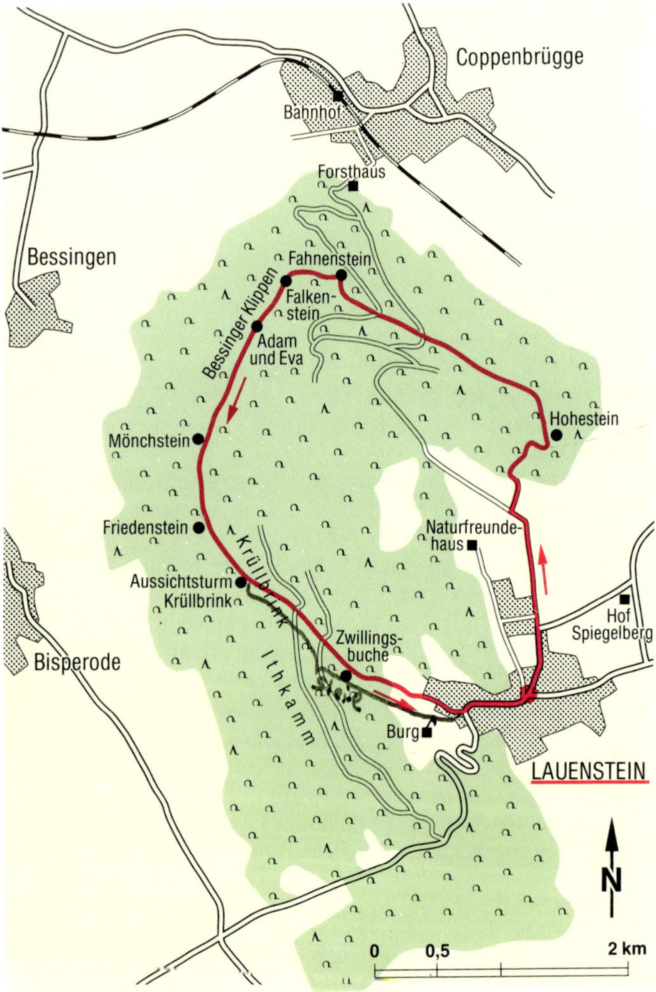

klotz *Meilenstein* vorbei. Dann etwas rechts zum ein wenig tiefer der Kammhöhe vorgelagerten *Fahnenstein* (Blick auf Coppenbrügge).

Wenig später biegt der Kamm hinter dem Bergrutschgebiet Teufelsküche nach links und leitet nun an den *Bessinger Klippen* (u. a. *Falkenstein, Wilhelmstein*) entlang zu den beiden markanten Felstürmen *Adam und Eva.* Danach zuerst mit Ausblicken, später wieder im hohen Laubwald, zum *Mönchenstein* (am Gipfel Stein-

einzige wirklich gute Aussicht

sofa; Aussicht) und 15 Minuten später zum Kernstück der *Bisperoder Klippen,* dem *Friedenstein.* Kurz danach hinauf zum *Aussichtsturm* auf dem *Krüllbrink* (weiter Rundblick).

Vom Turm schräg absteigend immer in gleicher Richtung hinab zur *Zwillingsbuche* und zurück nach *Lauenstein.*

(relativ steiler Abstieg)

41 Coppenbrügge – Ithkammweg – Ithsiedlung – Holzen – Greitberg – Vorwohle

soll als Lauensteiner Paß nicht so schön sein keine Ausblicke!

Verkehrsmöglichkeiten Bahn bis Coppenbrügge und Vorwohle. Dazwischen Buslinien in den Dörfern (jedoch meist auf andere Zentren bezogen und selten).

Parkmöglichkeiten Der Kamm des Ith ist nur zwischen Lauenstein und Haus Harderode (Lauensteiner Paß) und zwischen Scharfoldendorf und Capellenhagen (Ithsiedlung am Capellenhagener Paß) mit Auto zu erreichen.

Wegmarkierung Am Ithkamm weißes x (Fernwanderweg Niederlande – Harz; Roswitha-Weg).

Tourenlänge 33,5 km.

Wanderzeit 8–12 Stunden.

Höhenunterschiede Insgesamt etwa 700 Meter. Mäßig steiler Aufstieg von Coppenbrügge (140 m) bis Falkenstein (404 m) und vom Lauensteiner Paß (278 m) zum Poppenstein (388 m).

Wanderkarten Topographische Karte 1:50000 Blätter L 3922 Hameln, L 4122 Holzminden, L 4124 Einbeck; teilweise auch 1:50000 Naturpark Solling-Vogler und 1:50000 Hameln und Umgebung (Sparkasse).

Anmerkung Lange, lohnende, gewissermaßen »klassische« Kammwanderung mit großartigen Eindrücken, aber auch beachtlichen Höhenunterschieden. Vorzeitiges Abbrechen der Wanderung nur unter Schwierigkeiten möglich wegen der schlechten Verkehrsverbindungen im Vorland. Auch schon mit Fahrrad durchgeführt, aber dann recht mühsam und verschleißfördernd.

Wissenswertes Der Ith ist ein langer schmaler Höhenzug aus meist steil einfallenden Juraschichten mit ähnlicher Schichtanordnung wie der Hils (vgl. Wanderung 37). Das nördliche Gegenstück ist der Selter-Thüster Berg-Kamm. Die Schichtköpfe sind immer wieder, je nach Gesteinsbeschaffenheit, als vielgestaltige Felsmassive und -türme herauspräpariert. Näheres dazu siehe Kletterführer. – Südlich vom Krüllbrink gähnt ein riesiger Steinbruch, dessen Betreiber ursprünglich beabsichtigte, entgegen allen bisherigen Abbaugewohnheiten sogar die Kammhöhe des Ith zu durchbrechen. Diese Pläne wurden von der Bevölkerung der Fremdenverkehrs-

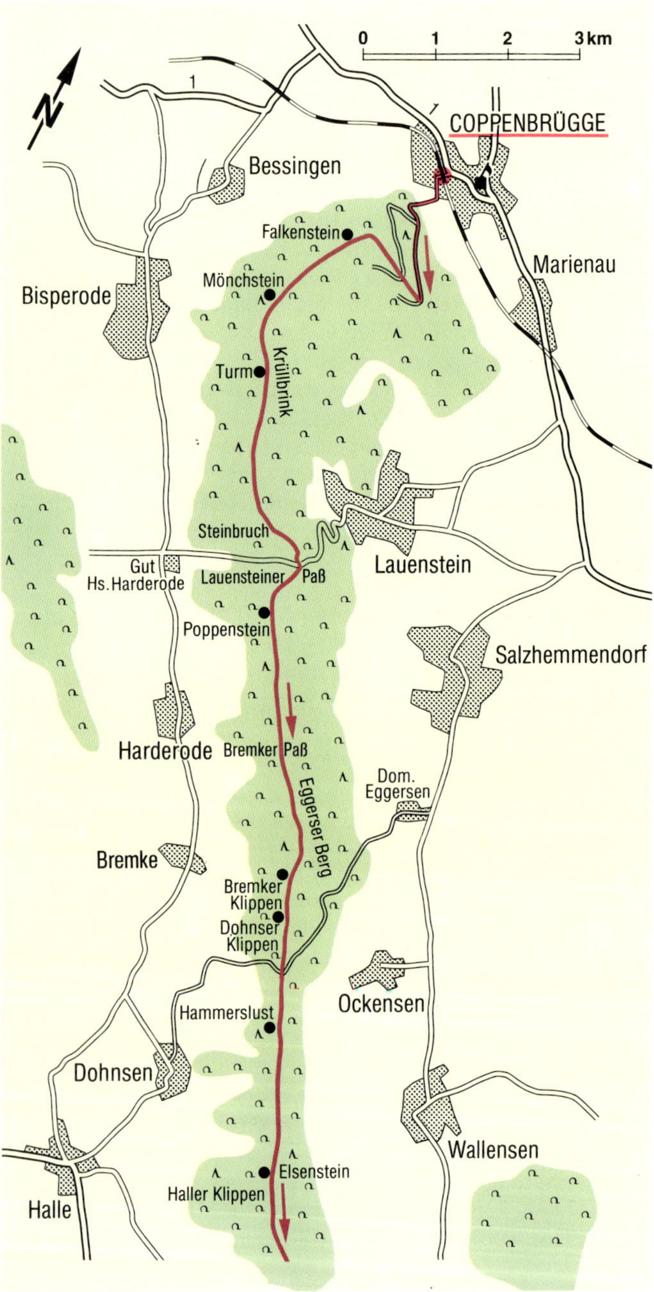

0
1
2
3 km
N
1
COPPENBRÜGGE
Bessingen
Falkenstein
Marienau
Mönchstein
Bisperode
Krüllbrink
Turm
Steinbruch
Gut
Hs. Harderode
Lauensteiner Paß
Lauenstein
Poppenstein
Salzhemmendorf
Harderode
Bremker Paß
Eggerser Berg
Dom.
Eggersen
Bremke
Bremker
Klippen
Dohnser
Klippen
Ockensen
Hammerslust
Dohnsen
Wallensen
Elsenstein
Haller Klippen
Halle

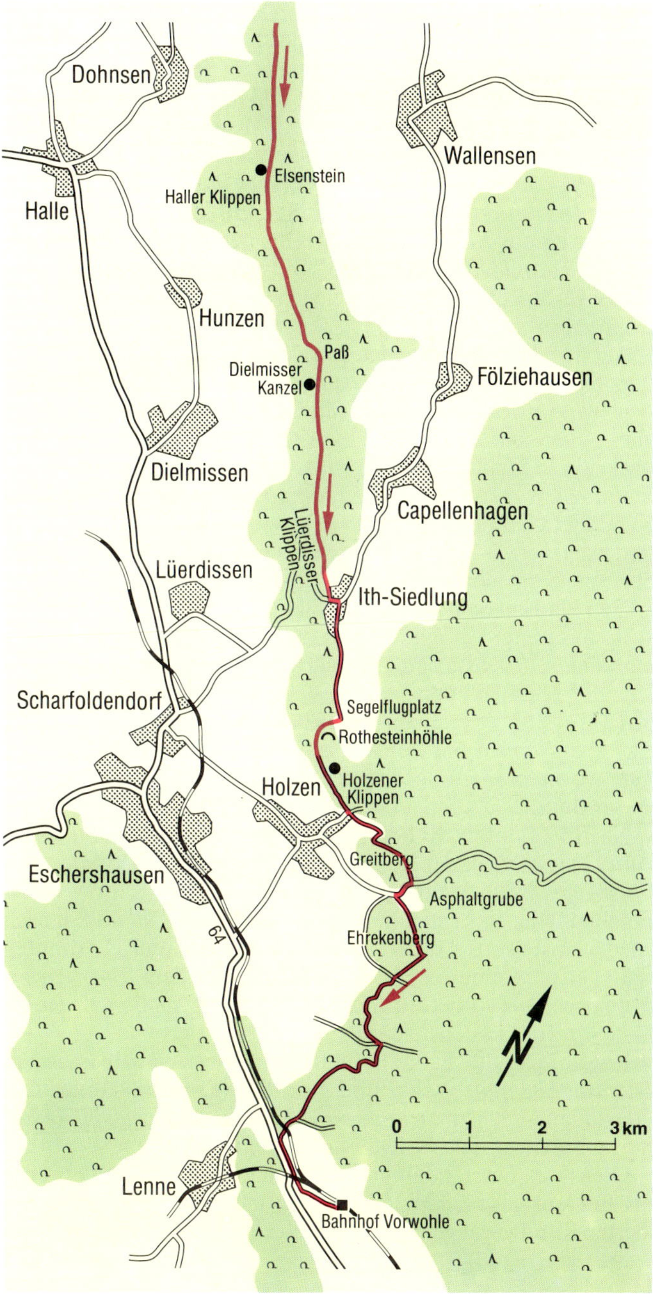

Dohnsen
Wallensen
Elsenstein
Haller Klippen
Halle
Hunzen
Paß
Dielmisser Kanzel
Fölziehausen
Dielmissen
Capellenhagen
Lüerdisser Klippen
Lüerdissen
Ith-Siedlung
Scharfoldendorf
Segelflugplatz
Rothesteinhöhle
Holzen
Holzener Klippen
Greitberg
Eschershausen
Asphaltgrube
Ehrekenberg
64
N
0
1
2
3 km
Lenne
Bahnhof Vorwohle

orte Lauenstein und Salzhemmendorf stark mißbilligt und zu Fall gebracht, weil außer der Störung des Landschaftsbildes klimatische Nachteile befürchtet werden mußten. In Coppenbrügge sehenswerte Ruine einer Wasserburg und alte Fachwerkhäuser. In Bisperode reizvolles Wasserschlößchen (Paderborner Fürstbischof; Ende 17. Jh.). In Bessingen Schwefelquelle (»Stinkeborn«).

Tourenbeschreibung Von *Coppenbrügge* unter der Bahn durch und links zum Forsthaus. Nun immer schräg links auf dem *Jürgensweg* empor zum Ithkamm. Rechts den *Ithkammweg* empor, am Felsklotz *Meilenstein* vorbei und nach etwa 1 Stunde zum etwas rechts des Kammes gelegenen *Fahnenstein* (Blick auf Coppenbrügge).

Auf dem Kammweg weiter. Nach etwa 5 Minuten passiert man, kurz hinter der markanten Biegung des Kammes, den *Falkenstein,* den *Wilhelmstein* und wenig später die beiden kecken Felstürmchen *Adam und Eva.* Immer auf dem Kamm (rechts zuerst Ausblicke) in 15 Minuten zum *Mönchenstein* und nach weiteren 15 Minuten zum *Aussichtsturm Krüllbrink* (Rundsicht). Auf dem Kamm jetzt abwärts, oberhalb des riesigen Steinbruches entlang und zuletzt etwas links auf Forstweg zum *Lauensteiner Paß* (2–2½ Std. von Coppenbrügge).

Den Pfad auf dem hier breiten Bergrücken hinauf zum *Poppenstein* und weiter auf dem Kamm, teils auf-, teils absteigend zum markanten *Bremker Paß.* Danach in gleicher Richtung dem Kamm folgend auf den *Eggerser Berg* und zu den *Bremker Klippen* 1–1¼ Std. vom Lauensteiner Paß). Weiter und unterhalb der *Dohnser Klippen* am nordseitigen Hang vorbei zum *Ockenser Paß,* wo ein breiter Forstweg den Kamm quert (20 Min. vom Eggerser Berg, 2–2¼ Std. vom Lauensteiner Paß).

Nach 5 Minuten am Felskopf *Hammerslust* vorbei und weiter zum *Elsenstein* auf der Kuppe oberhalb von Halle (30 Min. vom Forstweg). Nach weiteren 40 Minuten ist der Kamm unterbrochen. Hier links steil hinab zum *Dielmisser Paß* und danach wieder ansteigen. An den *Dielmisser Klippen* und 15 Minuten später an der Reihe der *Lüerdisser Klippen* und dem *Alpenvereins-Jugendzeltplatz* vorbei zur *Ithsiedlung* am *Paß von Capellenhagen* (4–5 Std. vom Lauensteiner Paß).

Etwas links der Paßhöhe entlang kleiner Asphaltstraße am *Flugzeugrestaurant* vorbei und zum *Segelflugplatz.* Hinter den Gebäuden rechts hinab in den Wald, an der *Rothesteinhöhle* vorbei zu Forstweg. Dieser leitet links hinab nach *Holzen.*

Gleich am Ortsrand über dem Bach und am Waldrand weiter bis zu Denkstein am Waldzipfel oberhalb des Ortes. Dem markierten Rundweg folgend zum Steinbruch. Links hinauf und über den *Greitberg* zum *Kinderheim Rübezahl.* Entlang der Autostraße einige Minuten nach rechts hinab, dann scharf links Straße zu den *Asphaltgruben.* Nun gerade in einem Tälchen hinauf zu Sattel und jenseits ein anderes Tälchen hinab (oder auch im Bogen rechts um den Ehrenkenberg herum) zu Forststraße. Auf einer hier abzweigenden Straße über den Bach und mit mehreren großen Windungen am Hang entlang durch den Wald weiter. Zuletzt unter der alten Bahnlinie durch zur *Bundesstraße 64.* Links an dieser entlang unter Eisenbahnbrücke durch und danach links zum *Bahnhof Vorwohle* (1½–2 Std. von der Ithsiedlung).

Zu Tour 6, 43 **Hameln, Osterstraße, im Hintergrund das Hochzeitshaus**
(Foto: Fremdenverkehrsverband Weserbergland-Mittelweser e. V./Wagner)

42 Hämelschenburg – Baßberg – Hämelschenburg

Verkehrsmöglichkeiten Bus Hameln – Hämelschenburg.
Parkmöglichkeiten In Hämelschenburg. Auch am Ende des freigegebenen Teils der Feldwege nördlich vom Baßberg.
Wegmarkierung Keine.
Tourenlänge 7 km. **Wanderzeit** Etwa 1¾ Stunden.
Höhenunterschiede Etwa 90 Meter.
Wanderkarte 1:50000 L 3922 Hameln.
Anmerkung Botanisch interessante Wanderung, bei Ostwind in der Abluftfahne des Atomkraftwerkes Grohnde, dessen radioaktive Emissionen man – im Gegensatz zu anderen derartigen Anlagen – bei einer betreiberunabhängigen (!) Meßstation der Bürgerinitiative VAU (= Verein für Angewandten Umweltschutz, Hameln) unter (05151) 51529 erfragen kann.
Wissenswertes Die auf dem Berg westlich oberhalb von Hämelschenburg gelegene Burg der Grafen von Everstein wurde 1478 zerstört, weil sich die dort hausenden Mannen als Raubritter allzu unbeliebt gemacht hatten. Die späteren Besitzer gaben die Burg auf und bauten nahe am Ort das prächtige dreiflügelige Schloß (eindrucksvollstes Bauwerk der Weserrenaissance, Ende 16. Jh.;

Zu Tour 42 **Schloß Hämelschenburg** (Foto: Gemeinde Emmerthal)

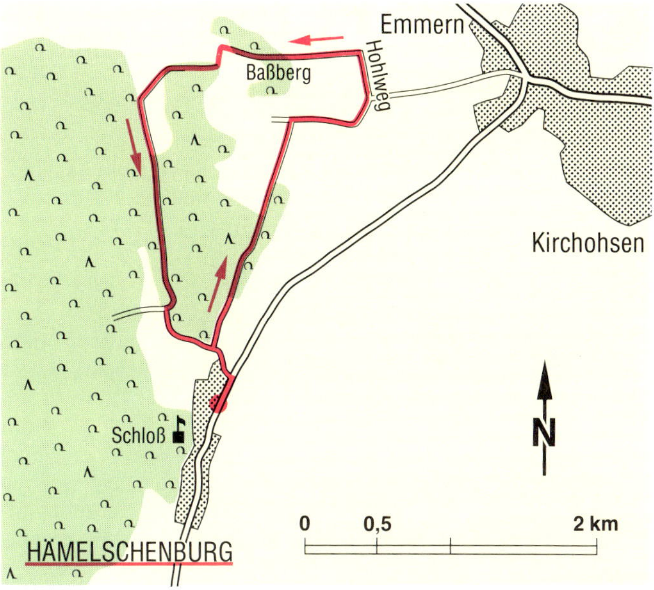

Führungen). Sehenswert auch die Kirche in Hämelschenburg. – Botanisch lohnend ist ein Besuch des Naturschutzgebietes Ohrberg zwischen Ohr und Klein Berkel am südlichen Ortsrand von Hameln (exotische Bäume und Sträucher, besonders reizvoll, wenn der Rhododendron blüht).

Tourenbeschreibung Vom nördlichen Ortsende *Hämelschenburg* links Straße zum Waldrand. Rechts am Waldrand entlang und später in gleicher Richtung zwischen Feldern zu quer verlaufender Straße vor einem Wiesentälchen. Rechts die Straße hinab (mit Blick auf die gigantomanische Betonmasse der Kraftwerkfestung Grohnde). Im Grunde des Tälchens links über den Bach, durch Hohlweg, über Wegekreuz hinweg und zwischen romantisch überwucherten Steilböschungen hindurch. Am Ende des Hohlweges links auf den Feldweg ansteigen zum Wäldchen auf der Kuppe des *Baßberges*.

Am höchsten Punkt rechts vorbei, dann in gleicher Richtung weiter und nach 200 Metern links zum Wald. Rechts am Waldrand zu Waldecke und breitem Feldweg. Diesen links an Acker vorbei. Danach links am Waldrand entlang. In gleicher Richtung über Bach und etwa 15 Minuten später zu Forststraße. Links die Straße am Bach entlang abwärts zurück nach *Hämelschenburg*.

43 Hameln-Rohrsen – Schweineberg – Forsthaus Heisenküche – Bismarckturm – Hameln

Verkehrsmöglichkeiten Stadtbus bis Rohrsen.
Parkmöglichkeiten Bei der Gaststätte Forsthaus Heisenküche.
Wegmarkierung Heisenküche bis Hameln weißes x E1.
Tourenlänge 9,5 km (bis Hameln Stadtmitte).
Wanderzeit Etwa 3 Stunden.
Höhenunterschiede Insgesamt 250 Meter. Kurzer, sehr steiler Aufstieg zum Kamm des Schweineberges (etwa 30 mH).
Wanderkarte 1:50000 Wandern und Freizeit Deister-Süntel-Osterwald oder 1:50000 Hameln und Umgebung (Sparkasse).
Anmerkung Botanisch reizvolle Wanderung. Wer sie als Rundwanderung vom Auto aus gehen will, beginnt am besten am Forsthaus Heisenküche und folgt der Forststraße über einige Windungen bis zu einer Spitzkehre. Dort auf unbefestigtem Weg gerade weiter, bis man vor dem Erdwall auf den von rechts heraufführenden Weg stößt. Weiter wie beschrieben (dann von und bis Forsthaus Heisenküche 4,8 km, 1½ Std., 100 mH).
Wissenswertes Der Schweineberg ist ein Naturschutzgebiet mit charakteristischer Muschelkalkflora. Es ist berühmt wegen seines im Vorfrühling einmaligen Blütenteppichs von prächtigen Märzbechern (zum Ansehen, nicht zum Mitnehmen!). Der Flurname

Zu Tour 39 **Salzhemmendorf, Hüttenstollen 1980**
(Foto: Flecken Salzhemmendorf, Rathaus)

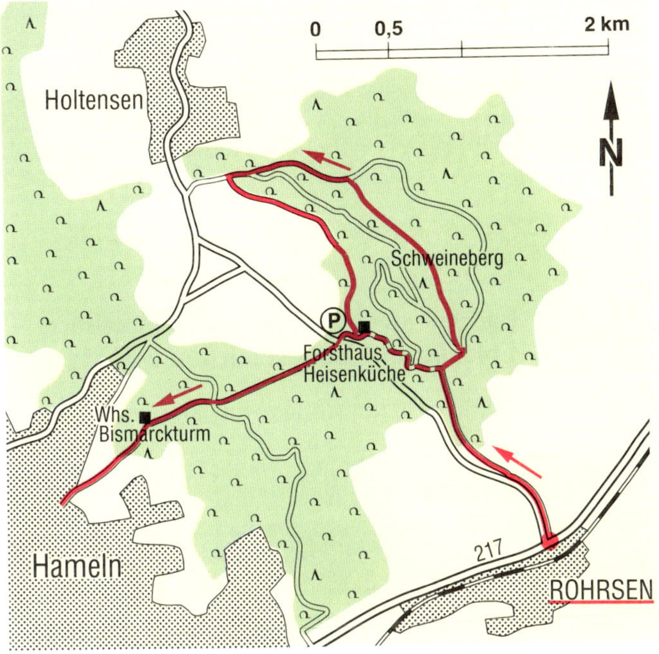

Schweineberg deutet auf frühere Waldweide hin. – Westlich von Hameln auch ein Aussichtsturm auf dem Klüt.

Tourenbeschreibung Von *Hameln-Rohrsen* beim Dorfkrug unter der Bahnlinie und der Bundesstraße 3 durch und etwa 500 Meter entlang der Asphaltstraße bis hinter eine Biegung. Dort rechts auf unbefestigtem Hohlweg zum Waldrand (efeubewachsene Eichen) und stetig ansteigend in gleicher Richtung etwa 1 Kilometer weiter durch eine junge Fichtenschonung. Nach den letzten, etwas größeren Fichten rechts entlang einem niedrigen Erdwall auf einer Schneise mit Grenzsteinen steil hinauf zum Kamm (bei Nässe rutschig, dann schräg oder im Zickzack ansteigen ratsam). Bei Kastanie auf die Kehre der Forststraße.

Hier beginnt ein breiter Wanderweg, der über den Kamm des *Schweinebergs* führt; im Wald zahlreiche Kirschbäume und Eiben, im Frühjahr Märzbecher). Nach etwa 15 Minuten erreicht man eine Schutzhütte. Kurz danach verläßt der Weg die Kammhöhe nach links. Wenig später wird der Europäische Fernwanderweg 1 gekreuzt. Geradeaus weiter auf dem Wanderweg den Kamm hinab zum Waldrand oberhalb von Holtensen.

Hier links auf der Forststraße abwärts zum Parkplatz am Waldrand. Links am Waldrand entlang, zuletzt in gleicher Richtung im Wald, weiter zum *Forsthaus Heisenküche.*

Hinab zu Autostraße, 100 Meter auf dieser nach rechts und dann links (Markierung weißes X E 1) auf geradem Weg im Wald ansteigen. An der Kuppe des Basberges rechts vorbei und hinab zum *Bismarckturm* und nach *Hameln.*

44 Bad Münder – Klein-Süntel – Sünteltur m – Eulenflucht – Bergschmiede – Bad Münder

Verkehrsmöglichkeiten Bahnhof Bad Münder 2 km südlich der Stadt.

Parkmöglichkeiten In Bad Münder. Bei Klein-Süntel. An der Eulenflucht und der Bergschmiede.

Wegmarkierung Das letzte Stück zum Süntelturm X E 1.

Tourenlänge 14 km. **Wanderzeit** Etwa 4¼ Stunden.

Wanderzeit Etwa 4¼ Stunden.

Höhenunterschiede Insgesamt etwa 330 Meter. Mäßige, aber stetige Steigungen.

Wanderkarte 1:50000 Wandern und Freizeit Deister-Süntel-Osterwald

Anmerkung Schöne Laubwaldwanderung. Wer nur eine kurze Rundwanderung sucht, geht am besten von Eulenflucht aus, folgt dem Hamelnschen Pfad und danach der beschriebenen Route (dann insgesamt 5 km, 1¼ Std.).

Wissenswertes In Bad Münder von alters her bekannte Heilquellen (Heilbad mit Salz-, Schwefel- und Stahlquellen aus den Schichten des Münder Mergels). Reizvolle Fachwerkhäuser und ehemalige Adelssitze (Steinhof, Mönnichshof, Pächterhof), Haus der Väter (ehemaliger Getreidespeicher). Weiter südlich in Hasperde Renaissanceschloß (jetzt DB-Schule). In der Umgebung frühere Adelssitze in Lauenau, Apelern und Hülsede. Sehenswerte Kirche in Bebern (got., 15. Jh.) und Eimbeckhausen (rom., 12 Jh.). Bekannt sind auch die knorrigen Süntelbuchen in Bad Münder am Steinhof und in Luttringhausen. – An der Ostflanke des Süntel wurden im 17. und 18. Jahrhundert ebenso wie an den Bückebergen die wenig ergiebigen, aber oberflächennah gelagerten dünnen Steinkohleflöze der Wealdenschichten abgebaut. die Kohle war damals Grundlage für kleine Eisen- und Glashütten.

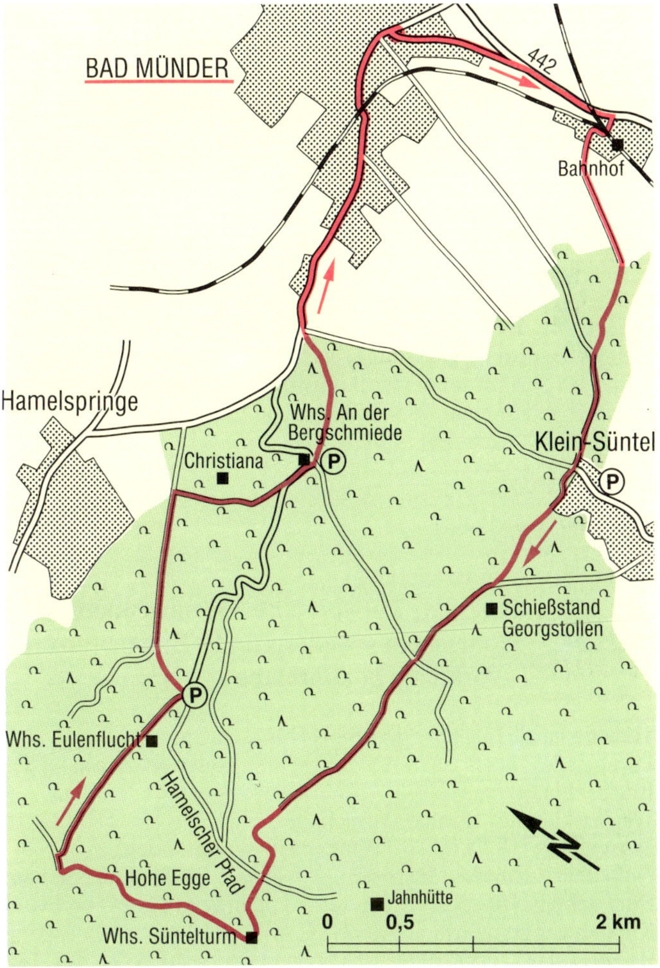

Tourenbeschreibung Von *Bad Münder* entlang der Straße in 20 Minuten zum *Bahnhof Bad Münder* (Deisterbahnhof). Dort die Bahnlinie queren und auf Feldweg zum vordersten Waldzipfel des *Süntels.* Links immer in einigem Abstand vom Waldrand zum Ortsrand von *Klein-Süntel* (500 m weiter rechts im Wald aufgelassenes Bergwerk und Hügelgräber).

Auf Fußweg in gleicher Richtung wie vorher weiter, zuletzt abwärts in ein Tälchen zu Forststraße. Diese erreicht man gegenüber vom ehemaligen Bergwerk *Georgsstollen,* bei einem Schießstand. Die Straße im Talgrund aufwärts bis zu seinem Ursprung. Oben über die quer verlaufende Forststraße *(Hamelscher Pfad)* und gerade hinauf auf die Kuppe der *Hohen Egge* zum *Sünteltürm* (Aussicht; Gaststätte).

Rechts über den Bergrücken (recht auffällig sterbender Wald!) zu breitem Sattel. Links schräg abwärts zu einem weiteren, tiefer gelegenen Sattel mit Wegekreuz. Rechts zu Forststraße. Auf dieser nach rechts zur Gaststätte *Eulenflucht* (bei alten Steinbrüchen).

Nun links in Richtung Hamelspringe relativ steil hinab zu Forststraße. Auf dieser rechts hinab zum Waldrand (Blick auf Hamelspringe. Wieder rechts in den Wald. Etwas ansteigend (links ehemaliges Bergwerk Christiana) nach etwa 15 Minuten zur Gaststätte *Bergschmiede* an der Autostraße. Von der Gaststätte auf Fußweg gerade hinab zum Waldrand. Von dort entlang der Autostraße zurück nach *Bad Münder.*

45 Parkplatz Försterlaube – Wenchenberg – Hohenstein – Wellergrund – Baxmannbaude – Parkplatz Försterlaube

Verkehrsmöglichkeiten Bahn bis Hessisch-Oldendorf.
Parkmöglichkeiten Am Ausgangspunkt. Auch am Ausgang des Blutbachtales.
Wegmarkierung Einige Wegschilder.
Tourenlänge 8,5 km. **Wanderzeit** 2½ Stunden.
Höhenunterschiede Insgesamt 250 Meter. Steiler Aufstieg vom Blutbachtal (140 m) zum unteren Klippenweg (270 m) und vom Klippenweg zum Grünen Altar (331 m).
Wanderkarte 1:50000 Deister-Süntel-Osterwald.
Anmerkung Eine der reizvollsten Wanderungen des gesamten Weserberglandes. Am Hohenstein Kinder gut beaufsichtigen! Wer auf die Bahn angewiesen ist, geht am besten von Hessisch-Oldendorf Stadtmitte über Barksen zum Wald und zum Parkplatz (ca. 6 km). Wer die Wanderung kürzen will, kann schon nach der Hohen Wand auf dem Forstweg links absteigen, teilweise über hübsch häßliche Betonstufen, zur Baxmannbaude.
Wissenswertes Das Naturschutzgebiet Hohenstein ist ein landschaftliches Juwel. Die mächtige, durch einen Bergrutsch entstandene Felswand ist mit 50 m Höhe die höchste natürliche

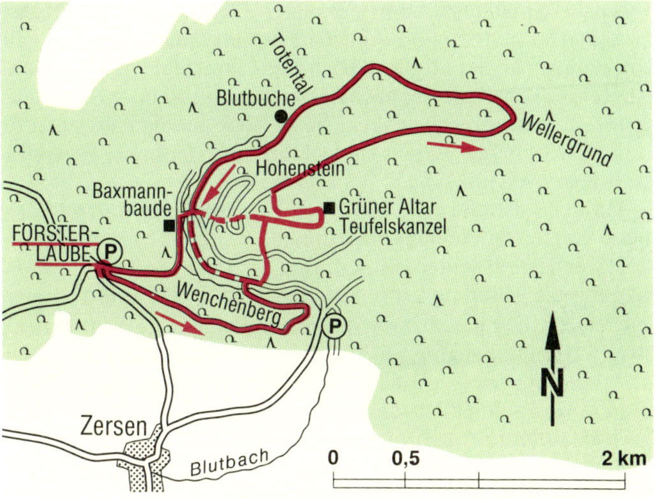

Felswand Norddeutschlands. Zugleich ist sie das alpinste Kletterziel der norddeutschen Bergsteiger, mit sehr schönen und interessanten Kletterführen aller Schwierigkeitsgrade. Bemerkenswert ist, daß inzwischen fast alle Routen schon ohne Verwendung von künstlichen Fortbewegungshilfen, nur unter Verwendung der naturgegebenen Felsvorsprünge und Risse, erklettert wurden. Alpenvereinshütte der Sektion Hamburg bei der Gaststätte Pappmühle 5 Min. vom Parkplatz am Ausgang des Blutbachtales. – Der südwestliche Teil und die davor gelegene Halde sind durch ihre sonnige Lage klimatisch besonders begünstigt. Weil diese Bereiche nie vom Wald beschattet waren, hat sich hier auch eine eiszeitliche Reliktflora erhalten (unter anderem die Brillenschote, die es in dieser lokalen Variante nur hier gibt). Zum Schutze der Pflanzengesellschaft wurde im südwestlichen Teil des Massivs ein Banngebiet eingerichtet, das eingezäunt wurde und das von niemandem betreten werden darf. – Beim Grünen Altar wird ein Steinring als altgermanische Kultstätte gedeutet, die allerdings durch eine direkt daneben gesetzte Schutzhütte aus Beton gekonnt verschandelt ist. – Die Bezeichnungen Blutbach- und Totental erinnern an die Schlacht auf dem Dachtelfeld, nach der das Wasser des Baches vom Blut der Erschlagenen gerötet gewesen sein soll. Im unteren Teil des Blutbachtales ist ein Mahnkreuz erhalten, das darauf hinweist, daß dort einst entgegen den üblichen Gepflogenheiten ein Waidmann von einer Wildsau erlegt wurde.

Tourenbeschreibung Vom *Parkplatz Försterlaube* (am Sattel zwischen Mittelberg und Wenchenberg im Wald 1 km oberhalb von Barksen an der Straße in Richtung Langenfeld bzw Rohdental/Rehren) oberhalb der nach Zersen hinabführenden Straße auf dem Kamm des *Wenchenberges* (links Blick auf die Felswand des Hohenstein) bis zu seinem Ende. Dort führt der breite Forstweg im Bogen nach links hinab ins *Blutbachtal.*

Auf der Talstraße etwa 100 Meter nach rechts und dann links einen unbefestigten Weg gerade hinauf (weiter oben stellenweise steil; wer das vermeiden will, kann auf der Talstraße links zur Baxmannbaude gehen und von dort über breiten Weg und Treppen aufsteigen). Der gerade Weg quert eine Forststraße und erreicht etwa 5 Minuten später am Fuß der Halden den ausgetretenen unteren *Klippenweg.* Auf diesem rechts unterhalb der Wände entlang und schließlich über steilen Zickzackweg hinauf zum *Grünen Altar* (Felskanzel mit Treppen und Geländer, auch »Teufelskanzel« genannt; nahe dabei die vorgeschichtliche Kultstätte und die weniger ehrwürdige Betonhalle).
Auf dem Weg entlang der Oberkante des Felsabbruches zur *Hohen Wand* (Steintisch mit Richtungsangaben; Aussicht, aber kein Geländer!). Nun von der Oberkante weg in den Wald und über Treppen hinab zur Forststraße. Diese rechts weiter durch den Wald über die bewaldete Hochfläche. Nach etwa 15 Minuten oberhalb vom Wellergrund mit einem Linksbogen hinab ins obere *Blutbachtal.* Darin abwärts (Blick auf die Felsen des Südwehe) zum *Baxmannbrunnen* am Beginn der Wiesen und zur *Baxmannbaude.* Auf der kleinen Asphaltstraße am oberen Rand der Wiesen entlang (einige Schilder eines Lehrpfades) und zuletzt im Wald zurück zum Parkplatz *Försterlaube.*

46 Rohdental – Schneegrund – Krähenstein – Schrabstein – Höllenmühle – Langenfelder Wasserfall – Parkplatz Vorberg – Rohdental

Verkehrsmöglichkeiten Nächster Bahnhof Hessisch-Oldendorf.
Parkmöglichkeiten In Rohdental und vor dem Amelungsberg (Parkplatz Vorberg).
Wegmarkierungen Langenfeld bis Schneegrund roter Punkt.
Tourenlänge 8,5 km. **Wanderzeit** Etwa 3 Stunden.
Höhenunterschiede Insgesamt etwa 340 Meter. Steiler Abstieg von Langenfeld zum Höllenbach (steile Treppe auf etwa 40 mH).
Wanderkarte 1:50000 Deister-Süntel-Osterwald.

Anmerkung Abwechslungsreiche Waldwanderung mit hübschen Ausblicken. Am Schrabstein Kinder gut beaufsichtigen! Kürzungsmöglichkeit durch den Weg im Schneegrund. Im Schneegrund Naturfreundehaus.

Wissenswertes Der Schrabstein ist eine Gruppe von Juraklippen, die zum Naturschutzgebiet Hohenstein gehört (Blaugrasvegetation). Der Langenfelder Wasserfall ist natürlich entstanden (harte Gesteinsbank). Der Amelungsberg soll früher als Fluchtburg gedient haben (keine von Menschen geschaffenen Erdbefestigungen; die wall- und grabenähnlichen Gebilde am Nordhang sind verstürzte Bergrutschspalten). Im Steinbruch an der Straße vom Parkplatz Vorberg nach Langenfeld ist der (inzwischen durch eine Tür verschlossene) Eingang zu einer Tropfsteinhöhle. Weitere Höhlensysteme sind aus dem Bereich des nahen Steinbruches bekannt, werden jedoch trotz ihrer Schutzwürdigkeit durch die Sprengungen allmählich zerstört.

Tourenbeschreibung Von *Rohdental* am Bad vorbei in den *Schneegrund* und zum Ende der Wiesen. Dort links den Forstweg am Hang schräg aufwärts. Nach etwa 30 Minuten erreicht man den Rand der Hochfläche. Rechts immer an ihrem Rand entlang zum *Krähenstein* (Ausblick).

Immer am oberen Rand des Steilhanges in weitem Bogen um das nächste große Seitental herum zum nächsten Vorsprung der Hochfläche. Dort mit Abstecher etwas absteigend auf die Felskanzel des *Schrabstein* (eindrucksvoller Tiefblick; kein Geländer!)

Zurück zum Weg und weiter am Rand des Tales entlang zur *Höllenmühle*. An der Mühle vorbei und ansteigend zu den ersten Häusern von *Langenfeld*.

Im Bogen durch ein Tälchen und danach gerade am Waldrand entlang. Wenig später rechts hinab zum Beginn des *Höllengrundstieges.* Hier rechts Abstecher zum *Langenfelder Wasserfall.* Zurück zum Höllengrundstieg und die steile Treppe hinab zum *Höllenbach.* Im Talgrund abwärts zum oberen *Schneegrund.*

In gleicher Richtung wie vorher auf der Forststraße ansteigend zum *Parkplatz Vorberg* (rechts Abstecher auf die Kuppe des Amelungsberges möglich; teilweise schöner Buchenwald, keine Aussicht, kein Weiterweg).

Geradeaus neben der Autostraße 100 Meter hinab und dann rechts auf Forstweg *(Baumgartenweg)* am Hang des Amelungsberges entlang zum kleinen Bergsattel zwischen Amelungsberg und Baumgartenberg. Danach führt der Weg in großem Bogen hinab (rechts Hügelgräber) nach *Rohdental.*

47 Rohdental – Schaumburg – Paschenburg – Möncheberg – Rohdental

Verkehrsmöglichkeiten Bahn bis Hessisch-Oldendorf. Zeitweilig Bus bis Rohdental und Schaumburg.
Parkmöglichkeiten In Rohdental. An der Schaumburg und an der Paschenburg.
Wegmarkierungen Einige Hinweisschilder. Paschenburg bis Rohdental auch Querstrich weiß-rot-weiß und X W.
Tourenlänge 8 km.
Wanderzeit Etwa 2½ Stunden.
Höhenunterschiede Insgesamt 210 Meter. Mäßig steiler Aufstieg von der Schaumburg (220 m) zum Bergkamm (320 m) und steiler Abstieg vom Möncheberg (310 m) bis zum Waldrand (180 m).
Wanderkarte 1:50000 Wandern und Freizeit Deister-Süntel-Osterwald.
Anmerkung Waldwanderung mit strammen Steigungen. Angenehm zu gehende, nicht oder kaum befestigte Wege, weite Ausblicke. Statt des Waldrandweges kann man auch einen etwas besser gepflegten Weg weiter oben im Wald zur Schaumburg gehen (dann entfallen die 700 m entlang der Autostraße zur Schaumburg, aber auch die Ausblicke vom Waldrand).
Wissenswertes Die Schaumburg wurde im 12. Jahrhundert angelegt und um 1600 im Stile der Weserrenaissance erneuert. Heute Schloßhotel. Die Gaststätte Paschenburg steht nahe der

Kante der mächtigen Juraschichtstufe. Westlich unterhalb des Gebäudes große Bergrutschwand. Daß die Bergrutschvorgänge keineswegs für alle Zeiten abgeschlossen sind, wird unterstrichen durch die Existenz eines Höhlenspaltes unterhalb der Paschenburg (»Männekenloch«). – Das Stammschloß der Fürsten von Schaumburg-Lippe liegt weiter nördlich in Bückeburg (prächtige vierflügelige, besonders vom Barock geprägte Anlage mit sehenswerter Schloßkapelle, Gemäldesammlung und Goldenem Saal; ganzjährig Führungen).

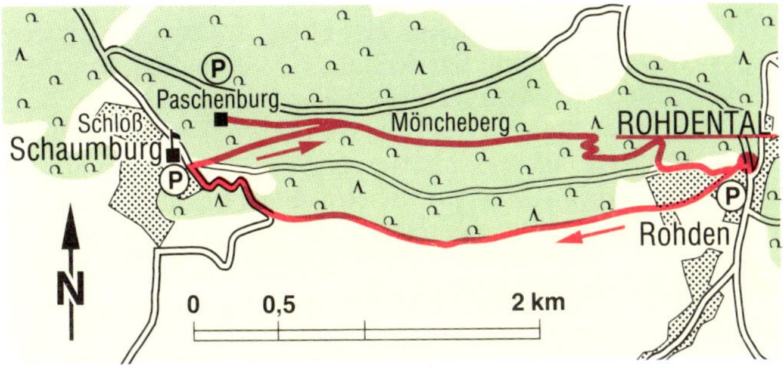

Tourenbeschreibung In *Rohdental* von der Mitte des Ortes auf der Straße *Rohdener Heide* ansteigen zu den beiden letzten Häusern. Gerade weiter auf Grasweg und am Waldrand entlang in etwa 45 Minuten zu kleiner Autostraße. An dieser entlang in Windungen hinauf zur *Schaumburg*.

Über die Straße und nun im Wald schräg rechts ansteigend in altem Hohlweg empor zum Bergkamm. Auf dem Kammweg links fast eben zur *Paschenburg* (Gaststätte, Aussicht; von der Nordseite mit Auto erreichbar).

Zuerst wieder den gleichen Weg zurück, den man gekommen ist. Dann jedoch auf dem Kammweg weiter über die flache Kuppe des *Möncheberges*. Kurz vor dem Ende des Bergrückens rechts über kurze Treppe und den anschließenden Zickzackweg steil hinab zu ebenem Hangweg. Diesen links zu eindrucksvollem Hohlweg. Neben diesem schräg rechts hinab zum Waldrand und links zurück nach *Rohdental*.

48 Porta Westfalica – Weserblick – Portakanzel – Jakobsberg – Grottenberg – Nammer Paß – Korffs Quelle – Kreuzplatz – Frankenburg – Luhdener Klippenturm – Steinbergen – Messingberg – Deckberger Paß – Oberberg – Paschenburg – Rohdental – Parkplatz Vorberg – Baxmann-Baude – Hohenstein – Bakeder Berg – Süntelturm – Klein-Süntel – Bahnhof Bad Münder

Verkehrsmöglichkeiten Bahn bis Porta Westfalica, Rinteln, Hessisch-Oldendorf und Bad Münder (Deisterbahnhof).

Parkmöglichkeiten Am Jakobsberg, am Frettholzweg, bei Wanderers Ruh, in Steinbergen, am Westendorfer Paß, am Deckberger Paß, in Rohdental, am Parkplatz Vorberg, in Klein-Süntel.

Wegmarkierungen Von Porta bis Rohdental weitgehend weiß X mit W. Paschenburg bis Süntelturm weitgehend weiß-rot-weißer Querstrich.

Tourenlänge 52 km (Porta – Rohdental 30,5 km, Rohdental – Bad Münder Bhf 21,5 km).

Wanderzeit Gewöhnlich 2 Tage (1. Tag bis Rohdental oder Schneegrund 6–8 Std., 2. Tag bis Bad Münder 4–6 Std.).

Höhenunterschiede Insgesamt etwa 1300 Meter (Porta – Rohdental 880 mH, Rohdental – Bad Münder 420 mH). Steile Aufstiege vom Bahnhof Porta (45 m) bis zum Aussichtsturm (220 m), am Messingberg vom Waldrand zum Kamm (60 mH), Baxmannbaude (169 m) bis Hohenstein (330 m). Steiler Abstieg am Messingberg (auf 30 mH) und vom Möncheberg zur Straße (110 mH).

Wanderkarten 1:50000 Wandern und Freizeit Deister – Süntel – Osterwald; L 3798 Minden, L 3720 Stadthagen.

Anmerkung Lange, sehr geschlossene Laubwaldwanderung über das gesamte Wesergebirge und den Süntel. Zusammen mit Wanderungen 18/19 und 41 eine der lohnendsten Langstreckenwanderungen des Weserberglandes. Viele reizvolle Ausblicke. Weitgehend auf breiten, teilweise auch unbefestigten Wegen. Die Tour wird kaum in einem Tage gegangen werden. Übernachtung möglich in Rohdental oder im Naturfreundehaus im Schneegrund. Auch Teilstrecken der Wanderung sind ausnahmslos lohnend.

Wissenswertes Im Wesergebirge fallen die Juraschichten steil nach Norden ein. Deshalb ist es als relativ schmaler Kamm ausgebildet, der lediglich von einigen Pässen untergliedert ist. Weiter östlich liegen die Schichten zunehmend flacher. Dort werden die

Hochflächen des Süntels von Tälern mit steil abfallenden Schichtstufen gegliedert. An der Wülpker Egge geologischer Schaugarten. Weitere Hinweise siehe auch unter Wanderungen 44–47.

Tourenbeschreibung Gegenüber von *Bahnhof Porta* auf Treppen hinauf und links, auf dem *Schwollmannweg* zum *Weserblick.* Links vor den Mergelhängen ansteigen zum Gasthaus *Zur Schönen Aussicht.* Kurz danach scharf links hinauf zur *Portakanzel* am Bergkamm (Ausblick zur Weser). Weiter ansteigen zum *Aussichtsturm* und zu den Fernsehtürmen auf dem *Jakobsberg* (Großparkplatz).

Jenseits hinab und gleich hinter dem Parkplatz rechts der Straße im Wald auf Fußweg weiter. Nach etwa 2 Minuten rechts einen schmalen Zickzackweg hinab zum *Rasthaus Rölzholz.* Links auf dem *Grottenweg* zum Parkplatz am Wasserbehälter *Frettholzweg.*

Auf dem *Königsweg* ansteigend am Südhang des Roten Brinks entlang und nach etwa 20 Minuten rechts hinab zum *Nammer Paß* (Schutzhütte). In gleicher Richtung weiter zum *Eggeweg.* Eine Viertelstunde später an *Korffs Quelle* vorbei und zum *Kreuzplatz* (rechts unterhalb Gaststätte Mettwurst Möller). In gleicher Richtung unterhalb der Wülpker Egge vorbei und in Waldtälchen hinab zur Autostraße zwischen Kleinenbremen und Todenmann (Gaststätte *Wandereres Ruh).*

100 Meter an der Autostraße entlang und dann gerade auf asphaltierter Forststraße zu Wegekreuz. Geradeaus mit akustischer Untermalung oberhalb der Autobahn entlang. Dann über die *Autobahnbrücke* und auf Forststraße über kleinen Bergrücken weiter unter der Kuppe des Hainholz entlang. An der *Frankenburg* (Burgreste) vorbei zu Wegekreuz (rechts hinab nach Todenmann). An der Schutzhütte vorbei geradeaus weiter und nach 5 Minuten links am Hang hinauf, bis dieser weniger steil wird. Rechts auf Fußweg über den Bergrücken zum *Luhdener Klippenturm* (sehr schöner Ausblick auf Rinteln, Gaststätte). Den Kammweg hinab und auf Querweg rechts zu kleinem Bergsattel. Links und gleich danach wieder rechts auf Grasweg hinab. Auf ebenem Hangweg links nach *Steinbergen.*

Rechts hinab in den Ort. Hinter der Bahnlinie links auf dem *Messingbergweg* hinauf zum Wald. Hier schräg links (Markierung Kreuz) steil ansteigen zum Bergkamm. Auf schönem Weg über den *Messingberg* (weite Aussicht, rechts Klippen). Am anderen Ende des Kammes ein kurzes Stück steil hinab und unten rechts haltend zur Autostraße am Paß zwischen Westendorf und Bernser Landwehr. – Links 100 Meter zur Paßhöhe. Dort rechts auf befestigtem Forstweg im Bogen hinauf bis kurz vor die Kuppe der

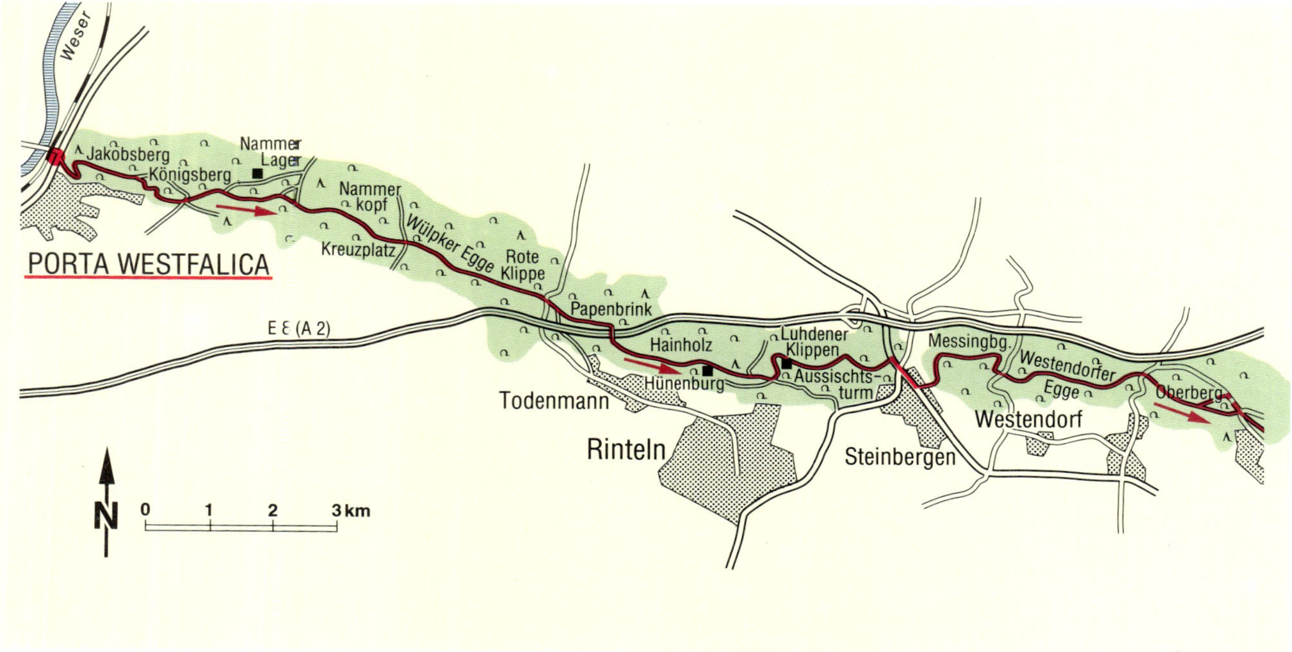

Weser
Jakobsberg
Königsberg
Nammer Lager
Nammer kopf
Kreuzplatz
Wülpker Egge
Rote Klippe
PORTA WESTFALICA
Papenbrink
E 8 (A 2)
Hainholz
Hünenburg
Luhdener Klippen
Aussischts-turm
Todenmann
Rinteln
Steinbergen
Messingbg.
Westendorfer Egge
Westendorf
Oberberg
N
0
1
2
3 km

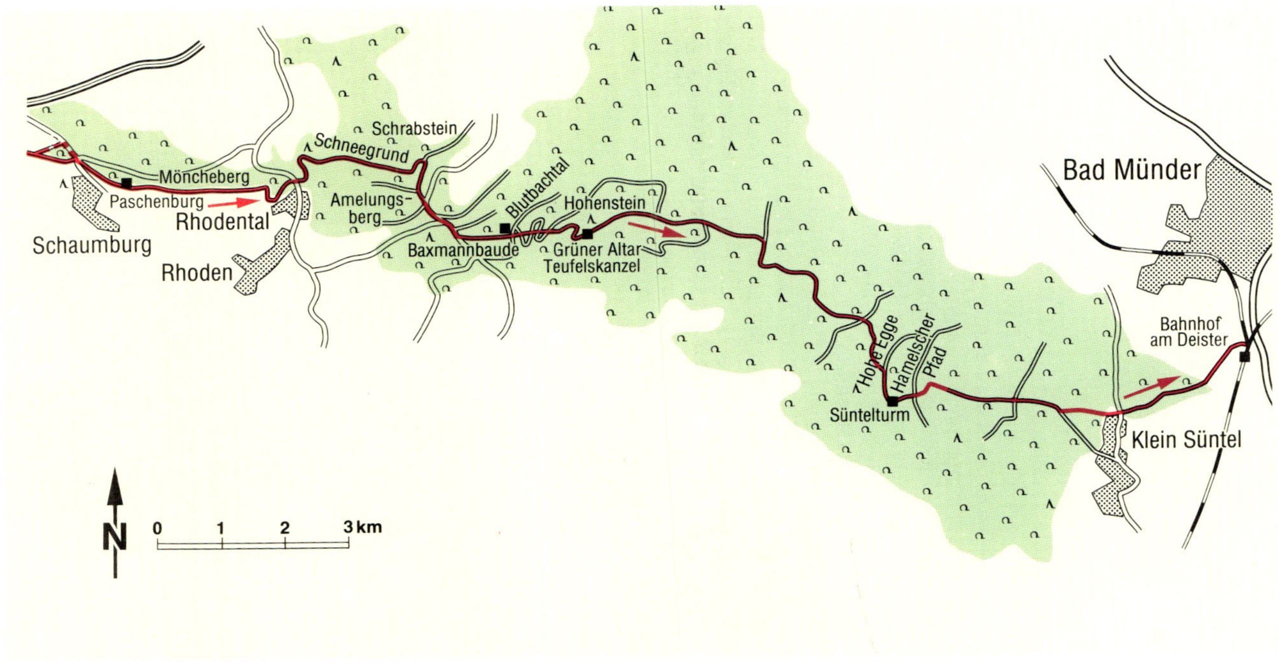
Bad Münder
Bahnhof am Deister
Klein Süntel
Süntelturm
Hohe Egge
Hamelscher Pfad
Hohenstein
Grüner Altar
Teufelskanzel
Blutbachtal
Baxmannbaude
Schrabstein
Schneegrund
Amelungsberg
Möncheberg
Paschenburg
Rhodental
Rhoden
Schaumburg
N
0
1
2
3 km

Westendorfer Egge. Darunter rechts den Forstweg am Hang entlang zum *Deckberger Paß* (Schutzhütte).

Auf schönem Fußweg über den Kamm des *Oberberges,* an der *Wilhelmi-Höhle* (Felsspalt) vorbei, zuletzt an eingezäunter Wiese entlang (teilweise Brennesseln. Man kann auch schon vorher mit der Markierung X W links zu Forstweg absteigen und unten auf der Straße nach rechts gehen).

Über die schmale Autostraße hinweg. Rechts an Schutzhütte vorbei auf schnurgeradem Weg über den Kamm hinauf zur *Paschenburg* (Gaststätte mit Parkplatz, Aussicht zur Schaumburg und ins Wesertal). Auf dem Kammweg weiter über den *Möncheberg.* Kurz vor dem Ende des Bergrückens rechts über kurze Treppe und kleinen Zickzackweg hinab, auf ebenem Weg nach links und danach neben einem urigen Hohlweg schräg rechts hinab zum Waldrand. Hier scharf links auf Forstweg zur Autostraße Rehren – Hessisch-Oldendorf.

100 Meter rechts entlang der Straße abwärts und noch vor dem Ort Rohdental links in den *Schneegrund.* Die Talstraße aufwärts, am Naturfreundehaus vorbei und nach etwa 30 Minuten hinter einer Linksbiegung scharf rechts hinauf zum *Parkplatz Vorberg.* Entlang der Autostraße hinab zu Querstraße. Unten links, an Steinbrucheinfahrt vorbei und einige Minuten später links von Parkplatz auf Forstweg hinab zur *Baxmannsbaude.*

Am *Baxmannbrunnen* vorbei und im Wald über breiten Weg und Treppen steil hinauf zu Forststraße. Links die Straße ansteigen. Kurz vor der Hochfläche rechts über weitere Treppenstufen hinauf und zur Oberkante der *Hohensteinwand* (Aussicht; kein Geländer!). Links weiter zur Schutzhütte am *Grünen Altar* (Aussichtskanzel mit Geländer).

Immer am Rande des Steilhanges entlang auf der Hochfläche weiter und im Bogen nacheinander um die Anfänge von vier Tälern herum. Danach schräg rechts ansteigen zum Bergrücken der *Hohen Egge* und zum *Sünteltum* (weite Rundsicht, Gaststätte).

Links hinab, eine ebene Forststraße *(Hamelscher Pfad)* queren und ins Tal absteigen. Etwa 10 Minuten nach einer Forststraßenkreuzung und etwa 5 Minuten nach einem Schießstand links. Bei Linkskurve des Forstweges auf Fußweg geradeaus ansteigen zum Ortsrand von *Klein-Süntel.* Links nicht weit vom Waldrand hinab bis zum östlichsten Waldzipfel des Süntels und auf Feldweg zum *Bahnhof Bad Münder.*

49 Uchtorf (Rinteln)/Schwarzenbrink – Lichtengrund – Wennenkamp – Ludwigsturm – Hünenburg – Hohenrode

Verkehrsmöglichkeiten Bahn bis Rinteln. Bus bis Uchtorf und Schwarzenbrink.
Parkmöglichkeiten Beim Gasthaus Hupengrund am Ortsausgang in Richtung Wennenkamp.
Wegmarkierungen Anfangs Rehbock. Von Wennenkamp bis Ludwigsturm Fichte.
Tourenlänge 11,2 km. **Wanderzeit** Etwa 3¾ Stunden.
Höhenunterschiede Insgesamt 320 Meter. Mäßig steiler Abstieg von der Hünenburg (230 m) zum Waldrand (140 m).
Wanderkarte 1:50000 L 3920 Rinteln.
Anmerkung Abwechslungsreiche, ruhige Wanderung mit reizvollen Fernblicken und fast durchwegs auf angenehmen unbefestigten Wegen. Kürzester Aufstieg zum Ludwigsturm von Wennenkamp in 15 Minuten.
Wissenswertes Die Hünenburg wurde im 12. Jahrhundert erbaut und schon wenige Jahre später zerstört. Erhalten sind einige Grundmauern und die großen Gräben und Wälle. – Zwischen Uchtorf und Exten wurden früher im Extertal mit Hilfe von Wassermühlen kleine Schmieden, die sogenannten »Eisenhämmer«, betrieben. –
Tourenbeschreibung Südlich von Rinteln in *Uchtorf* gegenüber vom Gasthaus *Hupengrund* durch steile Gasse hinauf und oben auf Feldweg links ansteigen zum Waldrand. Rechts mit weitem Ausblick auf Extertal und Wesertal am Waldrand entlang und dann schräg rechts hinab. Noch vor Erreichen der Autostraße vor dem ersten Haus von *Grünenbrink* auf kleiner Straße links in den Wald und dann im Wiesentälchen *Lichtengrund* aufwärts. Später im Wald immer geradeaus, über ebene Forststraße hinweg und hinauf zur Autostraße.

100 Meter nach rechts zum ersten Haus von *Wennenkamp* und von dort gleich wieder links am Waldrand entlang und zwischen Feldern zum Wald. Im Wald schräg rechts ansteigen (weiter Ausblick). Oberhalb von Wennenkamp entlang zum Parkplatz an der Forststraße. Links die Forststraße hinauf zum Bergrücken. Dort rechts auf hübschem Fußweg rasch zum *Ludwigsturm* (auf dem *Rumbecker Berg;* großartige Rundsicht; 1½ Std. von Uchtorf).

Den Fußweg weiter zu Forststraße. Über diese hinweg und auf unbefestigtem Weg 2 Minuten etwas nach links hinab. Dann bei Kreuzung schräg rechts am Hang entlang abwärts. Weiter unten über den Bergrücken und etwas rechts hinab zu Forststraße. Auf dieser abwärts zu Bergsattel mit Schutzhütte und Wegspinne. Hier geradeaus weiter etwas ansteigen zur *Hünenburg.* Über den Bergrücken absteigen bis zum Waldrand bei Wochenendsiedlung. Hier scharf links in den Talgrund und dort scharf rechts hinab in den Ort *Hohenrode.*

Links auf der kleinen Straße *Alte Lande* ansteigen. Vor dem Wald rechts, um Waldecke herum und immer am Waldrand entlang auf Grasweg (mit schönem Blick ins Wesertal und auf das Wesergebirge) bis zu Schotterstraße. Auf dieser links im Wald aufwärts. Nach einigen Minuten auf einem anderen Forstweg rechts ab. Bei Gabelung auf dem unteren Weg weiter. Dann immer abwärts, an Stationen eines Trimmpfades vorbei, zum Waldrand (Ausblick). Links rasch zurück zum Ausgangspunkt in *Uchtorf.*

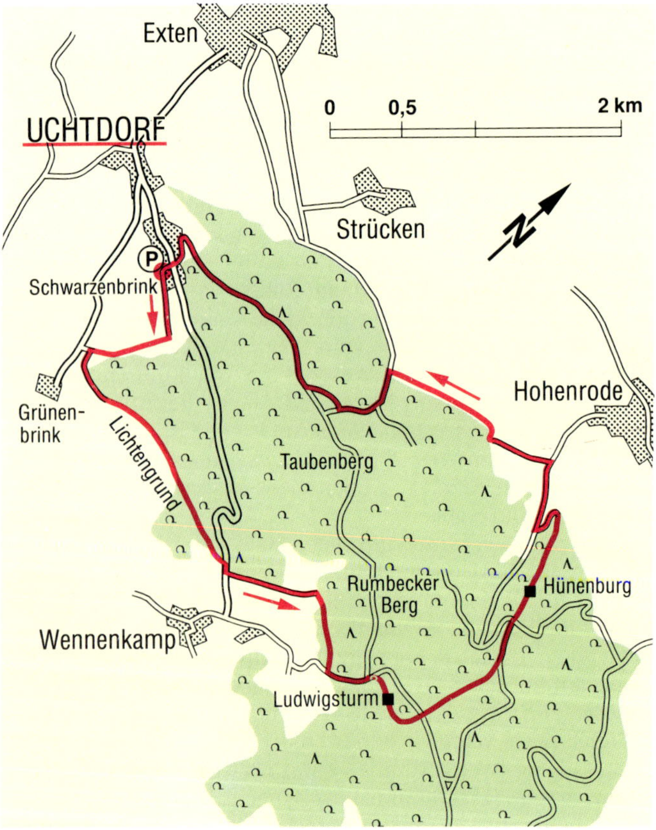

50 Dransfeld – Hutebuchen – Dransberg – Altarstein – Giesecke-Stein – Hoher Hagen/Gaußturm – Dransfeld

Verkehrsmöglichkeiten Bus bis Dransfeld (von Münden oder Göttingen). Im Sommer auch zeitweilig Bus Dransfeld – Hoher Hagen.
Parkmöglichkeiten In Dransfeld am Schwimmbad und auf dem Hohen Hagen.
Tourenlänge 8,5 km.
Wanderzeit Etwa 2½ Stunden.
Höhenunterschiede Etwa 230 Meter. Nur mäßige Steigungen.
Wanderkarte 1:50000 Göttingen und Umgebung. Auch 1:50000 Naturpark Münden.
Anmerkung Feldmark- und Waldwanderung, überwiegend befestigte Wege.
Wissenswertes Der Hohe Hagen ist eine der Basaltkuppen, die (ebenso wie Staufenberg, Gahrenberg, Bramburg usw.) als Lavaergüsse tertiärer Vulkane entstanden. Die Basaltvorkommen werden z.Z. noch in riesigen Steinbrüchen abgebaut, sind jedoch in absehbarer Zeit fast restlos abgeräumt. Der alte Gaußturm, der eine der Haupttriangulationspunkte bei der ersten exakten Kartenaufnahme war, ist dem Abbau bereits zum Opfer gefallen. Inzwischen wurde ein neuer Aussichtsturm mit Restaurant erbaut - zwar modern, aber ohne den Hauch von Historie, der den alten Turm umgab. - Die Hutebuchen am Dransberg deuten mit ihren Namen noch auf die früher verbreitete Waldweide hin (Schweinemast). - 3–4 km nördlich von Dransfeld großer vorgeschichtlicher Ringwall Hünenburg und zahlreiche bronzezeitliche Hügelgräber.
Tourenbeschreibung Vom großen Parkplatz am südlichen Ortsrand von *Dransfeld*, 100 Meter vor dem Campingsplatz, rechts auf Asphaltstraße über den Bach *(Auschnippe)*. Etwa 50 Meter nach rechts, dann links Feldweg mit Pappelallee zum Wald (links alter *Judenfriedhof*). 50 Meter danach im Wald links die mächtigen *Hutebuchen*.

Zurück zum Weg, etwas rechts hinab zu einem etwas tiefer heranführenden Feldweg (schöner Blick nach Norden auf die Dransfelder Hochfläche). Am Waldrand entlang nach links, am *Dransberg-Steinbruch* vorbei (Grillplatz) und nach etwa 10 Minuten zu Waldecke.

Hier geradeaus weiter auf Grasweg durch ein flaches Wiesental, dann am Waldrand entlang und zuletzt etwas links. Im Wald an der steilen Kuppe des Schotsberges vorbei zu Forststraße (Wege-

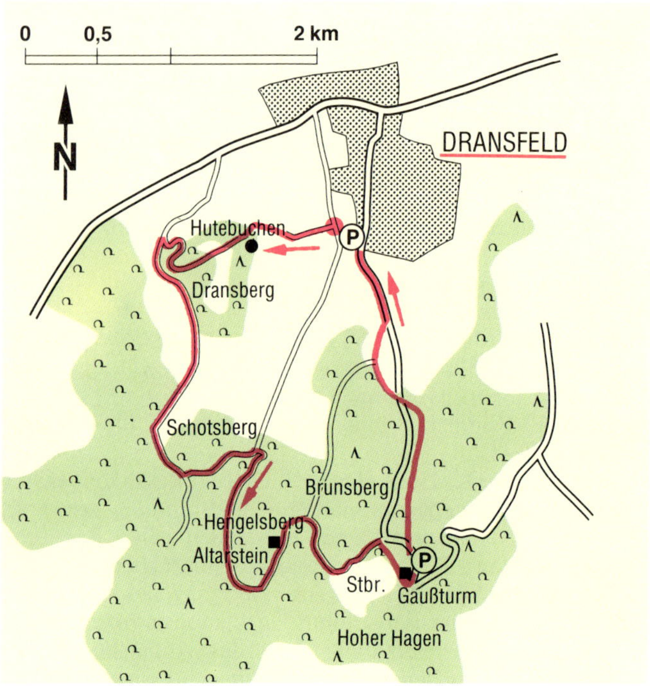

kreuz). Links noch etwa 600 Meter zum Sattel zwischen Schotsberg und Hengelsberg (Wegedreieck).

Nun rechts am Hang des Hengelsberges allmählich ansteigend um diesen herum (Abstecher zum Gipfel z.Z. nicht lohnend, weil Aussicht zugewachsen). Bei Wegegabelung den linken, oberen Weg. Ansteigend zu den *Altarsteinen* (Basaltblöcke links, oberhalb des Weges) und wenig später zum *Giesecke-Stein* am Sattel zwischen Hengelsberg und Brunsberg. Gleich darauf bei Weggabelung rechts hinauf zum Rest der Gipfelkuppe des *Hohen Hagen* (Altes Wirtshaus, Blick auf die Steinbrüche).

Hinab zu den großen Parkplätzen (rechts der neue Aussichtsturm) und über die Straße zum Beginn eines Fußweges. Dieser leitet links gerade hinab zum Waldrand und zurück nach *Dransfeld.*

51 Adelebsen – Wüstung Vredewoldt – Bramburgstraße – Wüstung Bremke – Adelebsen

Verkehrsmöglichkeiten Bahn und Bus bis Adelebsen.
Parkmöglichkeiten In Adelebsen u.a. am Ausgangspunkt (Ostlandstraße/Glatzer Straße).
Wegmarkierung Keine.
Tourenlänge 12 km.
Wanderzeit 3¼ Stunden.
Höhenunterschiede Insgesamt 290 Meter. Steiler Aufstieg von der Ortsstelle Bremke (247 m) zum Bergkamm (310 m).
Wanderkarte 1:50000 Göttingen und Umgebung.
Anmerkung Landschaftlich reizvolle, kulturhistorisch interessante Wanderung auf angenehm zu gehenden Wegen. Eine sinnvolle und erfreuliche Kürzungsmöglichkeit bietet sich nicht an, weil die in der Mitte liegende Basaltkuppe der Bramburg von einem Steinbruch völlig abgeräumt und umgewühlt ist.
Wissenswertes Die Wanderung führt zu den Resten zweier Dörfer, die im 14. Jahrhundert bestanden, dann jedoch wieder aufgegeben wurden. Die Gründe für das Verlassen der Orte waren damals unterschiedlich: Die Klimaverschlechterung zu Ende des Mittelalters bewirkte auf ungünstigen Böden und Lagen noch schlechtere landwirtschaftliche Erträge als sonst. Teilweise war aber auch Entvölkerung durch Seuchen oder Krieg der Grund. Von dem Ort Vredewoldt (auch Freudewald oder Friwol) sind die 10 Meter hohe Ruine des Kirchturms und ein Wehrgraben erhalten, während von Bremke (auch Bredenbeck) nur noch Reste der Kirchengrundmauern zu sehen sind. Eine weitere alte Kirchenruine steht etwa 3 km westlich von Adelebsen direkt an der Straße nach Uslar (Wüstung Reinshagen). – Die Burg Adelebsen stammt aus dem 13. Jahrhundert. Der mächtige neunstöckige Wohnturm aus dem 14. Jahrhundert kann bestiegen werden (nach Bränden und Kriegsschäden verschiedene Erweiterungen, alter Tretbrunnen). Außerdem in Adelebsen Renaissanceschloß (16. Jht.).
Tourenbeschreibung In *Adelebsen* nahe dem östlichen Ortsausgang auf der *Ostlandstraße* bis zu den letzten Häusern und an der Abzweigung der *Glatzer Straße* vorbei zum Wald. Auf breitem, befestigtem Weg etwa 3 Minuten nahe dem Grunde eines Tälchens aufwärts und dann rechts auf Steinbrücke über den Bach. Auf der anderen Seite den Fußweg am Bach entlang ansteigen und später am Waldrand weiter. Kurz bevor die Ackerflächen aufhören, auf Querweg rechts in den Wald. Nach etwa 80 Metern wieder links und auf Schotterstraße in der gleichen Richtung wie

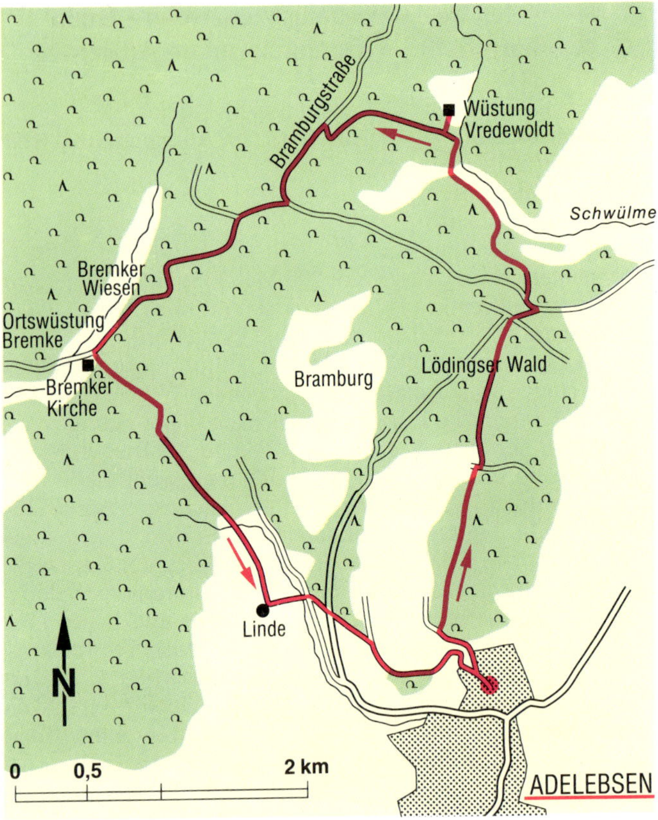

vorher geradeaus sanft ansteigen. Etwa 10 Minuten später biegt die Schotterstraße scharf nach links. Hier geradeaus den unbefestigten Weg weiter in wenigen Minuten auf eine Kreuzung von Forststraßen.

Schräg rechts auf der asphaltierten Straße nach 2 Minuten zur Einmündung auf eine andere Straße. Hier scharf links und 100 Meter weiter bei Rechtsbiegung vor einer Wiese rechts abzweigen.

Dieser Weg führt abwärts an einer Wiese vorbei (Ausblick nach Osten) und dann bei einer Jagdhütte links in den Fichtenwald. Auf dem oberen Weg bleibend die flachen Hänge queren.

Oberhalb einer Quellmulde vorbei und bei Gabelung rechts zu Laubwald. Hier wird der Weg undeutlich. In gleicher Richtung wie vorher schräg über einen flachen Bergsporn und jenseits weglos hinab zum Rand eines Wiesentälchens. Hier links, an Fischteichen vorbei und nahe am Talgrund auf dem Weg weiter. Am Ende der nächsten großen Wiese rechts über zwei Bäche zur Gabelung zweier Forststraßen. Hier links, nach einer Minute hinter Wiese wieder rechts ab und rasch zur *Ortswüstung Vredewoldt* (Kirchenruine, Wehrgraben; Schutzhütte, in der Nähe Teiche; 1 Std. von Adelebsen).

Auf dem gleichen Weg die 200 Meter zurück zur Forststraße. Auf dieser rechts weiter stetig ansteigen. Später biegt der nur noch wenig befestigte Weg nach links und mündet auf die befestigte *Bramburgstraße.* Auf dieser links in 5 Minuten zu Querstraße. Hier rechts nach nochmals 5 Minuten zu Wegekreuz.

Auf der linken der beiden befestigten Straßen am Hang eines Tales abwärts. Nach etwa 10 Minuten mündet von links her ein Seitentälchen mit Wiesen. Gleich danach, an der Biegung vor den Wiesen des Haupttales liegt links der unauffällige Schutthügel der *Ortswüstung Bremke.*

Zu Tour 52 **Wandertafel »Radwanderwege um Hardegsen und Ertinghausen«**
(Foto: Stadt Hardegsen)

Hier links, genau oberhalb des Schutthügels, den markanten Hohlweg geradeaus steil hinauf zum flachen Bergrücken. Auf diesem rechts entlang Schneise (mit alten Grenzsteinen) einige Minuten nach rechts zu Forstweg.

Diesen links nach 100 Metern zu Wegekreuz. Hier rechts abbiegen und auf Grasweg hinab und zum Waldrand. Geradeaus auf Leiter über Weidezaun und schönen Grasweg über Kuppe, durch Tälchen und auf die nächste Kuppe zu einer einzeln stehenden Linde (sehr schöner Rundblick).

Kurz vor dem Baum links auf Grasweg hinab ins Tal. Jenseits auf Forstweg schräg rechts am Hang ansteigen, die breite Asphaltstraße queren und weiter zum Bergkamm. Dem befestigten Weg im Bogen nach links folgen und zuletzt um bewaldete Kuppe herum zurück zum Ausgangspunkt im östlichen Teil von *Adelebsen.*

52 Hardegsen – Weperkamm – Balos – Ludwigshöhe – Burgberg – Espolde-Tal – Hardegsen

Verkehrsmöglichkeiten Bahn und Bus bis Hardegsen.
Parkmöglichkeiten Am Bahnhof Hardegsen. Auch in Ludwigshöhe und beim Gut Üssinghausen.
Tourenlänge 12 km. **Wanderzeit** Etwa 3¼ Stunden.
Höhenunterschiede Insgesamt 290 Meter. Nur mäßige Steigungen.
Wanderkarte 1:50000 Naturpark Solling-Vogler oder 1:50000 Göttingen und Umgebung.
Anmerkung Reizvolle Kamm- und Feldmarkwanderung, überwiegend auf nicht oder nur wenig befestigten Wegen. Die Wanderung kann verkürzt werden, indem man schon vorher vom Weperkamm absteigt. Man verzichtet dann jedoch auf die besonders eindrucksvolle Rundsicht vom Balos. Die letztgenannte Erhebung kann am raschesten vom Gut Üssinghausen aus bestiegen werden.
Wissenswertes Der Höhenzug der Weper ist eine mächtige Muschelkalk-Schichtstufe. Der nach Westen gerichtete Stirnhang ist durch die raschere Abtragung des unter dem Muschelkalk liegenden tonigen Röt besonders während der Eiszeiten unterschnitten und dadurch versteilt worden. Auf dem klüftigen, trockenen Muschelkalkhang hält sich wegen der Steilheit kaum Boden, so daß sich dort teilweise nur eine kärgliche Gras- und

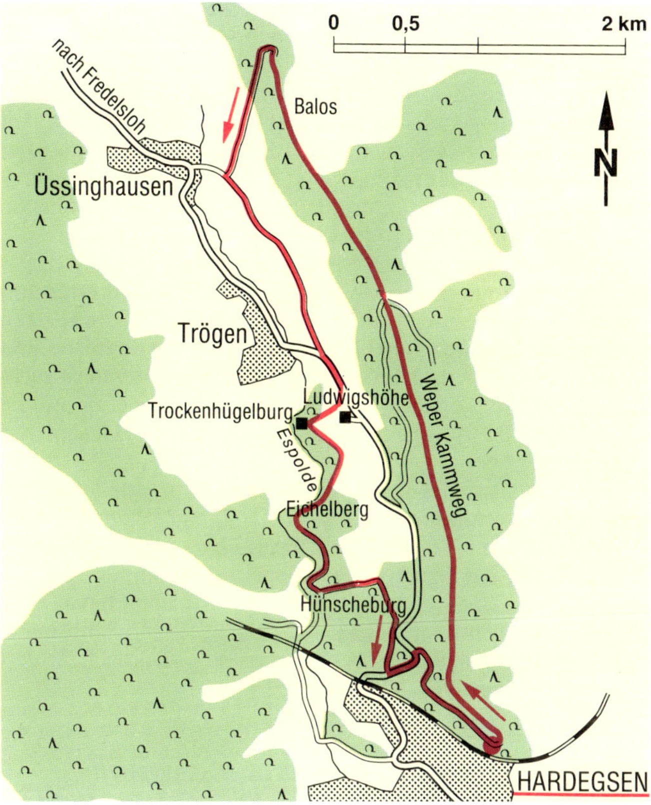

Strauchvegetation behaupten kann. – Bei Ludwigshöhe auf dem Burgberg eine der wenigen erhaltenen Trockenhügelburgen (frz. motte), wie sie vor allem von den Normannen benutzt wurden. – Die Burg Hardeck wurde um 1200 gegründet, Ruine und Mooshaus (oder Muthaus; alter Wehrturm von 1324, Rittersaal) erhalten. In der Innenstadt des Kurortes schöne alte Häuser. Westlich von Hardegsen Wildgehege. Im Ortsteil Hevensen alte Dorfkirche mit sehenswertem gotischem Schnitzaltar. Im weiter nördlich zwischen Solling und Ahlsburg gelegenen Fredelsloh hat das Töpferhandwerk schon eine über 1000 Jahre alte Tradition, außerdem ehemalige Klosterkirche (roman. Pfeilerbasilika, 12. Jh.) und Bildungsstätte für ökologische Fragen.

Tourenbeschreibung Vom Bahnhof *Hardegsen* auf der Straße in Richtung Fredelsloh über die Gleise und nach wenigen Minuten zur Abzweigung des *Schulweges* nach rechts. Am Hang oberhalb der Bahnlinie entlang bis zum vordersten Ende des Bergrückens (schöner Blick auf die Stadt).

Dann links auf den Bergrücken hinauf. Auf diesem oberhalb des Weges wieder zurück und immer der Kammhöhe folgen. Auf dem Weper-Kammweg nach etwa 1 Stunde mit einigen kurzen Auf- und Abstiegen und zunehmend schöner werdenden Ausblicken zur Kuppe des *Balos* (379 m; große gemauerte Schutzhütte, eindrucksvoller Rundblick).

Jenseits entlang der Stufenkante mit ihren vom Wind zerzausten Hecken an kargen, steinigen Ackerflächen vorbei bis zum ersten folgenden Sattel. Hier scharf links auf einem von Hecken gesäumten, zerfahrenen Feldweg hinab. Kurz vor dem Dorf und Gut Üssinghausen nach links. Kurz darauf den unteren grasigen Weg gerade weiter. Nach etwa 20 Minuten mündet er auf die Autostraße. 400 Meter entlang der Straße zu den Häusern von *Ludwigshöhe.*

Dort rechts auf Grasweg zum Wald mit dem *Burgberg* (Wallanlage, Erläuterungstafel). Links am Waldrand, dann im Wald weiter (Markierung schwarze Eule) und hinab zum idyllischen *Espolde-Bach.* An dessen Ufer entlang in 20 Minuten zu Grillplatz und der Markierung folgend links in Tälchen hinauf. Vor einem Teich rechts abbiegen und ansteigen zur Autostraße. Rechts auf Forstweg weiter zur Försterei und zurück nach *Hardegsen* zum Bahnhof.

53 Reinhausen – Bürgertal – Saugraben – Reintal – Jägerstein – Hurkutstein – Waldschlößchen – Wendebachtal – Reinhausen

Verkehrsmöglichkeiten Bahn bis Niedernjesa. Bus bis Reinhausen.

Parkmöglichkeiten In Reinhausen am Ausgang des Bürgertales. Beim Waldschlößchen.

Wegmarkierungen Bis Reintal roter Punkt. Reintal bis Waldschlößchen blaues Dreieck. Waldschlößchen bis Reinhausen gelbes Dreieck.

Tourenlänge 10 km. **Wanderzeit** Etwa 2¾ Stunden.

Höhenunterschiede Insgesamt etwa 130 Meter. Sanfte Steigungen.

Wanderkarte 1:50000 Göttingen und Umgebung. Lagepläne für die Felsen im Kletterführer »Die Felsen des Weser-Leine-Berglandes«.

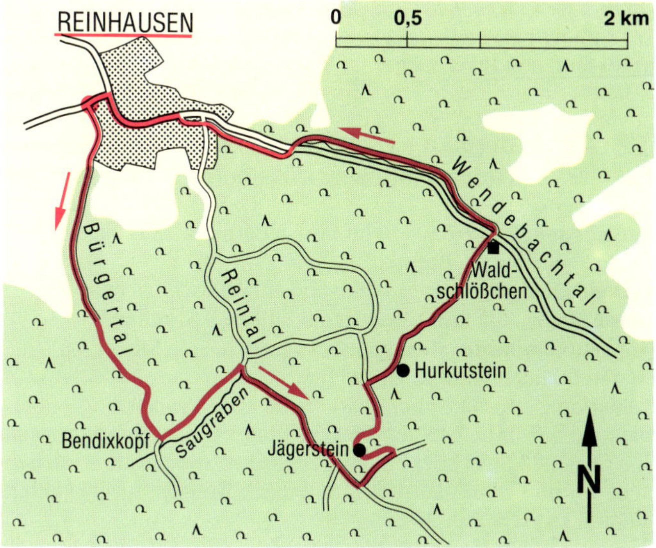

Anmerkung Abwechslungsreiche, kleingekammerte Buntsandsteinlandschaft, in der man sich bei Verlassen der Wege faszinierend leicht verlaufen kann. Eine Möglichkeit zum Teilen der Wanderung bietet die Straße durch das Reintal.

Wissenswertes Der originell an die Buntsandsteinfelsen gedrängte Ort Reinhausen war Grafensitz und hatte ein Benediktinerkloster. Sehenswerte doppeltürmige romanische Kirche (Westseite, Säulenportal und Mittelschiff sind alt, Seitenschiffe 18. Jht.; Fresken und Altar 15. Jht.) Am hohen Bilsteinfelsen mittelalterliche Steinkreuze. – In der Umgebung in den Tälchen reizvolle Sandsteinklippen mit Wabenverwitterung (Bürgertalklippen, Jägerstein). Der Hurkutstein war angeblich früher eine Einsiedelei. Der Buntsandstein wurde und wird stellenweise noch heute in großen Steinbrüchen abgebaut (z.B. am Hang des Wendebachtales).

Tourenbeschreibung Von Reinhausen durch das *Bürgertal* hinauf und vor dem Bendixkopf über kleinen Sattel links hinab auf Forststraße durch den *Saugraben* in das *Reintal.*

Darin rechts aufwärts und nach 20 Minuten zum Felsmassiv des *Jägerstein.* Oberhalb des Felsens weiter dem Weg folgend zum *Hurkutstein* und auf Forststraße durch das Tal hinab zum *Waldschlößchen.*

Über den *Wendebach* und danach links (rechts des Baches) im Tal entlang bis zur *Bettenroder Straße.* Hier links über die Autostraße und den Bach. Links der Wiesen zurück nach *Reinhausen.*

54 Bremke – Eschenberg-Sattel – Gleichen – Waldschlößchen – Wendebach-Tal – Bremke

Verkehrsmöglichkeiten Bahn bis Niedernjesa. Bus Niedernjesa – Groß – Schneen – Bremke.
Parkmöglichkeiten In Bremke und am Waldschlößchen.
Tourenlänge 8,5 km. **Wanderzeit** Etwa 3 Stunden.
Höhenunterschiede Insgesamt etwa 230 Meter. Steiler Aufstieg an den Gleichen (auf ca. 50 mH).
Anmerkung Ruhige Feldmark- und Waldwanderung, überwiegend auf unbefestigten Wegen. Man kann auch schon nach den Gleichen links über Feldwege das Gut Appenrode erreichen und von dort direkt auf Feldstraße nach Bremke zurückkehren (dann 7 km, 2¾ Std.).
Wissenswertes Die Gleichen sind Zeugenberge mit Muschelkalkgruppen (vgl. Wanderung 55). Beide Gipfel tragen Ruinen von Burgen, die die alte Handelsstraße von Göttingen nach Heiligenstadt beherrschten und im Dreißigjährigen Krieg zerstört wurden. In Bremke bekannte Waldbühne (Märchenspiele).
Tourenbeschreibung Von *Bremke* auf der Feldstraße in Richtung Sennickerode etwa 500 Meter aufsteigen und dann auf kleiner Kuppe bei Wasserbehälter nach links den Feldweg einbiegen.

Zu Tour 52 **Muthaus mit Haus des Gastes und Kurparkteich** (Foto: Stadt Hardegsen)

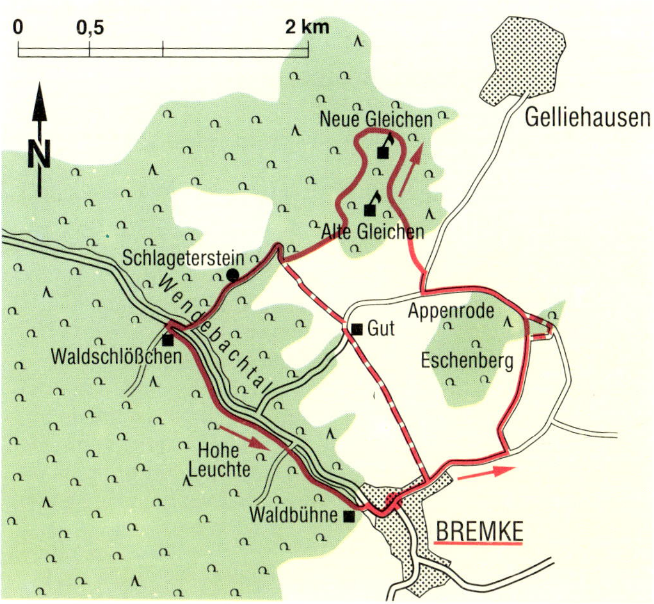

Gleich darauf wieder nach rechts und den Feldweg am flachen Hange des Eschenberges entlang mit schönem weitem Blick auf die Buntsandsteinflächen des Eichsfeldes bis zum Wald.

Dort 50 Meter nach links und dann auf spärlichen Pfadspuren und fast weglos geradeaus 2 Minuten durch den Wald zum unteren Waldrand (Man kann auch den Waldzipfel rechts umgehen). Auf Feldweg links am Waldrand entlang und zum Sattel zwischen Eschenberg und Gleichen, kurz vor Appenrode.

Auf Feldweg nach rechts, 2 Minuten später bei Gabelung links und über den Bergrücken zum Wald. Rechts am Hang entlang aufsteigen, in großem Bogen zum Sattel zwischen *Neuen* und *Alten Gleichen* und von dort aus auf die beiden Gipfel (Ruinen, Hütte).

Vom Sattel auf der Seite, wo man heraufgekommen ist (Westen), schräg links haltend hinab zum Waldrand (Blick auf Appenrode) und weiter unten in bewaldetes Tälchen. Darin hinab, am *Schlageterstein* (Buntsandsteinklippe) vorbei und ins *Wendebachtal.* Rechts rasch zur Gaststätte *Waldschlößchen.*

Links der Gaststätte ansteigen und dann links auf Waldweg unter der Kuppe der Hohen Leuchte (Pilzfelsen) vorbei, immer oberhalb der Straße zurück nach *Bremke.*

55 Benniehausen – Kahlberg – Kronenberg (Alte Niedeck) – Hengstberg – Gut Niedeck – Helletal – Benniehausen

Verkehrsmöglichkeiten Bus Göttingen – Benniehausen – Wöllmarshausen.
Parkmöglichkeiten In Benniehausen. Auch beim Gut Niedeck.
Tourenlänge 9 km.
Wanderzeit Etwa 3 Stunden.
Höhenunterschiede Insgesamt etwa 270 Meter. Steiler Aufstieg zur Alten Niedeck (auf 40 mH) und am Hengstberg (auf 40 mH). Steiler Abstieg vom Hengstberg nach Osten (auf ca. 60 mH).
Wanderkarte 1:50000 Göttingen und Umgebung.
Anmerkung Reizvolle Wanderung durch Flur und Laubwald. Im gesamten Waldbereich angenehm zu gehende schmale Fußwege. Der steile Aufstieg zum Kronenberg kann vermieden werden, indem man davor bei der Gabelung den unteren Weg weiter verfolgt und so direkt das Wegekreuz vor dem Hengstberg erreicht.

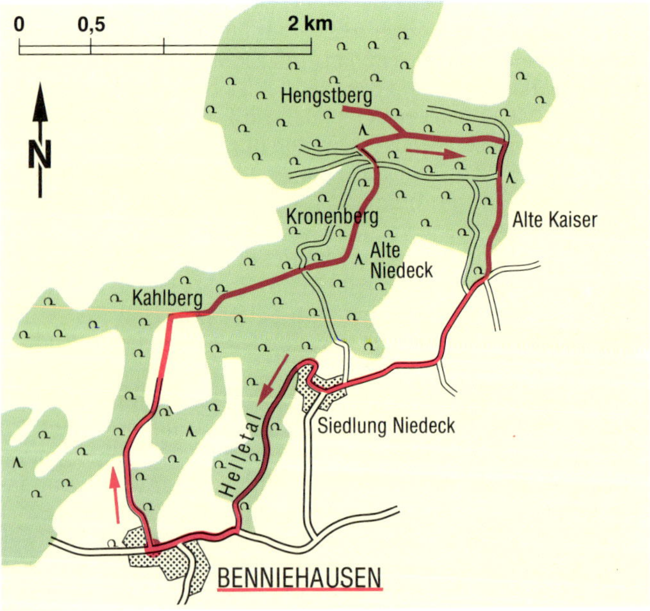

Wissenswertes Die Gipfel des Hengstberges und des Kronenberges sind (ebenso wie die Gleichen) aus Wellenkalk (Unterem Muschelkalk) aufgebaut, aus dem auch die eindrucksvolle Schichtstufe des Göttinger Waldes besteht. In früheren Phasen der Erdgeschichte bedeckte der Muschelkalk das gesamte Buntsandsteingebiet. Weil solche vorgelagerten Reste einer Schichtstufe die frühere größere Ausdehnung des harten stufenbildenden Gesteins beweisen, werden sie auch als Zeugenberge bezeichnet. Der klüftige, bankige Muschelkalk läßt das Niederschlagswasser versickern, so daß es sich über den daruntergelegenen roten Tonen des Röt (Oberer Buntsandstein) staut. Dadurch wurde in früheren feuchteren Klimaphasen die Basis der Stufen zeitweilig so stark durchweicht, daß immer wieder Teile der Stufen abrutschten und die Stufen dadurch zurückverlegt wurden. Die abgerutschten Gesteinspakete liegen jetzt als Buckel oder Wälle am unteren Stufenhang, wo sie allmählich verwittern. Auch dort, wo sich Bergrutsche in den ersten Phasen (Aufreißen von Spalten) befanden, sind sie heute nicht mehr in Bewegung (vgl. Wanderungen 56 Hünstollen, 57 Krummer Altar). Eine Ausnahme bildet der Hang der Mackenröder Spitze westlich oberhalb des Dorfes Mackenrode, wo ein Erdgletscher aus aufgeweichtem Rötton, frische Spalten und schiefstehende Bäume das Andauern der Bewegung augenfällig machen. – In Benniehausen und den anderen Dörfern des früher von einer kleinen Bahnlinie erschlossenen Gartetales hübsche einfache Fachwerkhäuser, in Wöllmarshausen eine bullige Sandsteinkirche. Die Namen der Dörfer deuten mit ihrer Endung -hausen auf ein hohes Alter hin.

Tourenbeschreibung In *Benniehausen* nahe dem westlichen Ortsende auf der Lindenstraße in ein Tälchen. Auf anfangs betoniertem, später nur noch geschottertem Feldweg links in einem Seitentälchen und danach über einen flachen Bergrücken aufwärts. Vom oberen Ende eines kleinen Wiesentales geradeaus entlang einem teilweise mit Gestrüpp bewachsenen, grasigen Ackerrain zum bewaldeten Rücken des *Kahlberges* (schöner Blick zurück auf die zertalten Buntsandsteinflächen).

Im Wald nach 30 Metern zu unbefestigtem Weg. Diesen rechts weiter, an alter Buche vorbei. Immer nahe am Bergkamm bleiben und zuletzt durch lange grasige Schneise zu einer kleinen, den Kamm querenden Asphaltstraße. Über diese hinweg und geradeaus neben Wasserbehälter auf kleinem Fußweg etwa 50 Meter durch Gestrüpp. Dann in gleicher Richtung auf unbefestigtem Weg weiter. Nach etwa 100 Metern zu Gabelung. Den oberen Weg ansteigend zum Bergrücken und zuletzt sehr steil hinauf auf die Kuppe des *Kronenberges* (besonders auf der Nordseite noch

Graben und Wall der Burg *Alte Niedeck* erkennbar).

Jenseits den Fußweg hinab und immer auf der Kammlinie gehend in wenigen Minuten zum Wegekreuz im Sattel vor dem Hengstberg (Köte, Schuppen, Thujabäume).

Schräg links auf Forststraße ansteigen und nach etwa 2 Minuten bei Biegung nach rechts auf unbefestigtem Weg zum Bergkamm. Links lohnender Abstecher von etwa 10 Minuten zum Gipfel des *Hengstberges* (am Westende des Kammes wild zerzauste Buchen auf ausgedünntem Boden, an einer Stelle vom oberen Rand des Steilhanges Blick nach Norden zur Mackenröder Spitze).

Zurück immer über den Bergkamm, zuletzt teilweise sehr steil absteigen. Unten links an altem Steinbruch vorbei und zu Forststraße. Diese nach rechts zu Biegung. Hier geradeaus auf Weg etwas ansteigen zu Bergrücken *(Alte Kaiser)* und auf diesem einen hübschen Grasweg zum Waldrand (alte Buchen, dann Kiefern und Hainbuchen; schöner Blick auf Sattenhausen und in die Weite des Eichsfeldes).

Wo der Wald endet, entlang asphaltierter Forststraße rechts abwärts. Später rechts zum Gut Niedeck. Direkt vor dem Fachwerkbau des alten Gutsgebäudes rechts in das *Helletal*. Darin hinab (seitlich Sandsteinklippen und Steinbrüche, links oben die Bürgergrotte) nach *Benniehausen*.

56 Ebergötzen – Borzeleck – Weißwassertal – Hünstollen – Bösinghausen – Ebergötzen

Verkehrsmöglichkeiten Bus Göttingen – Waake – Ebergötzen – Duderstadt.
Parkmöglichkeiten In Ebergötzen, z.B. am Mühlenberg. Am Eingang zum Weißwassertal. In Bösinghausen.
Wegmarkierungen Nur stellenweise am Hünstollen (weißes T).
Tourenlänge 12 km.
Wanderzeit Etwa 3¾ Stunden.
Höhenunterschiede Insgesamt 290 Meter. Steiler Aufstieg auf 20 Meter am Hünstollen.
Wanderkarte 1:50000 Göttingen und Umgebung.
Anmerkung Abwechslungsreiche, ruhige Waldwanderung mit schönen Ausblicken. Wer weniger gut zu Fuß ist, kann statt der beschriebenen Route am Hünstollen auch folgendermaßen gehen (weniger interessant und länger, breite Forstwege): Statt den Fußweg 400 m nach der Wiese nach links aufwärts zu nehmen, weiter auf der Forststraße bis zu Steinbruch. Dahinter

links und dann der Straße geradeaus folgen. Nach etwa 10 Minuten links auffällig geraden, befestigten Forstweg direkt zum Turm. Dann rechts immer am oberen Rand der Stufe bleiben, bis nach etwa 15 Minuten links ein breiter Fußweg hinabführt zu einem Sattel. Nun auf dem zweiten (rechten) der beiden nach links weiterführenden Wege zum Sattel vor Bösinghausen (dann insgesamt 13,8 km, 4½ Std., 290 mH). Kürzungsmöglichkeiten durch Ausgehen von Bösinghausen bzw. Verzicht auf den Aufstieg vom Weißwassertal zum Hünstollen, vgl. Skizze.

Wissenswertes Die Wanderung führt vom Buntsandsteingebiet um Ebergötzen auf die hohe Muschelkalkstufe des Göttinger Waldes. An den Steilhängen auch hier Bergrutschnischen und -schollen (vgl. Wanderung 55). Auf dem Bergvorsprung des Hünstollen drei Wälle als Reste einer Fluchtburg aus dem 4.–6. Jahrhundert. Der vom Aussichtsturm aus sichtbare Seeburger See ist durch die Auslaugung von Zechsteinsalzen entstanden und zeigt starke Verlandungserscheinungen (Naturschutzgebiet). Das noch weiter östlich gelegene Duderstadt ist ein Juwel für Freunde von alten Fachwerkhäusern.

Tourenbeschreibung In *Ebergötzen* durch die *Schäfergasse* und auf grasigem Feldweg ansteigen bis kurz vor die Kuppe des *Borzeleck* (weiter Blick über das Eichsfeld).

Zu Tour 61 **Greener Burg** (Burgruine bei Kreiensen)
(Foto: Verkehrsverein Leinebergland e. V.

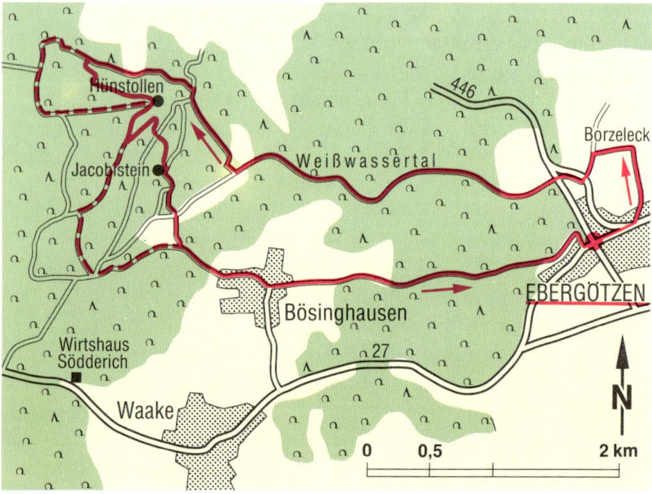

Hier gegenüber den Resten einer alten Obstplantage nach links auf Grasweg hinab zu asphaltierter Feldstraße. Links rasch zur *Bundesstraße 446* und auf dieser 80 Meter nach rechts.

Dann links unter Straßenbrücke durch und auf Schotterstraße das idyllische *Weißwassertal* hinauf (Fischteiche, weiter oben seitlich Buntsandsteinklippen und -steinbrüche). Nach einer längeren Strecke im Wald zu den Wiesen im oberen Teil des Tales. Hier nach 2 Minuten rechts auf Forstweg zum Wald und gleich danach bei Linkskurve rechts einen unbefestigten Weg im Wald ansteigen. Der Weg wird weniger deutlich. Immer auf dem kleinen Bergrücken, einen Wildzaun rechts umgehen und danach über den Bergrücken bis zu breiter Forststraße.

Auf dieser rechts um einen hohen Berganschnitt (Röt) herum, bei Gabelung auf der oberen Straße weiter zum oberen Rand einer Wiese (Aussicht). Etwa 400 Meter danach links auf einem schmalen Fußweg zwischen wallartigen alten Bergrutschmassen schräg links ansteigen. Nach einigen Minuten, kurz bevor der Weg wieder abwärts führt, schräg rechts auf schmalem Fußweg 20 Meter steil hinauf zur Hochfläche. Links auf schmalem Fußweg am Rand des Steilhanges entlang (Aussicht). Nach einigen Minuten zu den Wällen der alten *Fluchtburg* und zum *Aussichtsturm Hünstollen* (Blick bis zum Harz und Eichsfeld).

Auf dem jetzt breiteren Fußweg am Rand der Hochfläche etwa 2 Minuten weiter. Dann (Markierung weißes T) schmalen Fußweg schräg links querend über den steilen Hang hinab. Am Fuß des Steilhanges den Fußweg rechts in Windungen absteigen zu Forststraße. Etwa 20 Meter nach links und dann weglos im Wald etwa 200 Meter hinab. Rechts haltend zu unbefestigtem Weg, der schräg rechts hinableitet zum *Jocobi-Stein* an der Kurve der befestigten Forststraße.

Auf dieser nach rechts, bei Gabelung auf der unteren Straße weiter zu Wegekreuz im Grunde des oberen *Weißwassertales.* Geradeaus die kleine Asphaltstraße an Wiesen entlang hinauf zu Einsattelung. Dort trifft man auf eine Schotterstraße. Diese links rasch hinab nach *Bösinghausen.*

Geradeaus durch das Dorf. Auf der *Kampstraße* weiter. Den Feldweg geradeaus zum Wald und immer in gleicher Richtung, zuletzt auf flachem Bergrücken abwärts und nach *Ebergötzen.*

57 Bovenden/Eddigehausen – Eibenwald (NSG) – Plesseburg – Krummer Altar – Ratsburg – Bielstein – Eddigehausen

Verkehrsmöglichkeiten Bus bis Bovenden oder Eddigehausen.
Parkmöglichkeiten In Eddigehausen u.a. am Kirchplatz. An der Plesseburg. Am Freibad Reyershausen. An der Autostraße Eddigehausen – Reyershausen.
Tourenlänge 12 km.
Wanderzeit Etwa 3¾ Stunden.
Höhenunterschiede Insgesamt etwa 280 Meter. Steiler Aufstieg auf einige Meter am Krummen Altar und auf 50 mH zum Bielstein.
Wanderkarte 1:50000 Göttingen und Umgebung.
Anmerkung Landschaftlich abwechslungsreiche, geographisch, botanisch und kulturhistorisch interessante Wanderung auf überwiegend angenehm zu gehenden Wegen. Wenn man von der Plesseburg gleich wieder direkt absteigt nach Eddigehausen 4 km, 1¼ Std., 110 mH.

Wissenswertes Das Gebiet ist durch die großen Schichtstufen des Unteren Muschelkalkes (Hainberg, Plesse, Krummer Altar) und des Buntsandstein (Bielstein) geprägt, die am Rande des weiten Leinegrabens aufragen. Vom Bielstein (gedeutet als »Verbellstein«) vermutet man, daß er in urgeschichtlicher Zeit als Jagdfelsen diente, über den das Wild gehetzt wurde, damit es abgestürzt eine leichte Beute ergäbe. Die Bergsporne der Muschelkalkstufe boten sich schon früh als Fliehburgen an (Krummer Altar; vgl. auch Ortsbezeichnung Ratsburg südöstlich

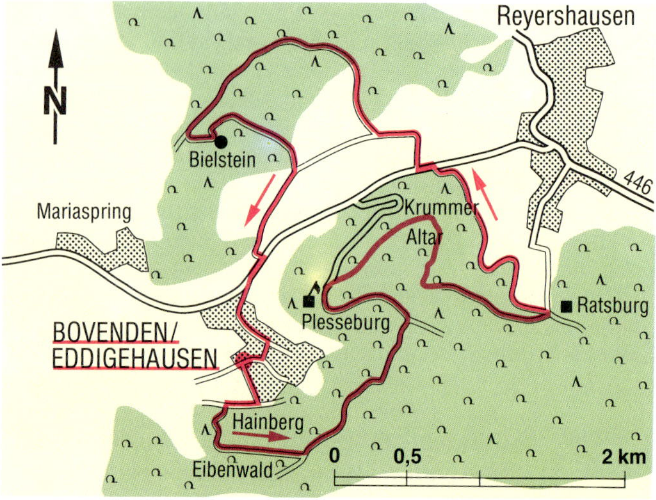

von Reyershausen; vgl. Hünstollen Wanderung 56). Die gut erhaltene Plesseburg ist 1015 erstmals urkundlich erwähnt. Die Ruine wurde in der Romantik von verschiedenen Dichtern besungen. Zwei weitere sehenswerte Ruinen findet man östlich von Nörten-Hardenberg (im Ort schöne Straßenzüge von alten Fachwerkhäusern, Barockschloß).

Auf dem Sporn des Hainbergs befindet sich der einzige geschlossene Eibenbestand der Bundesrepublik. Die sehr langsam wachsenden Bäume sind teilweise 250 Jahre alt.

Tourenbeschreibung In *Eddigehausen* (östlich von Bovenden) vom *Kirchplatz* auf der *Alten Dorfstraße* an der Kirche und dem alten Gut vorbei. Hinter dem Gut nach rechts und nochmals rechts zum Ortsrand und hinauf zum Wald. Nun auf Forststraße *(Taubenbrunnenweg)* im Wald schräg rechts ansteigend auf den Bergsporn des *Hainbergs.* Links auf dem *Eibenweg* durch den *Eibenwald* (NSG) und auf Forststraße links in großem Bogen, immer nahe am Steilhang der Schichtstufe entlang, in 30 Minuten zur *Plesseburg* (ausgedehnte Burgruine mit erhaltenem Bergfried, Gebäuden, Mauern und Toren; Gaststätte, Aussicht ins Leinetal).

Vom Tor links durch den felsigen Einschnitt und noch 100 Meter auf der Straße hinab. Dann rechts auf unbefestigtem Weg ansteigend am Hang entlang. Wo der Weg in einer Art Graben (alte verfüllte Bergrutschspalte) endet, rechts wenige Meter steil hinauf zur Hochfläche und zum breiten Fußweg. Auf diesem links

(links am Hang weitere verfallene Bergrutschspalten und Abrißnischen) zum Bergsporn *Krummer Altar* (alte Fliehburg). Vom vorderen Ende des Bergsporns leitet der Fußweg schräg rechts hinab bis zu einem Steinbruch. Nun auf dem unteren der beiden weiterführenden Wege *(Neuer Frankenberger Weg)* abwärts zum Waldrand gegenüber der *Ratsburg*.

Hier scharf links am Waldrand entlang bis zum Ende der Wiesen. Rechts hinab zum vordersten Waldzipfel nahe beim Ort Reyershausen. Immer am Waldrand entlang zur *Landstraße* Eddigehausen – Reyershausen.

An der Straße 100 Meter nach links, dann rechts auf Wiesenrain und Feldweg hinab in die Ackermulde. Dort auf Feldweg nach links und auf dem zweiten Weg nach rechts zum Waldzipfel. Links am Waldrand entlang bis zum hintersten Winkel der Felder. Dann in gleicher Richtung im Wald den Weg weiter in weitem Linksbogen abwärts. Nach 10 Minuten links auf verwachsenem, undeutlichem Weg am Hang auf gleicher Höhe bleibend weiter (oder dem breiten Weg noch bis nahe zum Waldrand hinab folgen und dann auf steilem Fußweg hinauf) zum *Bielstein* (Sandsteinklippen in schönem Eichenwald). Zwischen den Klippen steil hinauf zur Hochfläche.

Von der Spitze des Bergsporns auf Fußweg durch Buchenwald zum Waldrand. Rechts den Feldweg hinab, unten rechts entlang dem gleichfalls asphaltierten Feldweg zur Autostraße und in wenigen Minuten zurück nach *Eddigehausen.*

58 Rhumspringe – Zandersberg – Harzblick – Bornbergstraße – Rhumspringe

Verkehrsmöglichkeiten Bahn und Bus Seesen – Herzberg. Bus Herzberg – Pöhlde – Rhumspringe – Duderstadt.
Parkmöglichkeiten Bei der Rhumequelle. An der Zwingerstraße am Waldrand (Harzblick).
Wegmarkierungen Anfang unmarkiert. Ab Harzblick weißes Kreuz auf schwarzem Grund (Europäischer Fernwanderweg 6).
Tourenlänge 12 km.
Wanderzeit Etwa 3 Stunden.
Höhenunterschiede Insgesamt 120 Meter. Sanfte Steigungen.
Wanderkarte 1:50000 Naturpark Harz. Auch 1:50000 Kompaßkarte Harz (Westlicher Teil).
Anmerkung Besonders im Bereich des Zandersberges herrliche Ausblicke.

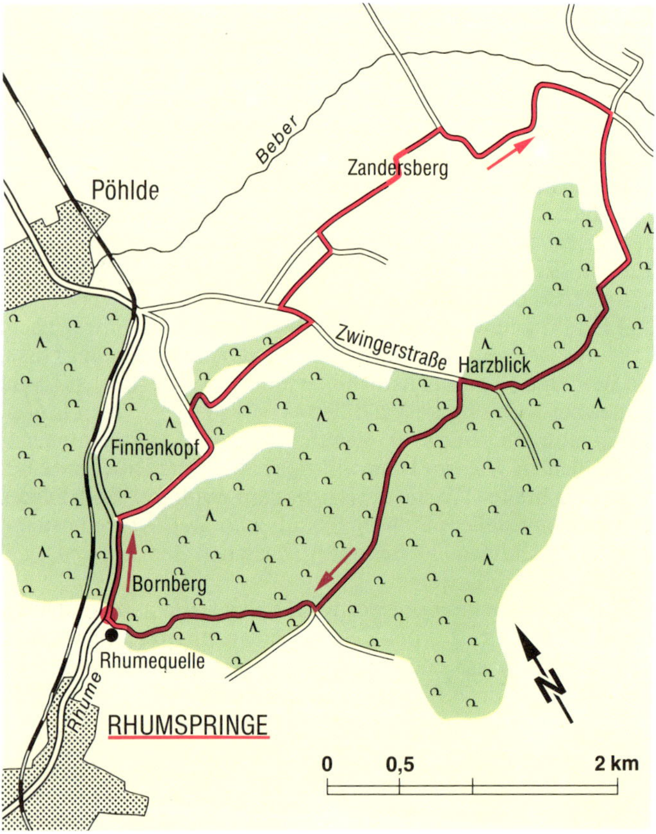

Wissenswertes Die Rhumequelle ist mit einer Schüttung von 5000 Liter pro Sekunde eine der größten Quellen Europas. Sie wird aus einem Karstwassersystem der Zechsteinschichten von den Harzbächen Oder und Sieber her gespeist. Bei der Quelle Vogelschutzgebiet. Südlich von Pöhlde auf dem Rotenberg Reste einer Wallburg. Bei der Pöhlder Kirche wurden bei Ausgrabungen Reste einer Kaiserpfalz gefunden. Das weiter südlich gelegene Duderstadt ist berühmt wegen seiner vielen Straßenzüge mit alten Fachwerkhäusern.

Tourenbeschreibung Am nördlichen Ortsausgang von *Rhumspringe* von der *Rhumequelle* aus entlang der Autostraße in Richtung Herzberg etwa 10 Minuten talaufwärts. Dann rechts in Seitentälchen (links des Baches) aufwärts. Nach 10 Minuten auf der

Straße links. Etwa 500 Meter später wieder rechts ein flaches Tälchen empor zur *Zwingerstraße* auf dem Bergrücken (Aussicht).

Auf der Straße etwa 300 Meter nach links. Dann rechts einen Grasweg im Grunde eines flachen Tälchens abwärts zu Feldweg. Diesen links zum Bergrücken des *Zandersberges* und darauf nach rechts, bis der Weg endet (z.Z. einzelner Baum). Entlang einer Hecke 50 Meter nach links zu Feldweg. Diesen rechts hinab (schöne Aussicht, links unten Fischteiche) zu asphaltierter Feldstraße. Diese nach rechts. Im Grunde des Tälchens nach links und nahe am Bach weiter bis zu Asphaltstraße (links winziges Ackerstück mit einem Baum). Rechts zu Kreuzung mit einer anderen Asphaltstraße (bei Transformator).

Nun rechts an Höfen vorbei den Bergrücken hinauf. Am Waldrand nach rechts. Anschließend im Wald auf Forststraße in allmählichem Rechtsbogen nach etwa 20 Minuten zum *Parkplatz Harzblick.*

Dort links auf Forststraße abwärts (weißes X des EW6). In etwa 30 Minuten zum Waldrand. Rechts auf der *Bornbergstraße* zurück zur *Rhumequelle* und nach *Rhumspringe.*

59 Schwiegershausen – Steinberg – Beierstein – Marthahöhle – Hainholz – Jettenhöhle – Beierstein – Schwiegershausen

Verkehrsmöglichkeiten Bahn bis Osterode oder Wulften. Bus bis Schwiegershausen.
Parkmöglichkeiten In Schwiegershausen. Am Feldweg beim Beiersten. In Düra.
Wegmarkierungen Keine.
Tourenlänge 12,5 km.
Wanderzeit Etwa 3½ Stunden.
Höhenunterschiede Insgesamt 240 Meter. Kurzer steiler Anstieg im Hainholz (15 mH) und kurzer steiler Abstieg (20 mH).
Wanderkarte 1:50000 Wandern und Freizeit im Naturpark Harz. Lageplan Hainholz in »Die Felsen des Harzes«.
Anmerkung Reizvolle Wanderung durch kleingekammerte Gipskarstlandschaft. Hinter der Jettenhöhle auf etwa 100 Meter weglos. Auch als Rundwanderung vom Feldweg beim Bierstein aus lohnend (dann 6,5 km; 2¾ Std.; 140 mH). Wer nur das Naturschutzgebiet Hainholz und seine Höhlen kennenlernen will, geht am besten von Düna aus und am Waldrand rechts zur Marthahöhle, danach wie beschrieben und vor der Jettenhöhle links hinauf zurück nach Düna (dann 2,5 km; 50 Min.; 40 mH).

Wissenswertes Das Hainholz ist aus Gips aufgebaut, der bei der Auslaugung der riesigen Salzlager der Zechsteinschichten übrigblieb und jetzt auch allmählich durch versickerndes Niederschlagswasser aufgelöst wird. Die Gipsauslaugung führt zur Entstehung einer Vielzahl von Höhlen und Spalten, die den Gips wie die Löcher eines Schweizer Käses durchsetzen. Die Hohlräume wandern durch Verstürzen der Decke allmählich nach oben, bis die Höhlendecke schließlich ganz einbricht und sich ein Erdfall (Einsturzdoline) bildet. Die Erdfälle treten oft felderartig geschart auf. An der Jettenhöhle, die ohne besondere Schwierigkeit begehbar ist, lassen sich alle Stadien der Höhlenentwicklung unter und über Tage beobachten. (Feuermachen aus Naturschutzgründen verboten). Die Marthahöhle ist dagegen lediglich in ihrem vorderen Teil relativ einfach zu begehen, während die hinteren Hallen nur in erdverbundener Kriecherei durch enge, oft teilweise überflutete Gänge erreichbar sind. Die Höhlen sollten nicht allein betreten werden, da Unfälle durch von den Decken stürzendes Gestein nie ganz auszuschließen sind. – Das Hainholz ist das letzte der früher zahlreichen und ausgedehnten Gipskarstgebiete Mitteleuropas, das noch einschließlich seiner Karstwassersysteme intakt erhalten ist. Die Gefahr, daß auch dieses seit langer Zeit unter Naturschutz stehende Gebiet durch Industrieinteressen (Gipsabbau) unwiederbringlich vernichtet wird, ist nach jahrzehntelangen Prozessen endlich gebannt. Im weiter nördlich am Harzrand gelegenen Osterode sehenswerter alter Stadtkern.

Tourenbeschreibung In *Schwiegershausen* von der Ortsmitte durch die *Rötingstraße* und dann rechts die *Brinkstraße* entlang, bis bei einem kleinen Eichengehölz ein geschotterter Feldweg hinausführt.

Diesen hinauf, bis kurz vor die Kuppe des *Steinberges.* Hier führt etwa 300 Meter nach einer rechtwinkligen Linkskurve des Feldweges ein Grasweg rechts zum Wald. Dort in Hangtälchen einen Weg hinab und mit Linksbogen in den Talgrund. Danach auf der linken Talseite abwärts zur *Autostraße Schwiegershausen – Osterode.*

Über die Straße und links auf Feldweg weiter zum Fahrverbotsschild vor dem links gelegenen *Beierstein* (Wäldchen mit Gipskarst). Nun nicht mehr im Talgrund, sondern etwas rechts den Feldweg über einen flachen Bergrücken empor. An einer Baumgruppe und Hecken vorbei nahe am Waldrand des Hainholzes entlang. Wo der Weg wieder steiler wird, hinter den Hecken rechts etwa 40 Meter über Wiese zum großen Erdfall am Waldrand. Links oben bei abgelöstem Felsturm unter den hohen, senk-

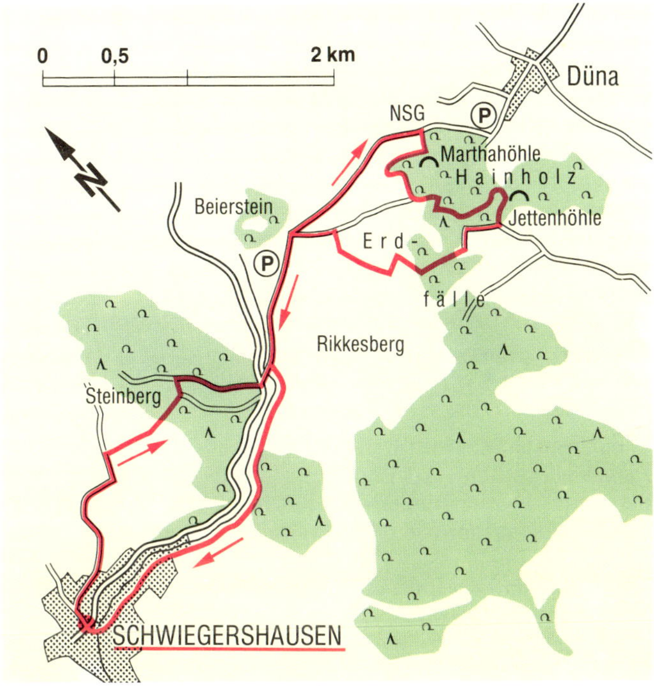

rechten Gipswänden der Eingang zur *Marthahöhle.*

Nun rechts am Waldrand des *Hainholzes* entlang. Um eine Waldecke herum und in einen Wiesenwinkel mit Fichtenschonung. Immer am Waldrand weiter um einen zweiten Waldzipfel und hinab in einen zweiten Wiesenwinkel, der teilweise mit Fichten aufgeforstet ist. Danach, aber noch vor einer Quelle, führt der Fußweg im Wald den kurzen, sehr steilen Hang hinauf und dann in gleicher Richtung auf einen Weg (hierher auch, indem man weglos oberhalb der Quelle weitergeht und dann einem Weg links empor folgt; kaum bequemer). Auf dem Weg in etwa 5 Minuten durch Buchenwald zu Querweg unterhalb vom Eingang zur *Jettenhöhle.*

Jetzt rechts über Grasweg durch das Tälchen und hinauf zu Schotterweg. Auf diesem rechts zwischen Erdfällen (Fichtenschonung) bis zum Ende des Weges vor einer Wiese in einem kleinen Bergsattel. Rechts über die Wiese und im hohen Buchenwald weglos, am besten etwas links haltend, steil hinab in ein von alten Erdfällen erweitertes Tal. Über den undeutlichen Weg des

Talgrundes hinweg und am gegenüberliegenden Hang auf unbefestigtem Weg ansteigen zum Waldrand.

Dort rechts auf Grasweg (Gips) hinab bis kurz vor ein kleines Feldgehölz mit Schuppen. Links und dann wieder rechts den Grasweg an einem Wiesenhang mit vielen Erdfällen entlang hinab zum Feldweg vor dem *Beierstein.*

Links bis kurz vor die Autostraße. Nun immer links vom *Hackenbach* zurück nach *Schwiegershausen.*

60 Northeim – Wieterturm – Philosophenweg – Vorwerk Levershausen – Forsthaus Husum – Northeim

Verkehrsmöglichkeiten Bahn bis Northeim. Stadtbus.
Parkmöglichkeiten Am Ende der oberen Fortsetzung des Weinbergweges bei der Bürgermeister-Peters-Linde. Außerdem am Wieterturm und am Wieterkamm (Keimsdorn) sowie bei Levershausen.
Wegmarkierungen Einige Hinweisschilder.
Tourenlänge 13 km.
Wanderzeit Etwa 4¼ Stunden.
Höhenunterschiede Insgesamt etwa 280 Meter. Mäßig steiler Aufstieg zum Wieterturm und nach dem Philosophenweg (auf je etwa 50 mH). Mäßig steiler Abstieg vom Wieterkamm zum Waldrand (auf 50 mH).
Wanderkarte 1:50000 L 4326 Osterode.
Anmerkung Überwiegend ruhige Wanderung, weithin an Waldrändern mit hübschen Ausblicken.
Wissenswertes In Northeim reizvoller alter Stadtkern mit Resten eines Benediktiner-Klosters (11 Jh.), Fachwerkhäusern, Stadtmauern, Zwinger (Brauereiturm) und spätgotischer Hallenkirche St. Sixti (15./16. Jh.). Der Wieter ist ein Schichtkamm aus steilgestellten Muschelkalkschichten. Vom Wieterturm Blick auf den Leinegraben, der zum tektonischen Systen von Rhônetal und Rheingraben gehört und in dem die Gesteinsschichten als Ergebnis von Zerrungsvorgängen in der Erdkruste mehrere hundert Meter tief abgesunken sind. Die mächtigen Schwemmlößablagerungen in der Leineaue sind weitgehend erst seit dem Hochmittelalter durch Bodenabspülung infolge der Ausweitung der Ackerflächen auf gefährdeten steilen Hanglagen entstanden. Der ehemals fruchtbare Boden degeneriert in der Aue durch Staunässe und ist damit ökologisch verloren.

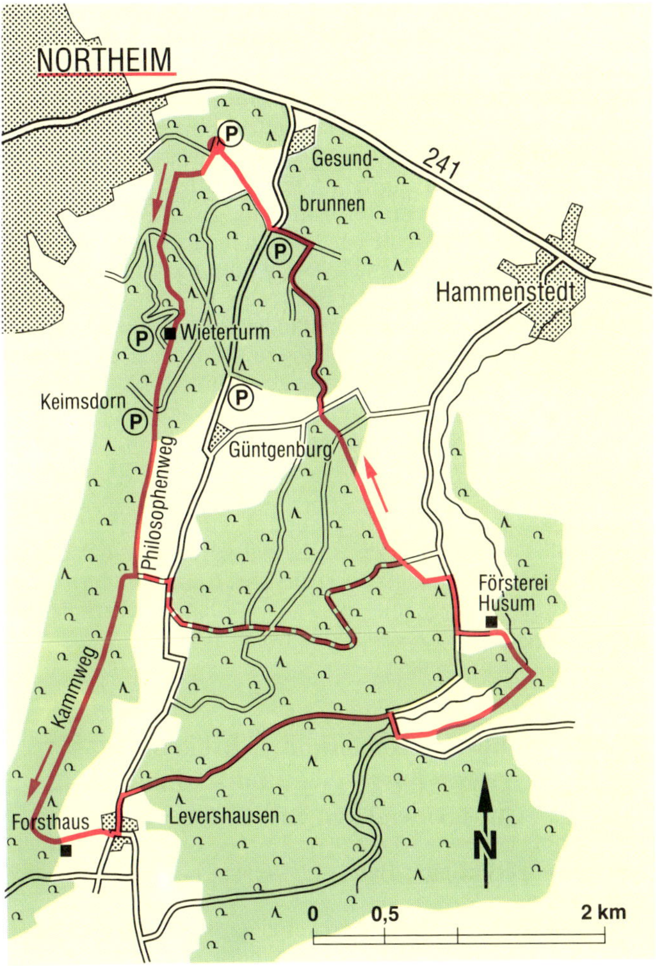

Tourenbeschreibung In *Northeim* über *Hindenburgweg* und *Weinbergweg* zum Wald und in gleicher Richtung *(Zum Ehrenmal)* zum Parkplatz an der *Bürgermeister-Peters-Linde.*

Rechts auf Schotterweg 2 Minuten zu Biegung. Geradeaus auf Grasweg (Trimmpfad) zum *Treppenweg.* Diesen rechts hinauf zum Kammweg. Darauf links ansteigen zum *Wieterturm* (Gaststätte, Aussicht). Am Kamm weiter abwärts zum Parkplatz *Keimsdorn* im Sattel des Bergkammes.

Von hier links etwa 15 Minuten am Waldrand entlang auf dem *Philosophenweg* bis hinter den Breiteberg (wo links ein Feldweg hinabführt).

Nun wieder steil hinauf zum Bergkamm und auf dem *Wieterkammweg* weiter. Nach etwa 25 Minuten führt der Fußweg steil hinab in einen Sattel. Links auf Grasweg abwärts am Forsthaus vorbei und weiter zum *Vorwerk Levershausen.*

Links hinab zu kleinem Teich am Rand eines Golfplatzes und dann rechts auf Forststraße ein Tälchen hinab. Unten am Waldrand nach rechts zur Autostraße. Noch vor dieser links am Rande der Wiesen auf Grasweg weiter. Hinter der Wiese nach links über den Bach zum *Forsthaus Husum* und weiter zu Schotterstraße.

Diese rechts am Waldrand entlang zu Waldecke. Den Grasweg am Waldrand entlang links ansteigen zum *Schützenbuschweg.* Über diesen hinweg und immer geradeaus auf dem Grasweg weiter. Nach etwa 15 Minuten eine andere Forststraße queren. Danach gerade hinab zur Straße unweit vom Vorwerk Güntgenburg.

Auch über diese Straße hinweg und gegenüber auf Forststraße durch Wald in Windungen zuerst ansteigend, danach abwärts und zuletzt links zum Parkplatz oberhalb vom *Gesundbrunnen.* Über die Autostraße hinweg und geradeaus zurück zum Parkplatz an der *Bürgermeister-Peters-Linde* und nach *Northeim.*

61 Einbeck – Köhlerhütte – Breitenberg – Greener Burg – Negenborn – Landschaftsschutzgebiet Altendorfer Berg – Einbeck

Verkehrsmöglichkeiten Bahn bis Kreiensen. Bus Northeim – Einbeck.
Parkmöglichkeiten Beim Gasthaus Hasenjäger. Am alten Wegekreuz. An der Greener Burg. In Negenborn.
Wegmarkierungen Keine.
Tourenlänge 19 km.
Wanderzeit Insgesamt 5¼ Stunden.
Höhenunterschiede Insgesamt etwa 640 Meter. Nur mäßige Steigungen.
Wanderkarte 1:50000 L 4124 Einbeck.
Anmerkung Im ersten Teil kulturhistorisch interessante, im zweiten Teil landschaftlich besonders reizvolle Wanderung. Sie kann durch die Wege über den Burgberg und am Wirtshaus Teichen vorbei geteilt werden (dann der erste Teil 16 km, ca. 450 mH;

der zweite Teil 10 km, 300 mH). Der erste Teil der Wanderung kann auch weiter nördlich gewählt werden über Lietberg, Holtershausen, Hunewinkelweg und Förster-Weiß-Weg (dann wenig Wald, viel Ausblick, kaum länger als die beschriebene Route). Wer am Schluß bis zur Kuppe des Altendorfer Berges aufsteigt, hat eine noch umfassendere Aussicht auf das Leinetal (50 mH mehr Aufstieg). Auch lohnende Rundwanderung von Volksen wie beschrieben am Hang des Altendorfer Berges bis vor die Steinbrüche, danach am oberen Rand des Steilhanges über den Altendorfer Berg zurück (dann 5 km, 150 mH, 1½ Std.).

Wissenswertes Einbeck war im Mittelalter eine der reichsten Städte Norddeutschlands. Die Hansestadt war besonders auf die Bierbrauerei spezialisiert (700 Brauhäuser), worin Einbeck in ganz Mitteleuropa eine Spitzenstellung innehatte. Die 120 prächtigen Fachwerkhäuser stammen überwiegend aus dem 16. Jahrhundert (letzter großer Brand 1549). Außerdem besonders sehenswert das Rathaus, das Eickesche Haus, das Brodhaus, die Münsterkirche (got., 13. Jh.), die Marktkirche (13. Jh., mit späteren Änderungen) Reste der Stadtbefestigung, Kapelle St. Bartholomäi (ehemalige Leprastation; spätgotische Wandmalereien).

Die Lage an der alten Nord-Süd-Handelsstraße durch das Leinetal begünstigte die Entwicklung der Stadt, weil in diesem Abschnitt die Leineaue sumpfig war und die Fuhrwerke deshalb den steilen, aber im Untergrund festen Weg über die Hube wählten (vgl. alte Hohlwege). Im 19. Jahrhundert verhinderte allerdings die Lobby der Fuhrleute, die von den Vorspanndiensten für den Aufstieg zur Hube lebten, die ursprünglich geplante Festlegung der Hauptlinie der Eisenbahn über Einbeck. So wurde die Bahnlinie durch das Leinetal über Kreiensen gebaut. Dadurch verpaßte Einbeck den Anschluß an die wirtschaftliche Entwicklung und blieb weniger bedeutend (was allerdings dem Reiz der Stadt eher zuträglich war). Die ehemalige Handelsstraße auf die Hube ist noch heute von alten Schattenbäumen gesäumt. Das Wegekreuz auf der Hube ist die Kreuzung mit einer früher gleichfalls wichtigen Ost-West-Verbindung, ohne daß sich hier jedoch wie sonst üblich ein Ort entwickelt hat. – Die Reste der alten Landwehr können heute leicht über die Wirksamkeit der alten Grenzbefestigung täuschen, weil diese früher durch dichte Hecken verstärkt wurde. Der Grenzverlauf ist in diesem abgelegenen Waldgebiet auch noch heute im Wegenetz abzulesen. – Die Burg Greene wurde von den Edelherren von Homburg erbaut und war bis 1694 bewohnt. Etwa 8 Kilometer weiter östlich in Bad Gandersheim sehenswerte frühromanische Stiftskirche (»Dom«, 9. Jht.). – Botanisch interessant ist der Alten-

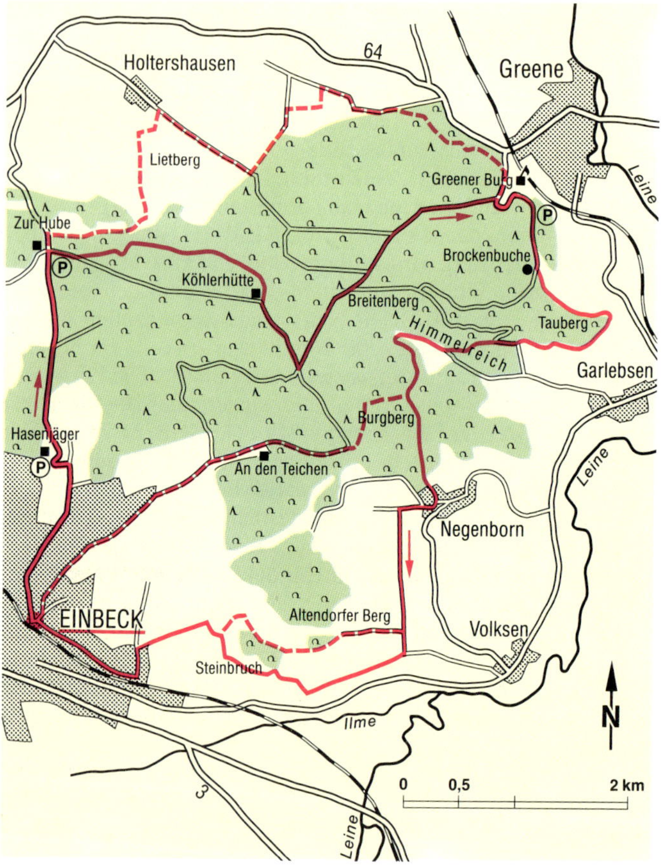

dorfer Berg, dessen trockener Hang nach Aufhören der Beweidung zunehmend von einer Strauch- und Kiefernvegetation besiedelt wird.

Tourenbeschreibung In *Einbeck* von der Altstadt auf dem von alten Linden gesäumten *Hubeweg* zum Wald (links vom Wirtshaus *Hasenjäger* zahlreiche alte Hohlwege). Nun entlang der Straße in etwa 30 Minuten zum alten Wegekreuz (uralte Linde, Denksteine; Parkplatz).

Rechts, vom Ende des Parkplatzes, auf der breiten Forststraße weiter. Nach 2 Minuten links abzweigen und nach 100 Metern zum Wall einer alten *Landwehr.* Immer am Hang des eine alte Grenzlinie bildenden Tälchens entlang und schließlich im Bogen nach rechts (alte Eichen) zur *Köhlerhütte.*

Nun schräg rechts in 10 Minuten der Forststraße folgen zur Kreuzung. Dort links weiter, über den *Breitenberg* und in Tälchen hinab zur *Greener Burg* (schöner Blick ins Leinetal).

Rechts die Forststraße in 10 Minuten hinauf zu *Brockenbuche.* Nun links am Waldrand entlang. Später noch etwa absteigen und immer auf dem Waldrandweg um den Tauberg herum zum Rastplatz *Taubergs Ruh* (schöner Blick ins Leinetal). Weiter am Waldrand *(Leineblicksweg)* zu asphaltierter Forststraße. Auf dieser weiter bis zu Kehre und danach auf dem *Südrandweg* in gleicher Richtung um Bergsporn herum und hinab zur *Himmelreichstraße.*

Diese hinauf bis zum Ende der vom Wald umschlossenen Wiesen. Dann links im Wald im Bogen um einen Bergvorsprung herum zu Wegekreuz mit Holzplatz in einem Tälchen (von hier führt im Grunde des Tälchens ein Fußweg hinauf zum Burgberg, vgl. Anmerkung).

In gleicher Richtung weiter zu kleinem Sattel (beim Spillenberg) und jenseits in gleicher Richtung hinab nach *Negenborn.* Im Ort an der Kirche vorbei und dann rechts. Auf gepflastertem Feldweg hinab und eine von Obstbäumen gesäumte, gerade Feldstraße nach links. Man quert so zwei Hangtälchen und erreicht dann nach etwa 25 Minuten die von Volksen über den *Klusberg* heraufführende Straße (will man über die Kuppe des Altendorfer Berges gehen, so folgt man dieser Straße aufwärt, vgl. Anmerkung).

Nun rechts zunächst etwas abwärts, wieder an einem von Obstbäumen gesäumten Feldweg am Hang des Leinetales bzw. des Altendorfer Berges entlang, bis von links ein gleichfalls befestigter Weg heraufführt (reizvoller Blick auf das Leinetal und die verschiedenen, weit genug entfernten, Verkehrslinien im Tal). Hinter Obstgärten rechts ansteigen zum Rand des *Landschaftsschutzgebietes Altendorfer Berg* (Wacholder und Kiefern als Pioniervegetation). Daran entlang zu einer Ecke des Gehölzes. Nochmals etwa 50 Meter aufsteigen und dann auf dem Grasweg links hinab zu einem Ackerstück. Unterhalb davon auf dem Grasweg eben weiter zu einem zweiten Ackerstück. Oberhalb von diesem rasch auf Fußweg zu altem Steinbruch. Durch diesen hinab und rechts haltend auf Feldwegen absteigen zu den Resten einer sehr alten Linde und zurück nach *Einbeck.*

62 Naensen – Weddehagen – Selterklippen – Naensen

Verkehrsmöglichkeiten Bahn bis Naensen; auch bis Kreiensen (bessere Verbindungen).
Parkmöglichkeiten In Naensen. Auch in Weddehagen und am Pumpspeicherbecken auf dem Selterkamm.
Wegmarkierung Keine.
Tourenlänge 10 km (von und bis Bahnhof).
Wanderzeit 3 Stunden.
Höhenunterschiede Insgesamt 200 Meter. Steiler Aufstieg von der Aussichtskanzel zum Pumpspeicherbecken (ca. 50 mH).
Wanderkarte 1:50000 L 4124 Einbeck (neue Ausgabe nötig!). Lagepläne der Klippen im Kletterführer »Die Felsen des Weser-Leine-Berglandes«.
Anmerkung Angenehm zu gehende, ruhige Wanderung mit Einblick in die Urwaldszenerie der Selterklippen. Wer zum Fuß der Felsen absteigen möchte, vergewissere sich sorgfältig, daß er nicht in von oben leicht zu unterschätzende Abbrüche gerät. Oft sind die gut gangbaren Unterbrechungen in der Felswand 100 Meter und mehr auseinander. Außerdem ist der meist nasse Waldboden an steilen Stellen heikel zu begehen. Näheres über die zahlreichen vielgestaltigen Klippen und die bis zu 50 Meter tiefen Klufthöhlen siehe Kletterführer. – Wer nur eine kurze Rundwanderung wünscht, kann vom Parkplatz am Speicherbecken entlanggehen und gelangt auf Forstweg schräg am Hang abwärts in wenigen Minuten zur Weggabelung oberhalb vom Viertannenturm, dann wie beschrieben zurück bis zum Parkplatz (2,5 km; 40 Min; 50 mH).
Wissenswertes Die Dolomitklippen (Weißer Jura, Malm) sind am Selter sehr kompakt und weisen deutliche Schichtneigung zum Berg hin auf. Durch die nordostseitige Lage ist der steile Stufenhang sehr feucht. Die Felstrümmer verhindern im Klippenbereich weitgehend eine forstliche Nutzung, die in diesen Bauernwäldern ohnehin nie intensiv war. So hat sich hier ein wild wuchernder Urwald erhalten, in dem fast jeder fallende Baum liegenbleibt und – ebenso wie die Klippen – mit einem Pelz von Moosen, Farnen und Pilzen überzogen wird, bis er verrottet ist. Ein Fremdkörper in dieser unberührten Umgebung sind die Rohre des Pumpspeicherwerkes. Immerhin kann man sich damit trösten, daß es sich hier um eine großtechnische Anlage handelt, von der keine ökologisch nachteiligen Wirkungen ausgehen: Mit sonst ungenutzt bleibendem Strom wird hier aus dem unteren Wasserbecken im Leinetal Wasser in das auf dem Selterkamm

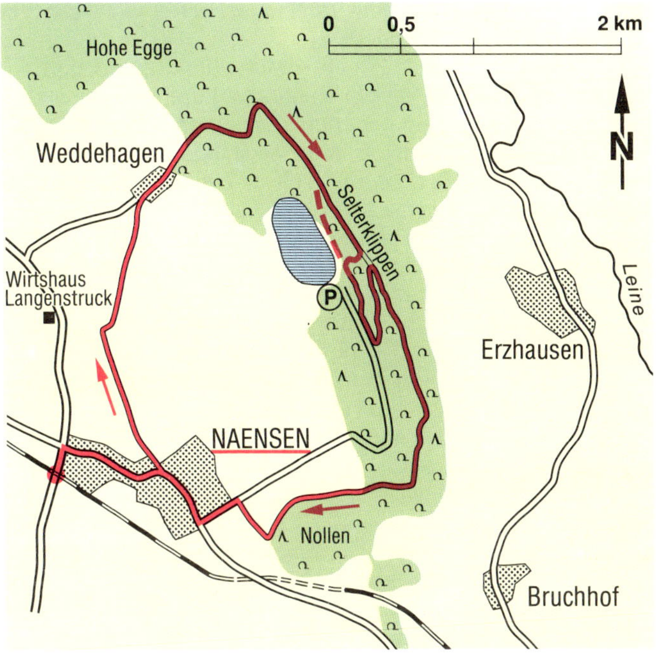

gebaute Becken gepumpt. Von dort wird es in Zeiten der Spitzenbelastung wieder hinabgelassen, um in Turbinen Strom zu erzeugen. Noch umweltfreundlicher wäre es natürlich, wenn man statt des Stroms von Wärmekraftwerken (bei deren Erzeugung immerhin etwa ⅔ der aufgewendeten Primärenergie als Abwärme verlorengeht) auf diese Weise den ungleichmäßig anfallenden Strom aus Windgeneratoren verfügbar machen würde …

Tourenbeschreibung Vom Bahnhof *Naensen* entlang der Bundesstraße 3 in Richtung Ammensen in 4 Minuten zu Kreuzung bei der Straßenmeisterei. Hier in den Ort. Nach 4 Minuten wieder links und auf Feldweg parallel zur Bundesstraße bis kurz vor das Wirtshaus *Langenstruck*. Hier rechts, nach einigen Minuten über Querweg hinweg und dann links in Tälchen mit Hecken, zuletzt auf etwas verwachsenem Fußweg, zum *Gut Weddehagen*.

Im Tälchen weiter aufwärts in den Wald. Bei Weggabelung rechts ansteigen. Später auf ebenem Hangweg nach links zu einem Sattel am Bergkamm des *Selter*.

Jenseits etwa 50 Meter dem Weg abwärts folgen zu einem ebenen Hangweg. Auf diesem rechts in etwa 5 Minuten zu einer Weggabelung (unterhalb davon der massige Viertannenturm, dessen nur in Kletterei zugänglicher Gipfel sich etwa auf gleicher Höhe mit dem Weg befindet).

Auf dem unteren Weg fast eben weiter (links unterhalb Klippen) bis oberhalb der dicken Rohre des Pumpspeicherwerkes (oberhalb der Rohre auf dem durchtunnelten Felsen *Aussichts-Kanzel* [Vorsicht]; Blick hinab ins Leinetal. Schräg links unterhalb im Wald der originelle Felsturm Keule und im oberhalb davon gelegenen Kammerstein eine 20 m lange Klufthöhle; der Zugang zu Keule und Kammerstein ist rutschig und durch Altholz behindert, aber ohne ernste Probleme. Die Keule ist einer der schwierigsten Klettergipfel in ganz Norddeutschland.)

Von der Aussichtskanzel auf steilem, weitgehend verfallenem Zickzackweg hinauf zum Parkplatz am Kamm und zum Übersichtspunkt am Rand des überraschend großen *Oberen Staubekkens des Pumpspeicherwerkes* (Tafel mit Erläuterungen).

Am Parkplatz vorbei, unter der Hochspannungsleitung durch und entlang der Autostraße einige Minuten abwärts. Dann auf befestigtem Forstweg scharf links in den Wald. An kleinem Steinbruch vorbei und am Hang abwärts zur Schneise der Hochspannungsleitung. Hier mündet der Weg wieder auf den Hangweg. Auf diesem scharf rechts, immer oberhalb der südlichen Klippen entlang, und schließlich zu einem Wegekreuz am Kamm des Höhenzuges.

Von hier direkt auf dem Kamm den Fußweg weiter. Nach 5 Minuten endet der Kamm. Rechts abwärts zu einem Sattel und auf undeutlichem Waldweg weiter abwärts zum Waldrand. An diesem entlang und zuletzt über Feldweg zurück nach *Naensen.*

63 Winzenburg – Apenteich-Quellen – Ruine Winzenburg – Gehlenberg – Hohe Schanze (Historischer Lehrpfad) – Winzenburg

Verkehrsmöglichkeiten Wer auf öffentliche Verkehrsmittel angewiesen ist, geht die Tour besser als Streckenwanderung ab Freden.
Parkmöglichkeiten Bei den Apenteichen. Auch an der Straße Winzenburg – Lamspringe, siehe Anmerkung.
Wegmarkierung Bis Gehlenbergstraße Hase/Rehbock. Aufstieg zur Ruine Winzenburg Raubvogel.
Tourenlänge 7,3 km.
Wanderzeit Etwa 2¼ Stunden.
Höhenunterschiede Insgesamt 180 Meter. Steiler Aufstieg vom Waldrand (200 m) zur Ruine Winzenburg (272 m).

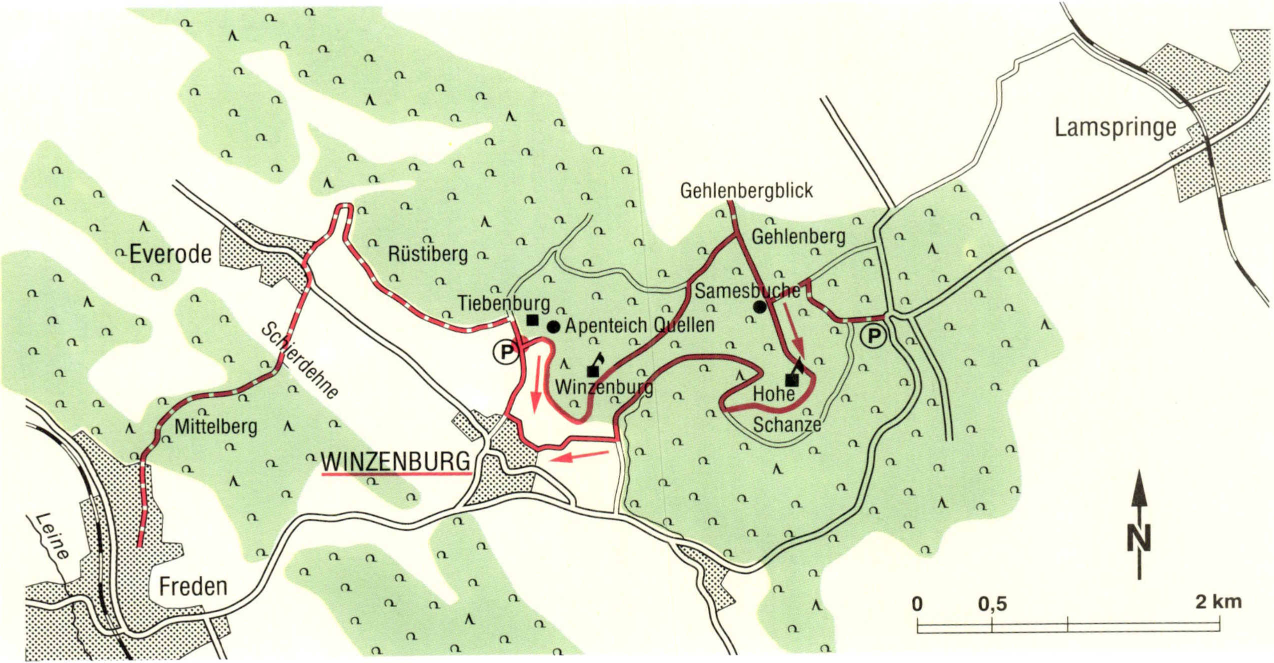
Everode
Rüstiberg
Tiebenburg
Apenteich Quellen
Gehlenbergblick
Gehlenberg
Samesbuche
Lamspringe
Schierdehne
Winzenburg
Hohe
Schanze
Mittelberg
WINZENBURG
Leine
Freden
N
0
0,5
2 km

Wanderkarte 1:50000 Wandern und Freizeit Leinebergland
Anmerkung Landschaftlich und kulturhistorisch reizvolle Wanderung. An der Hohen Schanze ist ein Historischer Lehrpfad eingerichtet. – Wer nur zur Hohen Schanze will, geht am besten vom Parkplatz Hohe Schanze an der scharfen Kurve der Straße Lamspringe – Winzenburg aus (4 km, 1 Std. ohne Lehrpfad.)
Wissenswertes Die Apenteich-Quellen sind eine prähistorische Kultstätte. Hier wurden jungsteinzeitliche und bronzezeitliche Opfergaben gefunden. Das Quellgebiet ist aus Naturschutzgründen und als Trinkwassereinzugsgebiet nur teilweise zugänglich. An den Bächen wird in zahlreichen künstlichen Teichen intensiv Fischzucht betrieben. Die Hohe Schanze, früher »Olenborg« (= alte Burg) war die erste Befestigungsanlage in diesem Gebiet. Ihr hohes Alter wird durch steinzeitliche und bronzezeitliche Bodenfunde belegt. Um 800 errichteten die Franken hier eine Burg, 845 eine Klosterzelle. Dann wurde sie jedoch zugunsten der Winzenburg aufgegeben und die Klosterzelle nach Lamspringe verlegt. Die 845 angelegte und 1109 ausgebaute Winzenburg wurde 1522 endgültig zerstört, so daß nur Reste des Bergfrieds erhalten sind. Die nördlich oberhalb der Apenteich-Quellen gelegene Tiebenburg wurde im 10. Jahrhundert als ein Vorwerk der Winzenburg angelegt. In Lamspringe sehenswert: Klosterkirche (Barock, 17. Jahrhundert), das schloßartige Abteigebäude (18. Jht.) und Ratskeller (1600).
Tourenbeschreibung Oberhalb vom Ort *Winzenburg* von den *Apenteichen* zu den *Apenteich-Quellen* (prähistorische Kultstätte, NSG). Gegenüber der oberen Quellmulde rechts 30 Meter ansteigen und dann rechts auf Hangweg queren. Nach 7 Minuten, zuletzt am Waldrand, zur Abzweigung eines Weges nach links. Dieser Weg führt steil hinauf zur *Ruine Winzenburg.*

Weiter auf dem *Burgweg* über den Kamm (nochmals kleiner Wall) nach etwa 15 Minuten zur Einmündung auf eine Forststraße. Diese etwa 15 Minuten weiter zu Wegedreieck vor dem Gehlenberg (links in 5 Min. Abstecher zum Gehlenbergblick vom Waldrand möglich, der demnächst von der neuen Schnellbahn regelmäßig beschallt wird). Vom Wegedreieck scharf rechts in 10 Minuten zu rechtwinkliger Straßenbiegung nach links an der *Samesbuche.*

Von dort geradeaus in 15 Minuten zur *Hohen Schanze (Historischer Lehrpfad).* Am anderen Ende des Walles auf Fußweg hinab zur Forststraße. Auf dieser (oder direkt auf Waldwegen) in den Talgrund. Hinter dem Waldrand rechts, zurück nach *Winzenburg.*

64 Alfeld/Parkplatz Stiefelsteich – Aussichtsturm Himmelberg – Ortsberg – Parkplatz Bollhasen – Sack – Müllerloch – Alfeld

Verkehrsmöglichkeiten Bahn bis Alfeld. Stadtbus Alfeld – Sack.
Parkmöglichkeiten Wanderparkplatz Stiefelsteich (beim Gymnasium). Parkplatz Bollhasen an der Straße Alfeld – Hildesheim.
Wegmarkierung Hase (mit Ausnahme Ortberg – Bollhasen).
Tourenlänge 14,5 km.
Wanderzeit Etwa 4¾ Stunden.
Höhenunterschiede Insgesamt 350 Meter. Nur mäßige Steigungen. Steiler Abstieg am Kratzberg auf 40 mH.
Wanderkarte 1:50000 Wandern und Freizeit Leinebergland.
Anmerkung Ruhige Wald- und Feldmarkwanderung. Sie läßt sich aufteilen in Alfeld – Himmelberg – Parkplatz Bollhasen – Sack – Alfeld (9 km, 3 Std., 220 mH) und Alfeld – Sack – Kratzberg – Sack (9 km, 2¾ Std., 170 mH).
Wissenswertes In Alfeld sehenswert St. Nikolaikirche (got., 15 Jht., z.T. älter), Rathaus (Weserrenaissance 1586, mit got. Kern), Wenige, aber z.T. prächtige alte Fachwerkhäuser wie Bürgerschänke (ehem. Gildehaus der Schuhmacher) und Museum (ehem. Lateinschule). In der ehemaligen Hansestadt heute u.a. holzverarbeitende Lederindustrie sowie bekannte Tierhandlung. In Langenholzen Quellteich Gottesbrunnen.
Tourenbeschreibung Vom Bahnhof *Alfeld* über die *Leine*brücke. Danach die dritte Straße rechts abbiegen *(Südwall)* bis zum Hallenbad. Dort links und gleich wieder rechts *(Antonianger)* zum Parkplatz *Stiefelsteich* (beim Gymnasium).

Links (mit der Markierung Hase) durch Gasse, über die *Warne* und zur Autostraße Alfeld – Langenholzen. Auf dieser etwa 100 Meter nach rechts und dann links auf Feldweg ein Tälchen *(Hohe Schlei)* hinauf. Danach rechts zum Waldrand und in Tälchen aufwärts. Schließlich links durch Wald ansteigend zum *Aussichtsturm Himmelberg* (Rundsicht).

Die *Turmschneise* hinab zum Waldrand vor der beackerten Kuppe des Ortsberges. Hier links am Waldrand entlang in etwa 15 Minuten zur *Adamis-Hütte.*

Nun rechts am Waldrand und dann auf Feldwegen den *Liethgrund* hinab. Danach auf Forst- und Feldstraße rechts am Waldrand entlang zum *Parkplatz Bollhasen* an der Einmündung der Straße auf die Autostraße Alfeld – Hildesheim.

Über die Straße und (nun wieder mit der Markierung Hase) unterhalb von Wäldchen durch Wiesental *(Pfingstanger)* zum Ortsteil *Sack.*

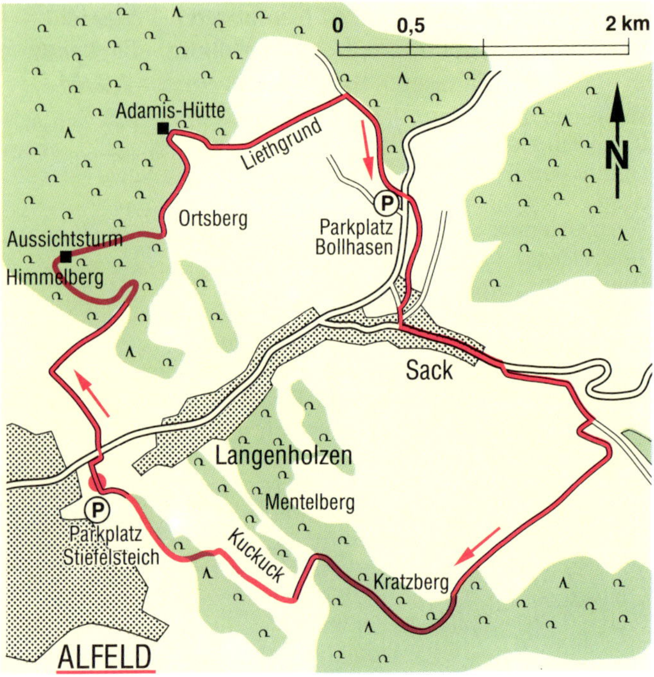

An der Turnhalle links, an der *Landstraße* entlang und rechts abzweigen *(Am Lausebrink,* Hochspannungsleitung). Danach rechts auf dem *Schweinsburger Weg* gerade über einen breiten beackerten Bergrücken zum Wald auf dem *Kratzberg.* Etwa 5 Minuten in gleicher Richtung am Waldrand weiter, dann links in den Wald *(Pinkenersche Teilungen)* und nach 2 Minuten wieder rechts. In Tälchen steil hinab zum Waldrand. Daran entlang rechts unter dem Kratzberg weiter, bis kurz nach der Einmündung des nächsten Tälchens der Weg links hinableitet. Durch das zweite kleine Gehölz rechts *(Heitkamp).* Danach links abwärts durch Wäldchen zu dessen unterem Rand. Am Waldrand (Rodelbahn) weiter zum *Heiligenhölzchen* und zurück zum *Parkplatz Stiefelsteich* und nach *Alfeld.*

65 Parkplatz Holzer Schleie (oberhalb von Brüggen) – Sportplatz Heinum – Nußberg – Hohe Tafel (Sieben Berge) – Holzer Schleie

Verkehrsmöglichkeiten Bahn bis Banteln. Von dort zwischen Bahnlinie und Aue auf Feldweg nach Brüggen und vom südlichen Ortsausgang den Feldweg zum Waldrand (vom Bahnhof 5,5 km).
Parkmöglichkeiten Etwa 2,5 km oberhalb von Brüggen am Waldrand im Tal der Holzer Schleie. Auch Parkplatz Radebrecher oberhalb von Rheden und Wallenstedt. Parkplatz am Sportplatz oberhalb von Heinum.
Wegmarkierung Am Waldrand anfangs gelb X und stellenweise Ameise. Von der Mündung des Weißen Weges auf die Hochfläche gelb X bis zum Stattel Brüggener Stieg. Von dort bis ins Tal der Holzer Schleie Ahornblatt (spärlich).
Tourenlänge 10,5 km.
Wanderzeit Etwa 3 Stunden.
Höhenunterschiede Insgesamt etwa 280 Meter. Steiler Aufstieg vom Sportplatz Heinum (140 m) bis zum Rücken des Nußberges (304 m).
Wanderkarte 1:50000 Wandern und Freizeit Leinebergland; 1:50000 L 3924 Hildesheim.
Wissenswertes Die Sieben Berge sind die Bergsporne zwischen den steilen Tälern, die in fast gleichem Abstand die mächtige, aus Kreidekalk (Cenoman, Pläner) aufgebaute Stufe zum Leinetal hin zerschneiden. Das Städtchen Gronau hat durch Brände den größten Teil seiner alten Häuser verloren. Erhalten blieben an der alten Stadtmauer der Engelbrechtsche Hof (1590) und die St. Matthäikirche (spätgot.; Schnitzwerke).
Tourenbeschreibung Oberhalb von Brüggen vom Parkplatz am Waldrand im Tal der *Holzer Schleie* links am Waldrand entlang auf angenehmem Fußweg mit Blick auf Brüggen und Rheden in 15 Minuten zu Waldecke. Hier geradeaus auf Feldweg einige Minuten in gleicher Richtung weiter, dann rechts auf befestigter Feldstraße zurück zum Waldrand (wo die Straße als *Weißer Weg* schräg rechts aufwärt führt, vgl. Anmerkung). Links am Waldrand weiter zu Waldecke mit schöner knorriger Buche und den Feldweg hinab zum schon sichtbaren *Parkplatz Radebecher.*

Von diesem wieder Feldweg rechts zum Waldrand. Daran entlang zum *Segelfluggelände* und durch einen Waldzipfel *(Krähenwinkel)* auf Forststraße rasch zum *Sportplatz Heinum.*
Wo die Straße vom Ort herauskommt, rechts auf unbefestigtem Fußweg *(Jägerstieg)* an Schuppen rechts vorbei und im Wald zuerst etwas links haltend steil ansteigen hinauf zum Bergrücken

des *Nußberges.* Oben zuerst ein wenig rechts, dann etwas links haltend zu Forststraße und kleinem Steinbruch.

Auf der Forststraße rechts und später etwas links biegend, immer oberhalb der Steilhänge bleibend, zu kleinem Sattel, wo von rechts durch einen felsigen Einschnitt der *Weiße Weg* heraufkommt.

Nun nicht schräg links auf dem breiten Forstweg, sondern geradeaus auf unbefestigtem Weg (alte Markierung gelb X; der linke der unbefestigten Wege) in etwa 10 Minuten zum Sattel am *Brügger Stieg.* Hier gerade weiter auf dem befestigten *Wurzelweg,* jedoch gleich danach links im Wald (Markierung Ameise und Ahornblatt) einen alten, gewundenen, unbefestigten und etwas eingeschnittenen Weg in etwa 20 Minuten auf die *Hohe Tafel* (394 m, höchster Punkt der Sieben Berge; Aussichtsturm mit schönem Blick ins Leinetal).

Wenn man aus dem Turm wieder herauskommt, rechts den Fußweg hinab. Nach 5 Minuten stößt man auf eine Forststraße. Diese leitet im Bogen um die Kuppe des Nesselberges herum am Hang entlang hinab ins Tal der *Holzer Schleie.* Wo die Forststraße fast eben wird, links im Talgrund auf unbefestigtem Weg rasch hinab zum Parkplatz.

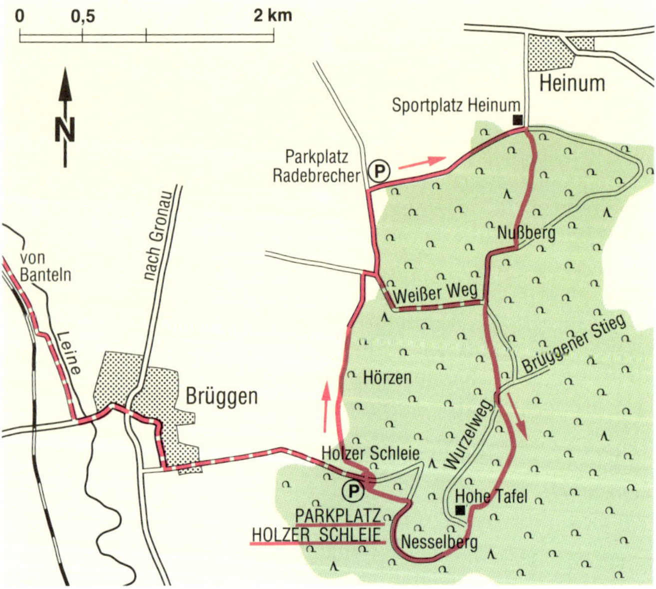

66 Parkplatz Bantelner Höhe – Kölle-Turm – Külf-Kammweg – Stöhrhütte – Parkplatz Kuhlbrink – Parkplatz Bantelner Höhe

Verkehrsmöglichkeiten Bahn bis Banteln. Von dort zum Ausganspunkt: Am südlichen Ortsausgang (in Richtung Alfeld) von der Bundesstraße 3 rechts auf gerader Feldstraße zum Wald und zum Parkplatz Bantelner Höhe am Kamm des Külfes (30 Min.).
Parkmöglichkeiten Bantelner Höhe (s.o.) und Parkplatz Kuhlbrink oberhalb von Lübbrechtsen.
Tourenlänge 8 km.
Wanderzeit 2¼ Stunden.
Höhenunterschiede Insgesamt etwa 190 Meter. Nur mäßige Steigungen.
Wanderkarte 1:50000 Wandern und Freizeit Leinebergland.
Anmerkung Ruhige Waldwanderung mit reizvollen Ausblicken, die beliebig verkürzt oder verlängert werden kann, je nachdem, wann man den Kamm verläßt: Mit Rückweg über die Straße dicht am ersten Sattel hinter dem Kölle-Turm (2 km, 45 Min, 75 mH), mit Rückkehr über die Forststraße von der Großen Tannenhütte (4 km, 1¼ Std. 130 mH) oder mit Abstieg vom Sattel hinter der Großen Tannenhütte zum Parkplatz Kuhlbrink am Waldrand (6 km, 1¾ Std., 150 mH). Auch sehr lohnend als Streckenwanderung von Banteln über den gesamten Kamm des Külf und den anschließenden Kamm des Rettberges nach Alfeld (14 km, 4 Std., 290 mH; vgl. Bahnverbindung). – Zwischen Banteln und Gronau an der Leine entlang schöner Fußweg mit alten Linden, auf halber Strecke die Feldberger Kirche (Rest eines wüst gewordenen Ortes).
Wissenswertes Der Külf ist ein schmaler Bergkamm aus steilgestellten Muschelkalkschichten. Die Kammbereiche zeigen auf der Nordseite stellenweise Waldrebenbestände, die mit ihren exotisch anmutenden Rankenvorhängen zum Teil sogar Bäume überwuchern (Achtung: Die Waldrebe ist eine der giftigsten einheimischen Pflanzen). – Die Leine verläßt im Bereich von Banteln die Höhenzüge des Berglandes, in denen das Leinetal von alters her eine wichtige Leitlinie des Nord-Süd-Verkehrs ist (vgl. B 3, Bahnlinie; weiter südlich z.T. auch Autobahn).
Tourenbeschreibung Vom Parkplatz *Bantelner Höhe* gegenüber der Wegtafel auf Fußweg über den Kamm ansteigen zum *Kölle-Turm* (schöner Blick ins Leinetal und zum Thüster Berg).

Auf dem *Kammweg* weiter abwärts zu kleinem Sattel (rechts unterhalb Forststraße). Immer auf dem schmalen, aber gut gangbaren Kammweg über zwei kleine Kuppen (links steile Hänge,

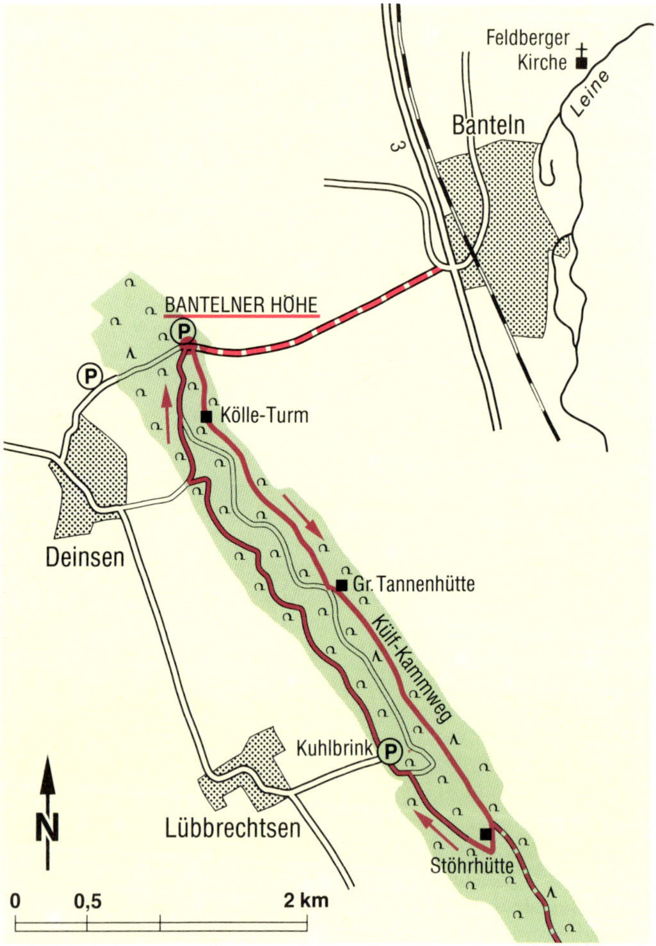

z. T. mit Waldrebendschungel). Nach etwa 20 Minuten zur *Großen Tannenhütte.* (Blick ins Leinetal; rechts Forststraße).

Nochmals etwa 15 Minuten dem Fußweg über die nächste Kammerhebung folgen. Hier zeigt der bisher gradlinige Bergrücken eine Biegung nach rechts. Der Weg folgt der Biegung und erreicht wenig später einen flachen Sattel (rechts abwärts direkt zum Parkplatz Kuhlbrink).

Weiter auf dem Kammweg, bis der Kamm nach etwa 10 Minuten breiter wird und sich rechts vom Weg eine fast ebene Fläche erstreckt. Über diese rechts auf kaum noch erkennbarem Pfad zur sehr schön auf einem Bergvorsprung gelegenen *Stöhrhütte* (altersschwacher Pavillon mit Aussicht).

Auf verwachsenem Fußweg hinab in das Tälchen zu Forststraße. Auf dieser rechts abwärts zur Mündung des *Kuhlgrundes.* Am Waldrand entlang rasch zum *Parkplatz Kuhlbrink* oberhalb von Lübbrechtsen. Auf Forststraße in der Nähe des Waldrandes bis ins Tal kurz vor Deinsen. Nun rechts im Wald aufsteigen zu einer weiter oben fast eben am Hang entlangführenden Forststraße. Diese links zurück zum *Parkplatz Bantelner Höhe.*

Zu Tour 66 **Schloß Marienburg** bei Nordstemmen mit Schloßmuseum
(Foto: Verkehrsverein Leinebergland e. V.)

67 Bad Salzdetfurth – Wolfsschlucht – Aussichtsturm Welfenhöhe (Kabus-Turm) – Bosenberg – Griesberg – Maiental – Bad Salzdetfurth

Verkehrsmöglichkeiten Bahn bis Bad Salzdetfurth.
Parkmöglichkeiten Etwa in der Mitte des Ortes am Ende der Mühlenstraße bei Spielplatz. Am Waldrand beim Aussichtspunkt Augenweide. Im Klusbachtal beim Wirtshaus Maiental.
Wegmarkierungen Kursaal bis Augenweide Nr 6 Aussichtturm bis Bosenberg rotes X auf weißem Grund. Griesberg bis Maiental zwei rote Spitze auf Spitze stehende Dreiecke auf weißem Grund.
Tourenlänge 10 km.
Wanderzeit Etwa 3½ Stunden.
Höhenunterschiede Insgesamt 330 Meter. Mäßig steiler Aufstieg von Augenweide (190 m) zum Aussichtsturm Welfenhöhe (282 m) und zum Griesberg (auf 60 mH).
Wanderkarten Topographische Karten 1:50000 L 3926 Bad Salzdetfurth und L 3924 Hildesheim.
Anmerkung Schöne Laubwaldwanderung auf angenehm zu gehenden Wegen mit reizvollen Ausblicken. Man kann schon vor dem Klusberg links abwärts direkt nach Bad Salzdetfurth zurückkehren (dann 2¾ Std., 7,5 km).
Wissenswertes Der Hildesheimer Wald ist ebenso wie die anderen Höhenzüge des Leineberglandes weitgehend durch Salzbewegungen des Untergrundes entstanden. Die im Vergleich zu den anderen Gesteinsschichten leichteren und unter Druck plastischen Salze des Zechstein sind in der Mitte des Höhenzuges entlang einer Spalte des Deckgebirges bis in die Nähe der Oberfläche aufgestiegen und werden dort abgelaugt. (Das gelöste Salz tritt u.a. in den bei Bad Salzdetfurth seit dem Mittelalter zur Salzgewinnung genutzten Salzquellen zutage. Seit dem 19. Jahrhundert findet das Salz für Heilzwecke Verwendung. Außerdem wird hier in großem Stile Kalisalz zur Düngerherstellung abgebaut. Im Ort schöne alte Fachwerkhäuser und Georgskirche (1695). In der Mulde zwischen Hildesheimer Wald und Sieben Berge etwa 9 km südwestlich von Bad Salzdetfurth in Wrisbergholzen alter romanischer Kirchturm (11. Jht.) und ein reizvolles Schloß (18. Jh., sehenswerte Wandfliesen). In der Senke zwischen den Höhenzügen baut die Bundesbahn eine neue Schnellbahnlinie. Das Projekt ist unter der Bevölkerung des Raumes, die davon nur Belastungen durch Lärm und Landschaftsverschandelung erwarten kann, nicht sehr beliebt. – Östlich von Bad Salzdetfurth

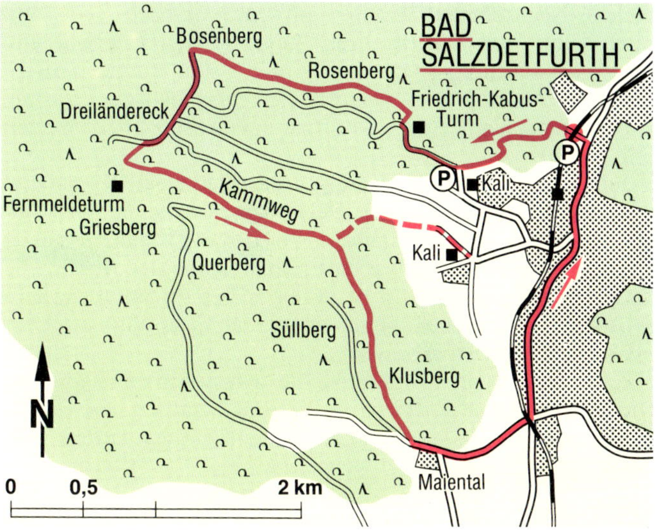

drei weitere hübsche Schlößchen in Söder (18. Jh., Barock), in Henneckenrode (16. Jh., Renaissance) und bei Derneburg (19. Jh., allerlei Nachempfundenes).

Tourenbeschreibung In *Bad Salzdetfurth* von der breiten *Marktstraße* durch die enge *Mühlenstraße* zum Spielplatz (links Parkplatz). Auf Fußgängerbrücke über die Bahnlinie und hinauf zum Restaurant *Kursaal.* Links durch die *Wolfsschlucht* und am Waldrand zum Aussichtspunkt *Augenweide* (Übersichtstafel).

Rechts auf befestigter Forststraße im Wald schräg ansteigen und nach etwa 8 Minuten bei Abzweigung schräg rechts steiler hinauf zum Bergkamm. Von hier rechts in wenigen Minuten lohnender Abstecher zum *Friedrich-Kabus-Turm* auf der *Welfenhöhe* (sehr schöner Rundblick). Wenn man vom Turm herabkommt, links und auf dem flachen Bergrücken nach wenigen Minuten zu dem Wegekreuz, wo man den Bergrücken erreicht hat. Auf diesem nun geradeaus weiter den *Finkenweg* (neben einem grabenartigen alten Hohlweg) etwas ansteigen zur Kuppe des *Rosenberges* und nach kurzem Abstieg, immer auf dem Bergrücken weiter, auf den *Bosenberg* (links Ausblick zum Griesberg). Nun etwas rechts vom Bergkamm abwärts zu einem Wegekreuz.

Hier scharf links in Richtung Dreiländereck auf geradem Weg zuerst ein kurzes Stück ansteigen über den Rücken und dann abwärts (der Griesberg mit dem Fernmeldeturm liegt jetzt schräg rechts). Nach einigen Minuten auf Querweg nach rechts und rasch zum *Dreiländereck.* Links hinab in den Talgrund und geradeaus auf unbefestigtem Weg mäßig steil ansteigen bis zu grasigem Querweg. Dieser leitet nach rechts hinauf zur Lichtung auf dem *Griesberg* (Fernmeldeturm, weiter Ausblick nach Westen und Osten).

Jetzt scharf links auf dem Bergrücken über kleine Kuppe und dann auf dem Kammweg (Spitze auf Spitze stehende rote Dreiecke, Richtung Mariental) abwärts. Nach etwa 2 Kilometern biegt der Kamm deutlich nach rechts (Abzweigung der Abkürzung direkt nach Bad Salzdetfurth). Wenig später am Sattel vor dem Klusberg rechts und am Hang entlang schräg abwärts ins *Klusbachtal* und zum *Wirtshaus Maiental.*

Entlang der kleinen Asphaltstraße talauswärts zum südlichen Ortsende von *Bad Salzdetfurth.* Entweder entlang der Hauptstraße oder etwas weiter rechts auf Seitenstraßen zurück zum Ausgangspunkt.

68 Paß oberhalb Forsthaus Hubertushütte – Hainbergklippen – Sofaklippe – Große Klippenkette – Jägerhaus – Paß

Verkehrsmöglichkeiten Bahn bis Bahnhof Lutter. Von dort Anschluß an die Wanderung: Vom Bahnhof entlang der Straße über den Kamm und nach Bodenstein (3 km). Weiter siehe Anmerkung.
Parkmöglichkeiten Am Paß der Straße Sehlde – Volkersheim/-Bockenem, etwa 500 m östlich vom Forsthaus Hubertushütte. Auch am Ortsrand von Bodenstein.
Wegmarkierungen 5 und H bis zu den Klippen. Später unmarkiert.
Tourenlänge 7 km.
Wanderzeit Etwa 1½ Stunden.
Höhenunterschiede Insgesamt etwa 140 Meter. Nur einige kurze Stellen steile Steigung.
Wanderkarte 1:50000 L 3926 Bad Salzdetfurth. Lageplan der Felsen im Kletterführer »Die Felsen des Weser-Leine-Berglandes«.
Anmerkung Besonders abwechslungsreiche Wanderung, sowohl was die Oberflächengestalt als auch was den Wald angeht. Schön unübersichtlich und gut geeignet zum Sich-Verlaufen.

Zu Tour 64 **Heimatmuseum in Alfeld** (ehem. Lateinschule von 1610)
(Foto: Verkehrsverein Leinebergland e. V.)

Wer nur die Klippen besuchen will, geht am besten von Bodenstein aus.

Wissenswertes Die reizvolle kleingekammerte Landschaft des Hainberges bietet lebhafte Kontraste auf engstem Raum. Die Bodensteiner Klippen sind gewissermaßen eine Miniaturausgabe des Elbsandsteingebirges. Die Felsen sind aus Sandstein der Kreidezeit gebildet. An ihrer Oberfläche zeigen sie Wabenverwitterung in Verbindung mit einer Anreicherung der Mineralien Eisen und Mangan. Auf der Sofaklippe und an ihrem Fuß sehr alte Steinsitze (ehemalige Thingstätte?). Die Felsen bilden ein beliebtes Klettergebiet mit mehreren hundert kurzen Anstiegen aller Schwierigkeitsgrade (Einzelheiten siehe Kletterführer). Unterhalb vom Jägerhaus am Felsen Relief mit Darstellung der Hubertussage und Inschriften von allerlei geistlichen Würdeträgern, die verkünden mußten, daß auch sie dort zur Jagd waren. Das Jägerhaus selbst wurde im 19. Jahrhundert als Jagdschloß der Grafen von Münster (Sitz Derneburg) gebaut. – Am nördlichen Ende des Höhenzuges die Ruine Wohldenberg (Bergfried mit schöner Aussicht, St. Hubertuskirche). Weiterer Aussichtspunkt der Jägerturm oberhalb von Klein-Heere.

Tourenbeschreibung Vom Parkplatz am *Paß* (s.o.) über die Straße und den breiten Weg auf dem Bergkamm in südlicher Richtung. Nach etwa 15 Minuten werden links die ersten Klippen sichtbar (Geroldstein).

Einige Minuten später erreicht man ein Wegekreuz (Jagdhütte). Gerade weiter und dann links auf die *Sofaklippe* (Aussicht). Vom Gipfel auf dem Bergrücken hinab und etwas rechts über kleinen Sattel zu den massigen Felsklötzen der *Großen Klippenkette*. Danach erreicht man einen weiteren Sattel (rechts 50 m tiefer eine Quelle mit Trinkwasser).

Vom Sattel links das Tälchen abwärts (alte Grenzsteine). Man erreicht wieder die Markierung Nr. 5 und folgt ihr bis zur Straße im Grunde des breiten Tales (rechts 1 km nach Bodenstein).

Nun links auf der breiten Forststraße aufwärts in gut 20 Minuten zur Autostraße und diese überqueren.

Auf der anderen Seite Fußweg neben der Straße nach links und vor Asphaltstraße rechts den Fußweg weiter zum *Jägerhaus* (Gaststätte).

Als Rückweg zum Parkplatz wählt man am besten den Fußweg über den Bergrücken rechts der Zufahrtsstraße und gelangt in knapp 10 Minuten zurück zum Ausgangspunkt am *Paß*.

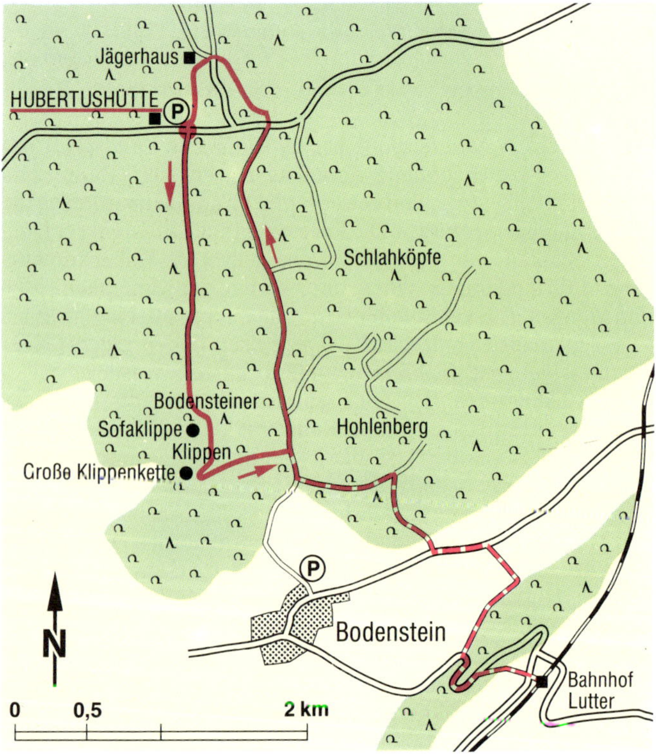

69 Jagdschloß Springe – Burgberg – Drakenberg – Jagdschloß Springe

Verkehrsmöglichkeiten Bahn bis Springe.
Parkmöglichkeiten Beim Jagdschloß. Auch beim Wisentgehege.
Wegmarkierungen Am Kamm schwarz-weiß-schwarz.
Tourenlänge 8 km.
Wanderzeit Etwa 2½ Stunden.
Höhenunterschiede Insgesamt etwa 290 Meter. Nur mäßige Steigungen und Gefälle.
Wanderkarte 1:50000 Wandern und Freizeit Deister-Süntel-Osterwald.
Anmerkung Hübsche Wanderung in teilweise parkähnlich gestalteter Landschaft, die besonders der Hege und Beobachtung heimischer Tierarten gewidmet ist. (NSG). Verschiedene offensichtliche Kürzungs- oder Erweiterungsmöglichkeiten der Tour über die Forststraßen.
Wissenswertes Im Stadtkern von Springe schöne alte Fachwerkhäuser, gotische Andreaskirche (1450), Ratskeller. An der Deisterpforte Goebel-Bastei mit übergroßer Glühbirne zum Gedenken an den in Springe geborenen Erfinder der Glühbirne. Der von alters her als besonders wildreich gehegte Kleine Deister war bevorzugtes Jagdrevier der jeweiligen Staatshäupter. 1836 wurde ein großer Teil des Gebietes als »Saupark« von einer Mauer umgeben, 1840 dazu das Jagdschloß erbaut (Jetzt Jagdlehrhof mit Jagdschau zur Darstellung und Pflege von Jagdideologie und Jagdkult sowie Werbung für selbige). Im Park wurde seit 1928 in einem abgetrennten Bereich das Wisentgehege eingerichtet, in dem dieser größte Vertreter der einheimischen Wildrindarten vor dem Aussterben bewahrt wurde. – An dem südwestlich vor dem Kleinen Deister gelegenen Nesselberg wurde früher auch Wealdenkohle abgebaut. Außerdem gibt es dort alte Sandsteinbrüche (oberhalb von Altenhagen I bei der Kukesburg Steinbruch Freilichtmuseum).
Tourenbeschreibung Vom *Jagdschloß Springe* durch das *Schloßtor* in den *Saupark* und etwas rechts auf der Forststraße aufwärts bis dicht vor den Bergkamm. Dann auf dem von rechts (vom Springer Tor) heraufkommenden Fußweg schräg links zur Kehre einer anderen Forststraße und auf dieser unter einer Klippenreihe vorbei zum Bergkamm.

Auf dem Kammweg über den *Burgberg (Wilhelmsblick)* und nach Überschreiten einer weiteren den Kamm querenden Straße auf dem nun breiteren Kamm weiter. Nach etwa 15 Minuten leitet

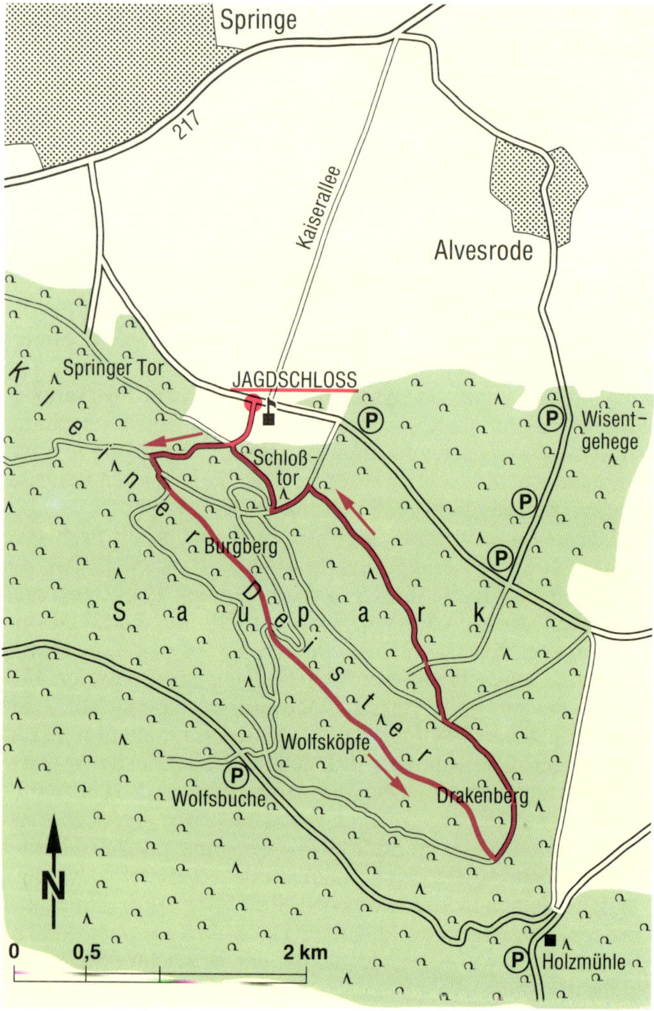

der Weg in eine Einsattelung. Hier nicht der Markierung nach rechts folgen, sondern schöner geradeaus auf den *Drakenberg* (Aussicht) und erst dann hinab zu einer Forststraße.

Auf dieser nach links und im Bogen zu Wegeteilung. Schräg hinab immer in gleicher Richtung durch den teilweise parkähnlich gestalteten Wald in etwa einer halben Stunde zu Querstraße. 50 Meter nach links und dann auf Fußweg in gleicher Richtung wie vorher zurück zum *Schloßtor* und zum *Jagdschloß*.

70 Bad Nenndorf – Heisterburg – Deister-Kammweg – Nordmannsturm – Annaturm – Bielstein – Kalenberg – Bennigser Burg – Bennigsen

Verkehrsmöglichkeiten Bahn bis Bad Nenndorf, Springe und Bennigsen.
Parkmöglichkeiten Im Tälchen 1 km südlich der Autobahn. Am Nienstädter Paß.
Wegmarkierungen Wegschilder. Bis hinter den Annaturm auch Europäischer Fernwanderweg X E 1.
Tourenlänge 28 km.
Wanderzeit Etwa 7–8 Stunden.
Höhenunterschiede Insgesamt 510 Meter. Nur mäßige Steigungen.
Wanderkarte 1:50000 Deister-Süntel-Osterwald.
Anmerkung Lange Kammwanderung, auch mit Fahrrad zu empfehlen. Kann gekürzt werden, indem man vom Taternpfahl rechts hinab zur Sophienhöhe und nach Springe absteigt (dann 24,5 km, 1 Std. weniger).
Wissenswertes Der Große Deister ist eine aus Wealdensandstein (Obere Kreide) aufgebaute Schichtstufe. Auf der Ostseite des Gebirges wurde früher ebenso wie am Süntel, Osterwald und Bückeberg die Wealdenkohle abgebaut. – Bad Nenndorf nutzt die Heilkraft einiger Sole- und Schwefelquellen. Im Kurpark klassizistisches Schlößchen (1806), der Blumenkrater (Quelle, in der sich Blumen wochenlang frisch erhalten) und einige Ginkgo-Bäume. – Im nordwestlich von Bennigsen gelegenen Barsinghausen eine der ältesten Hallenkirchen Niedersachsens (um 1250, roman.-got., mit spätgot. Schnitzaltar). In Lauenau, Apelern und Hülsede reizvolle alte Adelssitze mit Resten von Wassergräben. Oberhalb von Feggendorf im Wald die Reste der Wirkesburg (Wallburg). Die am Deisterkamm gelegene Heisterburg war auch mit Mauer und Gebäuden versehen und im 11. Jahrhundert (vermutlich zum Schutz von Eisenverhüttung) dauernd bewohnt (nur Wälle erhalten).
Tourenbeschreibung Von *Bad Nenndorf* in Richtung Autobahnauffahrt zur *Bücketaler Landwehr* und hier rechts durch die *Waldstraße* zur *Bundesstraße 65/442*.

Über diese hinweg und 50 Meter links auf kleiner asphaltierter Straße weiter und unter der Autobahn durch. In gleicher Richtung im Grunde eines Tälchens im Wald aufwärts (Parkplatz). Kurz nach der Abzweigung des Weges zur Waldschänke Heisterburg leitet die befestigte Straße nach rechts. Hier links und gleich danach

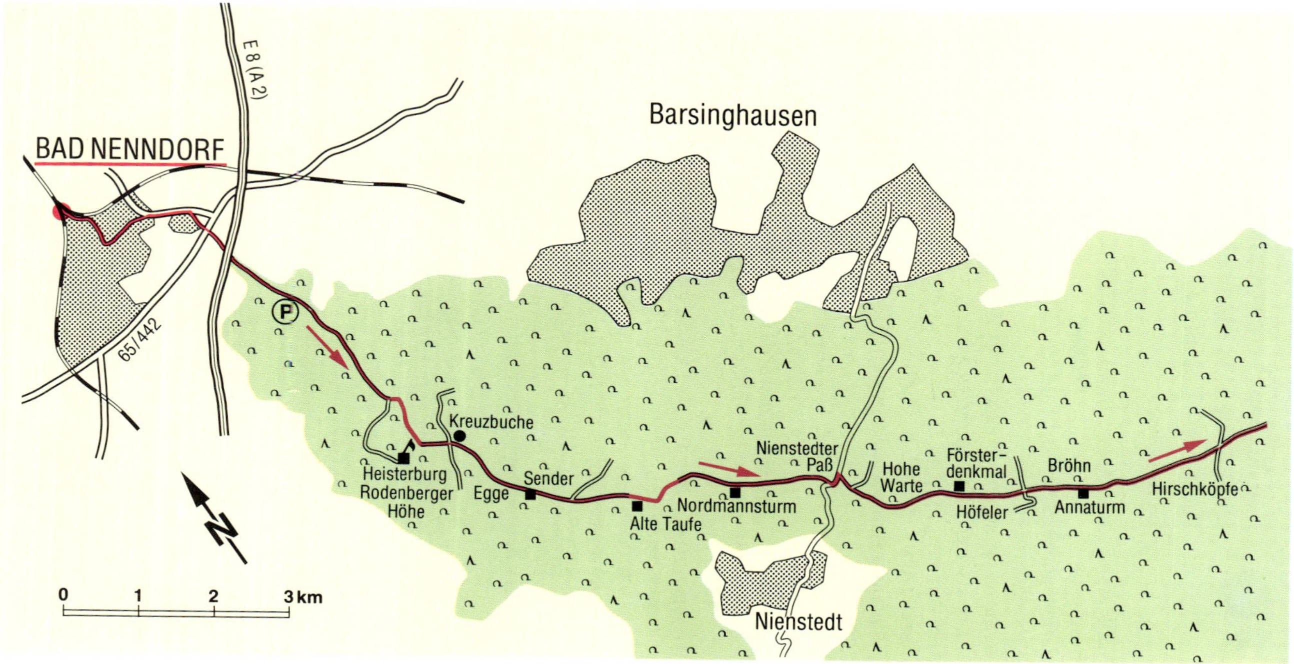

BAD NENNDORF
E 8 (A 2)
65/442
Barsinghausen
P
Kreuzbuche
Heisterburg
Rodenberger
Höhe
Egge
Sender
Alte Taufe
Nordmannsturm
Nienstedter
Paß
Nienstedt
Hohe
Warte
Förster-
denkmal
Höfeler
Bröhn
Annaturm
Hirschköpfe
N
0
1
2
3 km

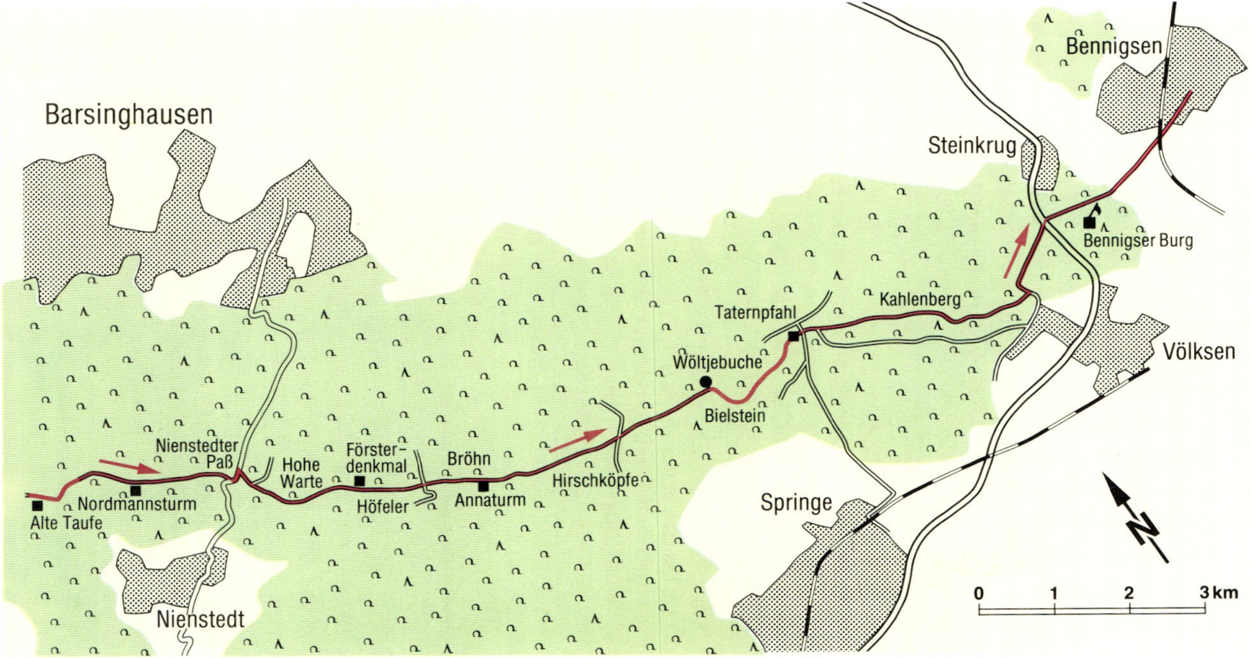
Barsinghausen
Bennigsen
Steinkrug
Bennigser Burg
Völksen
Kahlenberg
Taternpfahl
Wöltjebuche
Bielstein
Springe
Niensteder Paß
Hohe Warte
Förster-denkmal
Bröhn
Hirschköpfe
Höfeler
Annaturm
Nordmannsturm
Alte Taufe
Nienstedt
N
0
1
2
3 km

wieder rechts auf unbefestigtem Weg weiter, am Wall der *Heisterburg* vorbei und wenig später zum Forststraßenkreuz *Kreuzbuche* (Pavillon, Denkmal).

Auf dem *Deister-Kammweg* (Markierung X E 1 und Schilder; vgl. Wanderung 95) zum *Sendeturm* und weiter zur *Alten Taufe* und schließlich zum *Nordmannsturm* (Gaststätte). Geradeaus hinab zum *Nienstedter Paß* (etwa 3 Std. ab Bad Nenndorf).

Auf dem befestigten Kammweg über die Kuppen der *Hohen Warte* und am *Försterdenkmal* vorbei über die Kuppe des *Höfelers* zum Wegekreuz *Stern.* Danach auf die Kuppe des *Bröhn* zum *Annaturm* (Aussicht) und über die *Hirschköpfe* (nicht der Markierung X E 1 rechts hinab folgen!). Anschließend abwärts zum Sattel *Wöltjebuche.* Nun rechts aufsteigen zum *Bielstein* (Schutzhütte, Aussicht). Links am Kamm entlang hinab zum *Taternpfahl* (etwa 5 Std. von Bad Nenndorf).

Auf der Kammhöhe bleibend den Fußweg über die Kuppe des *Kalenberges* und danach abwärts in etwa einer halben Stunde, zuletzt neben Hohlwegen, zu Querstraße (nahe bei Siedlung oberhalb von Völksen). Auf der Straße links durch ein Tälchen und dann gerade abwärts zur Autostraße Völksen – Steinkrug.

Über die Straße hinweg und 500 Meter danach mit Abstecher zur rechts gelegenen *Burg Bennigsen* (Wälle). Zurück zum Weg und hinab zum Waldrand. Später über die Bahn nach *Bennigsen* (schöner Gutspark).

Zu Tour 70 **Blick auf Bad Nenndorf**

(Foto: Kur- und Verkehrsverein Bad Nenndorf e. V.)

Vom gleichen Verfasser sind erschienen . . .

Die Felsen des Harzes
Kletterführer (und Wanderungen), ca. 300 Seiten, gebunden, mit 66 Karten- und Anstiegsskizzen sowie Lageplänen und 48 Fotos.

Die Felsen des Weser-Leine-Berglandes
Kletterführer (und Wanderungen), ca. 330 Seiten, gebunden, mit 60 Karten- und Anstiegsskizzen und 48 Fotos, 3. Auflage in Vorbereitung.

Herausgeber: Jugend des Deutschen Alpenvereins in Niedersachsen. 3000 Hannover 1, Walter-Gieseking-Straße 4.

Kompass-Wanderführer: Harz
Die 100 schönsten Wanderungen (Rundwanderungen, Streckenwanderungen, Naturlehrpfade), mit Übersichtskarte und zweifarbigen Wegeskizzen, wichtigen Anschriften und Hinweisen. Über den Buchhandel erhältlich.

Kompass-Radwanderführer: Harz – Weser-Leine-Bergland
Rund- und Streckentouren mit vielen Farbbildern und farbigen Streckenskizzen, mit Übersichtskarte und farbigen Wegeskizzen, wichtigen Anschriften und Hinweisen. Über den Buchhandel erhältlich.

Kompass-Radwanderführer: Teutoburger Wald/Wiehen- und Eggegebirge/ Weser
Die schönsten Radtouren (Rundtouren, Streckentouren), mit Übersichtskarte und farbigen Wegeskizzen, wichtigen Hinweisen und Anschriften. Über den Buchhandel erhältlich.

Alpenvereinsführer Dolomiten – Pelmo, Bosconero, Moiazza, Tamer – San Sebastiano
Kletterführer und Wanderungen mit 69 Fotos und 20 Skizzen, Bergverlag Rudolf Rother, München 1981.

Alpenvereinsführer Dolomiten – Schiara, Pramper-Mezzodi, Talvena, Monti del Sole
Kletterführer und Wanderungen mit 70 Fotos, 30 Skizzen, Bergverlag Rudolf Rother, München 1981.

Alpenvereinsführer Sextener Dolomiten
Kletterführer und Wanderungen, Bergverlag Rudolf Rother, München, 1984.

»Luft unter den Sohlen« – Klettern in den Sextener Dolomiten
Ein Bilder-, Rezept- und Lesebuch, Bergverlag Rudolf Rother, München, 1985.

»Augenblicke oben« – Klettern in den Westalpen
Erlebnis – Information. Bergverlag Rudolf Rother, München, 1987

Anschriften

Deutsches Jugendherbergswerk
Bismarckstraße 8, D-4930 Detmold

Deutsche Wanderjugend
Wilhelmstraße 39, D-7263 Bad Liebenzell

Europäische Wandervereinigung e. V.
Reichstraße 4, D-6600 Saarbrücken

Verband Deutscher Gebirgs- und Wandervereine e. V.
Reichstraße 4, D-6600 Saarbrücken

Deutscher Alpenverein
Praterinsel 5, D-8000 München 22

Touristenverein »Die Naturfreunde«, Bundesgruppe Deutschland e. V.
Großglocknerstraße 28, D-7000 Stuttgart 60

Fremdenverkehrsverband Weserbergland-Mittelweser e. V.
Falkestraße 2, D-3250 Hameln 1

Deutsches Jugendherbergswerk, Landesverband Hannover e. V.
Ferdinand-Wilhelm-Fricke-Weg 1, D-3000 Hannover 1

Wichtiger Hinweis

Da Jugendherbergen und Wanderheime zum Teil während der Woche und zu bestimmten Zeiten des Jahres geschlossen sind, empfiehlt der Verlag, die folgenden Angaben nur als Hinweise zu betrachten und sich zum Planen – besonders einer längeren Wanderung – folgende Verzeichnisse zuzulegen:

1. Naturfreundehäuser in Deutschland
2. Deutsches Jugendherbergsverzeichnis
3. Die Alpenvereinshütten, im jeweils gültigen Jahrgang.

Zu beziehen über den Buchhandel oder eine der vorstehenden Adressen.

Jugendherbergen im Weserbergland

D-3353 Bad Gandersheim
Am Kantorberg 17

D-3522 Bad Karlshafen/Weser
Winnefelder Straße 7

D-3202 Bad Salzdetfurth
Am Popenberg 34

D-3013 Barsinghausen
Ludwig-Jahn-Straße 14

D-3452 Bodenwerder
Richard-Schirrmann-Weg

D-3428 Duderstadt
Schützenring 6

D-3456 Eschershausen
Am Hüschebrink 17

D-3400 Göttingen
Habichtsweg 2

D-3250 Hameln
Fischbecker Straße 33

D-3510 Hann.-Münden
Professor-Oelkers-Straße 10

D-3200 Hildesheim
Schirrmannweg

D-3450 Holzminden
Am Steinhof

D-3410 Northeim
In der Fluth 1

D-3453 Polle
Bergstraße 25

D-3260 Rinteln
Am Bären 1

D-3450 Silberborn
Schießhäuser Straße (Holzminden 2/Solling)

D-3257 Springe
In der Worth 25

D-3418 Uslar
Kupferhammer 13

Zu Tour 3, 4, 26 **Jugendherberge Holzminden,** Am Steinhof, 3450 Holzminden 1
Die JH liegt im Westen des Ortes an der Weser und B 64.

Zu Tour 24 **Jugendherberge Uslar,** Kupferhammer 13, 3418 Uslar
Die JH liegt am nordwestlichen Ortsrand, vom Bahnhof ca. 20 Minuten Fußweg.

Verzeichnis der Naturfreundehäuser

Naturfreundeheim Herrenhäuser Hütte
Spörkenstraße 2 a, D-3000 Hannover 21

Naturfreundeheim Limmer Hütte
Am Großen Garten 5 a, D-3000 Hannover 21

Naturfreunde-Stadtheim Hannover
Hermann-Bahlsen-Allee 8, D-3000 Hannover 51

Naturfreundehaus Barsinghausen (110 m)
Im Bullerbachtal, D-3013 Barsinghausen 1

Naturfreundehaus Schneegrund (250 m)
D-3253 Hess.-Oldendorf 5

Naturfreundehaus Deisterhütte (110 m)
Im Mummenbusch, D-3257 Springe 1

Naturfreundehaus »Auf der Buschhaube« Lauenstein
D-3216 Salzhemmendorf 2

Naturfreundehaus Schlehberghütte (250 m)
Rodenkamp 11, D-3220 Alfeld/Leine

Naturfreundehaus Rotenberghütte (180 m)
D-3418 Uslar

Naturfreundehaus Steinberghaus (542 m)
D-3510 Hann.-Münden Land

Wandern mit offenen Augen

(Bilder entnommen aus »Hallwag-Taschenbücher«, Hallwag Verlag Bern und Stuttgart, und aus »Der große Natur- und Landschaftsführer«, Mairs Geographischer Verlag, Stuttgart.)

Lärche *(männliche und weibliche Blütenzapfen)*

Tanne *(Zapfen, männliche und weibliche Blüten, a Zapfenspindel)*

Tannenmeise

Haubenmeise

Fichte

Kiefer

Fichtenkreuzschnabel *(Weibchen)*

♀
♂
Buche (Fruchtbecher mit Bucheckern)
♀
♂
♀
Stieleiche (Eicheln und männliche Blüten)
Kuckuck
Sommerlinde (Blüten und Früchte)
a
b
Esche (a Blütenstand, b Früchte)

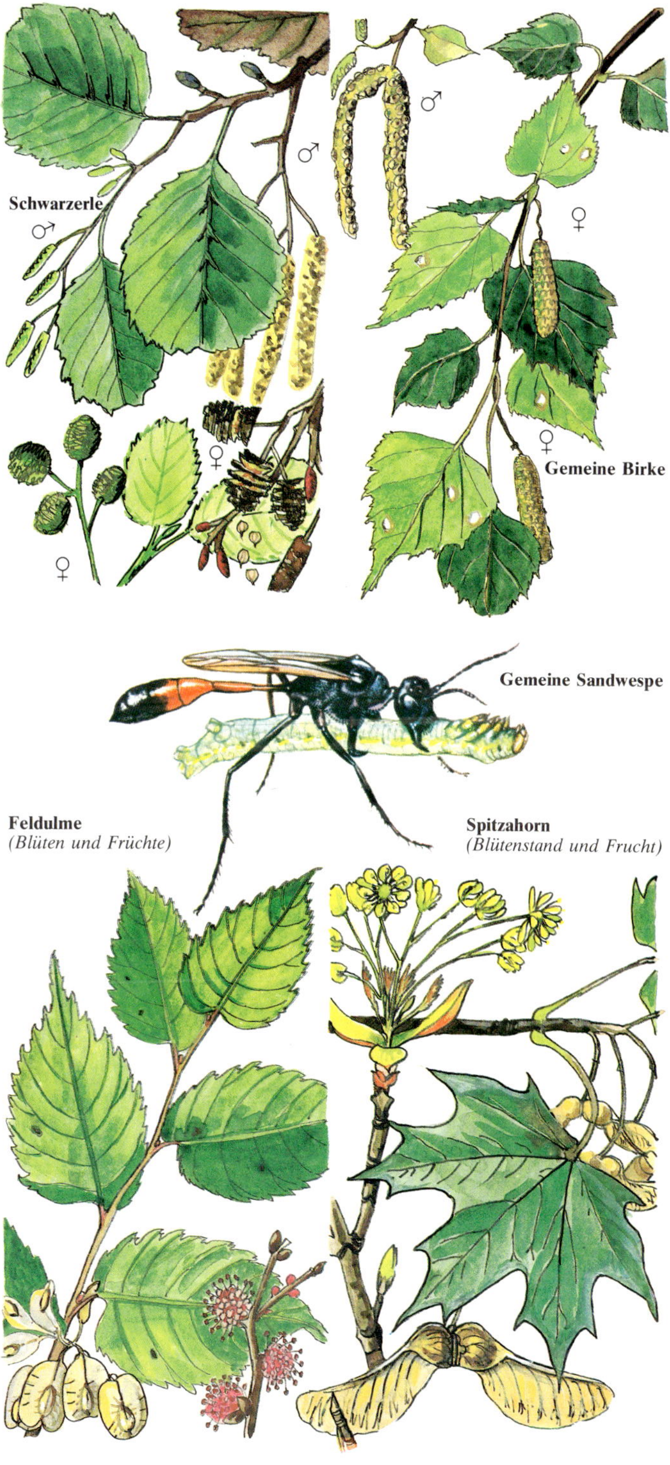
Schwarzerle
♂
♂
♀
♀
♂
♀
♀
Gemeine Birke
Gemeine Sandwespe
Feldulme
(Blüten und Früchte)
Spitzahorn
(Blütenstand und Frucht)

Silberpappel *(weibliche und männliche Kätzchen)*

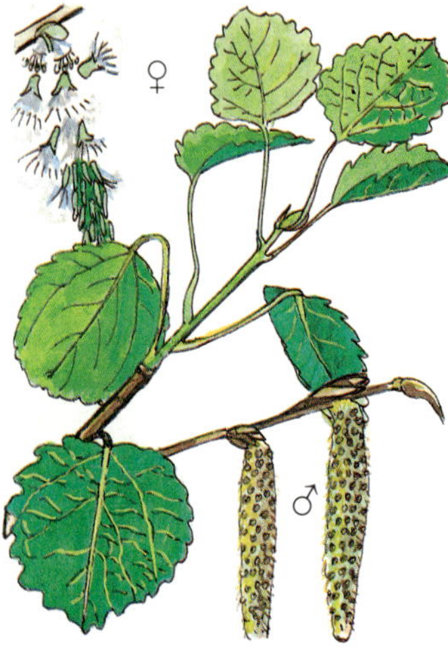

Zitterpappel
(weibliche und männliche Kätzchen)

Feuergoldwespe

Distelfalter

Silberweide
(männliche und weibliche Kätzchen)

Ohrweide
(männliche und weibliche Kätzchen)

Die Vogeluhr

Die Vögel des Waldes erwachen nicht alle gleichzeitig. Sie halten pünktlich ihre Zeiten ein, so daß sich eine »*Vogeluhr*« ergibt. Der Hausrotschwanz z. B. meldet sich 75 Minuten vor Sonnenaufgang zuerst; ihm folgen Singdrossel, Amsel (63 Minuten), Rotkehlchen (57 Minuten), Kuckuck (55 Minuten), Zaunkönig (48 Minuten) und Buchfink (29 Minuten). Kurz vor Sonnenaufgang kommen Zilpzalp, Specht und Kleiber. Star und Grünfink lassen sich Zeit bis nach Sonnenaufgang.

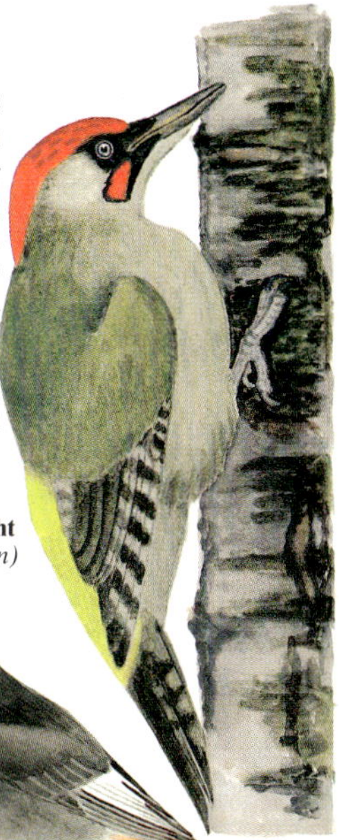

Grünspecht
(Männchen)

Buchfink
(Männchen)

Hausrotschwanz
(Männchen)

Amsel
(Männchen)

Grünfink

Star
(Männchen in Frühjahrsfärbung)

Rotkehlchen

Feldsperling

… Der größte Langschläfer unter den Vögeln ist aber – man sollte es nicht glauben – der sonst so flinke und vorlaute Sperling.

Wandern mit Kindern und Jugendlichen

Wandernd die Natur erleben: Spiele, Abenteuerwanderungen, Wander-Rallye und viele weitere Möglichkeiten. Dargestellt von der Deutschen Wanderjugend.

Wandern mit Kompaß und Karte

und anderen Hilfsmitteln zur Orientierung. Beschrieben von Heinrich Streich.

Radwandern gut vorbereiten Technik – Planung – Tips

Rund ums Rad. Kleine Geschichte des Fahrrads. Das Fahrrad in seinen Einzelteilen. – Für jeden das richtige Fahrrad. – Aufs Rad und los. – Verhalten im Verkehr. – Radfahren der Gesundheit zuliebe. – Pflegen – Reinigen – Warten.

Wandern gut geplant und vorbereitet

Ratgeber und Wanderregeln. Ausrüstung – Tourenplanung – Quartiersuche u. a. m.. Beschrieben von Friedrich Schuhmacher, mit einem Geleitwort von Otto Wirthensohn, Vorsitzender des Deutschen Jugendherbergswerkes.

Auf den Spuren der Römer im Rheinland

Ausflüge zu den Überresten aus römischer Zeit. Beschrieben von Werner Schönhofen.

Auf den Spuren der Römer vom Main zur Rems

44 Rundwanderungen zu den schönsten Limesstrecken und zu sehenswerten römischen Bauresten. Beschrieben von Karlheinz Eckardt.

Auf den Spuren der Römer von der Rems zur Donau

44 Rundwanderungen zu den schönsten Limesstrecken und zu sehenswerten römischen Bauresten. Beschrieben von Karlheinz Eckardt.

Auf den Spuren der Römer vom Rhein zum Main

37 Rundwanderungen zu den schönsten Limesstrecken und zu sehenswerten römischen Bauresten. Beschrieben von Karlheinz Eckardt.

Lexikon Europäischer Fernwanderwege

Zum Planen einer Wanderung, zum Nachschlagen unterwegs, viele praktische Ratschläge, Hinweise auf Orte, Landschaften, Sehenswürdigkeiten mit Fotos, Zeichnungen und Kartenskizzen. Bearbeitet von Professor Dr. Alfred Herold und Gert Quenzer.

Die Deutsche Wanderjugend (DWJ) ist die Jugendorganisation des Verbandes Deutscher Gebirgs- und Wandervereine. Die jugendlichen Mitglieder von sechs bis 25 Jahren pflegen natürlich das Wandern in kind- und jugendgerechten Formen. Die Deutsche Wanderjugend wanderte schon lange aus Freude an der Natur und aus Spaß, bevor das „Volkswandern" erfunden wurde. Die Kinder und Jugendlichen bei der Wanderjugend lernen, wie man richtig wandert, erfahren alles über eine wandergerechte Ausrüstung von den Wanderschuhen bis zum Rucksack und üben den Umgang mit Kompass und Karte.

Wandern ist aber nur ein Teil der Aktivitäten. Die Jugendarbeit der Deutschen Wanderjugend umfaßt ein viel breiteres Angebot. Die Jugendgruppen der Wanderjugend legen die Inhalte und Schwerpunkte ihrer Arbeit selbst fest. Im Rahmen einer sinnvollen aktiven Freizeitgestaltung werden in der Gruppenarbeit oft musisch-kulturelle Aktivitäten bevorzugt: Basteln, Werken, Pantomime, Laienspiel, kreatives Gestalten, Singen und Instrumentalspiel, Volkstanz. Die vielfältige Bildungs- und Jugendarbeit der Deutschen Wanderjugend erstreckt sich auf Freizeiten, Fahrten, Zeltlager, Lehrgänge zur politischen Bildung, internationale Jugendbegegnungen.
Eine wichtige Aufgabe stellt der aktive Natur- und Umweltschutz für die Wanderjugend dar. Dabei steht v. a. die Erziehung und Bildung der Kinder und Jugendlichen zum umweltbewußten Menschen im Vordergrund.

Wer mehr über uns, die DWJ, wissen will, schreibt an die
DWJ-Bundesgeschäftsstelle, Wilhelmstraße 39, D-7263 Bad Liebenzell.